Meine Suche nach Jesus Christus

私のイエス探究

桔梗原　無庵

教友社

Meine Suche nach Jesus Christus

私のイエス探究

桔梗原《Kikyohara》　無庵《Muan》

教友社

目次◎『私のイエス探究』

序

一　宗教を求めて

最近は反宗教ではなく脱宗教の現象が、私の住むドイツでも、生まれ故郷の日本でも、見られるようです。しかし、無宗教かというとそうでもなく、オカルト的、またセクト的な動きはかなりあるようです。結局、人間は物質的なもののみでは満たされず、もっと深いものを求めていると言ってよいでしょう。それは人間が精神を中心として生きる（べき）存在なのですから、当然のことだと思われます。

また現代のように、過剰な軍事力がかろうじて均衡を保っていても、いつ爆発しても不思議でないような状況、環境汚染や微小プラスチック問題が、人間の知恵では持て余すほどに大きくなった状況、そしてコロナのようなウイルスがたくさんの人々の命を奪うのみでなく、世界の経済や秩序をあっという間に乱してしまう状況においては、深みへの反省が緊急に求められると思います。そして、この深みを求める姿勢こそが、最も一般的に言った場合の「宗教」でしょう。

しかし、「鰯の頭も信心から」というような次元では、人間にふさわしい深さの探求とは言えないでしょう。私たちは精神と知性、そして真の愛を駆使して、その深みを求める必要があると思われます。

幸いにして、そのような道を歩いてくれた先人がたくさんいます。私も極めてお粗末ながら、いくつかの宗教や哲学、そしてキリスト教神学を学ばせていただきました。そしてさまざまな思想家、哲学者、宗教家の方々に学び、影響を受けました。日本人の中では、とりわけ道元と白隠、法然と親鸞、その他の先人の皆さんに感動しました。今もその気持ちは変わっていません。これから勉強を続ける中で、さらなる発見があるに違いありません。けれども、私にとって決定的な人物は、ナザレのイエスです。このイエスが、私に人生の、そして世界への問いに関する答えを与えてくれました。宗教的な概念を用いれば、彼が私に「救い」をもたらしてくれたと言えるでしょう。ですから、この本は自然科学の場合のような、客観的な記述ではありません。精神に関することは、外から眺めて、いわば自分との関わりを除外して記述するような内容ではあり得ません。量子力学の発展によって、物質の記述さえ、記述者としての人間との関わりを無視してはなし得ない、と認識されてきています。まして精神のことは、「客観」では処理できません。

しかし客観でないということは、何でも随意であってよい、ということではありません。哲学者のキェルケゴールが、「真理とは主体性である」という意味のことを言っていますが、まさにその通りで、傍観者には精神の真理は開示されないでしょう。それは後に述べるように、人と人との本当の関わりを見れば、すぐに納得のいくことだと思います。

そういう意味で、宗教や哲学、また思想の分野の偉人について述べる場合、客観的なデータを並べたり、思想内容を箇条書き的に羅列するだけでは、その人物の真髄には迫れないと思います。私はイエスとの心の触れ合いを試み、その真理を理解しようと努めてきました。そしてそこに救いを見、それを皆さんにお伝えしようと思った次第です。それで、「ここに素晴らしいお医者さんがいるよ」という時のように、イエスについて書いたのです。ですから読者の皆さんは、それを受け入れるも良し、受け入れないのも良し、ご自分で判断してください。

こういうふうな本を書こうという希望は、前からあったのですが、直接書く動機となったのは、高校時代の同級生で、かなり重い病気にかかっておられたK君が、キリスト教神学に興味があると言うので、では手始めに、というつもりで書き始めたのです。

やはり聴く（読む）意欲のある人に書くとなると、自然に張り切るのですが、「教える」というような意識は全くありません。一応いろんなことは学びましたし、三〇年以上も宗教の教師として、ドイツで教壇に立ったわけですが、信仰というのは、やはり教えよりも実践が肝要で、その点いろいろ欠けたところ、失敗したこと、深みを極められなかったことなどがある中、幸いにして、罪人も神様の恩恵についても語れるので、こうして書かせてもらっています。それに信仰というのは、誰でもある程度の経験を持っているわけで、また読者の皆さんは、別の職業や人生体験を経ているので、信仰を語る者は謙虚でなければならないと思っています。

二　著者と宗教

すでに、宗教は客観的一般論ではなく、それに関わる人間の主体性が不可欠であると述べました。ですから、著者である私の宗教との関わりを簡単に記し、読者の皆さんと幾分なりとも共有しておきたいと思います。

私の家族は代々浄土宗の信徒です。父が三三歳という若さで早逝したため、母は再婚し、その再婚相手（私の養父）を通して、日蓮宗が我が家に入ってきました。同時に、多くの日本人がそうであるように、我が家の大人たちも、何となく神道にも属していました。それで我が家には三つの祭壇があり、毎朝炊きたてのご飯を小さな器に入れて、それぞれの祭壇に捧げていました。神様は信じない、と言っていた母も、やはり手を合わせていたように記憶しています。

日蓮宗に関わることとして、はっきり記憶に残っている二つの出来事がありました。

一つは埼玉県の行田という町でのことです。私が生まれたのは東京の大森ですが、B29の空襲が激しくなってきたため、家族は親戚のいる、埼玉県の羽生という町に疎開しました。私が二歳ちょっとの時に、父親は肺結核で亡くなりましたが、数年後、母の再婚相手の住んでいた行田に移ったのです。私は小学一年生まで行田にいて、その後鎌倉に引っ越しましたから、まだ幼い時の話です。養父の実家は、我々の移り住んだ家のすぐ近くでした。そこに養父の両親と弟夫婦が住んでいました。おばあちゃんは、ごく普通の優しい人でしたが、とても信心深い女性で、祭壇の前で「南無妙法蓮華経」と祈っていると、何か霊のようなものが乗り移るという現象がありました。前もって仏様もしくは「神様」に尋ねごとがあると、祈りが頂点に達した時に、彼女の合わせた両手が震え始め、答えが肯定されると手が上にあがり、額の前あたりで激しく振り動かされますし、答えが否定されると膝を激しく叩くのです。確か左膝だったように記憶していますが、はっきりとは覚えていません。登山好きだった叔父（養父の弟）

が、私を登山に連れて行ってよいかどうか訊いてもらった時は、バツでした。

もっとずっと劇的だったのは、次の出来事でした。前もって何か訊いたのかどうか記憶にありませんが、おばあちゃんは祈りが高じて、しきりに喉の渇きを訴えるのです。それでおじいちゃんがガラスのコップで七杯か八杯水を飲ませました。最後にはおばあちゃんを開いたガラス窓の前に座らせ、おじいちゃんが彼女の背中をさすって、憑いた霊に去っていくように願い、おばあちゃんはだんだん静かになりました。私にとって非常に印象的だったのは、一緒に座っていた叔母が涙を流して、「あれは私のお父さんの霊だった。死の間際に大変喉の渇きを訴え、家族は医者に止められていたので、水をあげなかった」と話していたことです。このことに関しては、今もって何の解釈もできませんので、事実を記述するにとどめておきます。

もう一つのことは、鎌倉名越の家で起こりました。私は小学校の四年生くらいまで、寝ぼける癖があったのですが、家族が後で話してくれたのみで、自分では何も覚えていないのです。ただ一度だけ、養父が私の顔をじっと見て、「お父さんだよ、わかるか？」と言っていたのを、翌朝かすかに思い出したくらいです。性格が非常に内向的であったため、昼間体験した嫌なことを全部内に飲み込み、就寝中に「表現」していたようです。べつに、歩いて外に出て屋根の上に登る、といった危険なことではなかったので、そのままにしておいてもよかったのかもしれませんが、自分ではやはり寝ぼけから解放されたかったのです。ある晩、いつものように日蓮宗の祭壇の前で短い祈りをする時、とりわけ心を込めて、「寝ぼけから解放されますように」と、それこそ必死で祈ったのです。その晩から私の寝ぼけはピタリと止まりました。これはまあ、心理学的に説明できるかもしれませんが、ひょっとしたら上なる霊の助けだったかもしれません。

このような経験にもかかわらず、小学校五、六年の頃は、私は無神論者でした。変化が起きたのは、中学に入ってからでした。初めは普通に公立の中学校に行こうと思っていたのですが、六年になってから名のある進学校に行きたくなり、大急ぎで受験勉強を始め、ギリギリで受かりました。算数で不注意から大きなミスを犯して二〇点を失ったのですから、仕方ありません。後で担任の先生が言うには、一八〇人の合格者のうち、一七六番くらいだったようです。

その学校はいわゆるミッションスクールでした。一年の二学期頃から、放課後に自由参加で「公教要理」という訳のわからないものがあり、どうしたものかと両親に訊いたところ、父親が「学校が提供するものだから参加した方がよいだろう」と言うので、参加することにしました。今から思えば何のことはない、カトリック要理でした。ドイツ人の話の上手なW神父さんが講師でした。彼は私の担任でもあり、物理学と倫理学の先生でもありました。それで、すんなりとそのコースを受けていたのですが、一年半ほどしたある日、アンケートが回ってきて、その中に「神を信じますか」「イエスを神の子として信じますか」「洗礼を受けたいですか」というような質問があったのです。はっきり確信していたわけではなく、「まあ、どちらかと言えばそうだろう」程度の気持ちで、それらの質問に「はい」と答えておきました。それから二週間くらい経ってだったと思いますが、先生が「洗礼の期日はいつにしましょうか」と訊くのです。これには少なからず驚きました。「え、もうそんなに早く？」というのが私の反応でした。

それからが心の戦いでした。必死に祈りました。「神よ、もしあなたが実在するのなら、私に示してください！」。もちろん、神が現れることを期待したわけではなく、私の心に納得がいくようにしてくださいい、という意味でした。結局洗礼を受けましたが、どちらかと言うと、頭の中での信仰で、情緒が伴っていたわけではないので、それ以後苦しい数年でした。みんな私のことを生真面目な、堅い男だと思っていたでしょう。それまで通学電車の中で、女学校の可愛らしい女の子に会いたくて、彼女の乗りそうな場所に向かって移動していたのですが、それもピッタリとやめました。

また倫理観にしても、自分に背負いきれないほどの荷を自分に課したのです。ほんのちょっとした心の動きや考え、また感情などに関しても、それが倫理に適わないと感じると、その起源を模索せずにはおれませんでした。そうしないと、心の平和が保てなかったのです。模索の結果、悪い意図は含まれていなかった、とわかれば安心し、含まれていたと思えば、神に謝罪して平安を取り戻したわけです。こういうことが一日に一回や二回の反省の時にあるのなら、別に問題はありません。むしろ、ロヨラのイグナチオが推奨しているように、実行に値するでしょう。しかし、これがまさに分単位で起きると、もうとても勉強どころではありません。授業なども上の空です。高校一年から二年にかけて、成績も大幅に落ちました。精神的にがんじがらめ、という状態でした。こんな日々を過ごしていた時、たった一度だけ素晴らしい体験がありました。

構内に洗礼を受けた、お御堂《みどう》と呼ばれていた教会があったのですが、休み時間にしばしばそこを訪れていました。それでも、心の重荷は全然取れませんでした。ところがある時、お御堂に入って一番近くの、つまり一番後ろの祈祷台にひざまずいた瞬間に、大きな喜びが心を満たしたのです。全ての悩みが一瞬にして消えました。いつものように心の動きを探索した後で得られる平安とは全く別種のものであり、かつそれをはるかに上回る歓喜でした。しかしそれは長くは続かず、丸一日も経たないうちに、いつもの心の葛藤が戻ってきました。

こういう話をすると、なまじっか心理学をかじったような人たち、人間の心の深さを認めない人たちは、「それは君が期待して教会に入ったからだ、プラセボ効果だ」と言うでしょう。しかし事実は全然違うのです。それまでにも数十回にわたってそのお御堂に通っており、指導司祭に「休み時間は仲間と遊びなさい」、と言われていたくらいです。そしてそれまでは、ただの一度も心の葛藤は癒されなかったのです。この時も期待はゼロでした。自分の願望とは全く関わりなく、それが来たのです。また、これに味をしめて、その後数回は期待を持って教会に行きました。しかし、このような経験は一度も得られなかったのです。私の正直な気持ちを言えば、私があまりに苦しんでいたので、神が息抜きをさせてくれたのだと思います。

このような状態から、次第に私を解放してくれたのは、霊的書物の読書でした。高校時代、私は中学の頃大好きだった数学の授業についていけなくなるほど、勉強そっちのけで毎日聖人伝などを読んでいました。当時特に助けになったのは、リジューのテレジアの本だったと記憶しています。簡単に言えば、「くどくど悩まず、神に大きな信頼を持ちなさい、神様は些細な科《とが》にいちいち目くじらを立てませんよ」という内容でした。この教えを心に刻みつけていく過程で、次第に心が解放されていきました。

また、このたくさんの読書が、私の心の中に「司祭になるべきだ」、という願望というか、使命感というか、そういった動きを引き起こしたのです。障害は、キリスト教徒でない家族からは来ず、自分の中にありました。一つは栄誉心で、司祭になるためのコースのある大学よりも、もっと良い大学に行きたいと思っていたのです。まあ、この野心を抑えることには、そう大きな困難はありませんでした。もう一つは女性への傾きです。ご存知のように、カトリック司祭になるには、独身を通さねばなりません。しかし、意中の人に対する気持ちは、あの頃はまださほど深くありませんでしたので、これも何とか乗り切ることができました。

それで、上述の司祭コースを始めてラテン語などを二年間勉強し、さる修道会に入会しました。入会審査の時、その修道会の管区長さんは極めて友好的でしたが、一つだけ、「入会するなら、しっかり決断してからにしてください」と釘を刺されました。まさにここが私の弱点でした。洗礼を受けた時もそうでしたが、ここでもまだ明確な決断には至っていなかったのです。修練院に入れば、だんだんはっきりしてくるだろう、くらいに考えていたのです。そして、修練院に向かう数時間の電車の旅の間も、きれいな川を見たりすると、昔意中の人と歩いた川べりの道を思い出したりしていたのですが、とにかく入会の運びとなりました。

しかしよりによって、入会直後に大きな疑問が私をさいなみ始めました。それは、イエスは本当に神の子なのだろうか、というような問いのはるか以前の疑問でした。つまり、神なんて本当にいるのだろうか、という疑いでした。三日ほど悩んだ後、瞑想のため、三階屋根裏の畳敷きの部屋に座っていました。顔を窓の方に向けていたのですが、小さな窓枠がちょうど絵画の額のよう形で、庭のヒマラヤ杉の頂をおさめていました。いつしか思いがそちらに向かい、「まるで静物画のようだな」と感じたのですが、あの杉の中には活発な水の動きがあることに想いを馳せました。昔学校の生物の授業で、水に赤インキを垂らして、切った草の茎をつけると、赤い水が上昇して茎が赤くなるのを見たことがありました。

それで、この絵のような木にも生命がみなぎっているんだな、というところまで考えが及んだ時、突然この生命の背後にある神を感じたのです。そして大きな喜びと歓喜が私の心を満たしました。それは三日ほど続き、瞑想のために座るたびに、潮のように流れ込んできました。私は、こういう体験は他の人に口で説明できないと思っていますが、この時以来五七年経った今も、神の存在自体については微塵も疑ったことがない、とだけ付け加えておきます。

修練院では、この他にも神の臨在を感じるいくつかの体験があったのですが、ここでは省略します。とにかく、二年間の修行の後、最初の誓願（清貧、貞潔、従順）を立て、もう一年ギリシア語などの勉強をしてから、東京の大学に戻り、哲学科三年生として勉強を再開しました。学士課程を終えて、さらに二年間修士課程に進みましたので、一般教養課程の二年間を除くと、合計四年間哲学を学んだことになるのですが、それは一九六七年から一九七一年にかけてのことで、学生運動の真っ只中でした。クラスの代表として、中道改革派に属していましたので、哲学の勉強はかなりおろそかになりました。それでも一応はプラトンのイデア論について学士論文を、また中世後期の思想家であるニコラウス・クザーヌスの認識論について修士論文を書くことができました。また、哲学の勉強中に、私のキリスト教信仰に多大な影響を与えた著者に出会いました。その著者の名はテイヤール・ド・シャルダン（Teilhard de Chardin, 1881–1955）です。彼はフランスのイエズス会員で司祭、同時に古生物学者、北京原人の発見者チームに属した人です。古生物学と神学的見地を融合する形で、ダイナミックな進化論的世界観を提示しました。それまでどちらかというと、静的に感じていた神の、創造者としての理解を、深めさせてくれました。そして、原始仏教に興味を持ったのも、創価学会の人たちと論議したりしたのも、この頃のことでした。同時に社会科一級の教職資格を取れましたので、その後一年間、神戸の学校で中学一年生の歴史の授業を受け持ちました。

そのあとはドイツに渡り、フランクフルトの神学大学で、神学の基礎コースを三年間学びました。ドイツ語が難しかったことと、恋愛事で心を勉学に集中できなかったことから、これまたお粗末な勉強になりました。学士論文は、カール・ラーナー師の聖書のインスピレーションに関するテーマを、扱いました。

本来はこれで司祭に叙階されるはずで、その日取りまで決まっていたのですが、直前に、後に妻となるドイツ人女性が原因で退会しました。結局、「はっきりと意識決断して入会するように」という、当時の管区長さんの言葉に従えなかったことの帰結だったと思います。

その後は、生計を立てる必要から、ギムナジウムと言われる、小学校高学年、中学、高校を含めた学校で、宗教学の教師となりました。初めの三年間は、ライン川のほとりにあるガイゼンハイムという町の、女子のギムナジウムでした。聖ウルスラ会の経営になるカトリック校です。その後は、フライブルク大司教区から派遣される形で、オースターブルケンという小さな町の公立校で、定年になるまで二九年間務めました。

実ははじめ、神学の博士号を取ろうとしていたのですが、教職に加え合気道道場の指導と経営、それに子供四人を抱えた家庭生活を背負い無理が生じたため、二〇〇頁ほど書いた論文を、塵の積もるままに任せて中断しました。ぼちぼち再開したのは、定年後しばらくしてからでした。最終的には、ファレンダー（Vallendar）という町の神学大学で、二〇一八年になってようやく博士号を取ることができました。あまり集中力がある方ではないので、もっぱら忍の一字でやっと終えた、というのが実感です。テーマは、フェルディナンド・エーブナー（Ferdinand Ebner）というオーストリアの哲学者の「我と汝」の思想を出発点にした、「存在～言葉～愛」の観点から見た神の三位一体論です。

前に言及した合気道は、哲学科にいた頃東京で始め、ドイツに来てからも続けていたのですが、オースターブルケンで、同僚の先生たちにせがまれて教えるようになってから本格化し、一九八七年に道場持ちとなりセミプロ、定年後にはプロになりました。創立者の植芝盛平先生が、大変信心深い大本教の信徒であったため、大まかにいうと、「神は創造主であり、愛の源である。したがって人間は皆一つの大きな家族である」という思想は、キリスト教徒である私には、すんなりと受け入れることができたわけです。そして、創造の根元の力とみなされる気について、技とともに解説していくうちに、多くの同調者を得ることができました。よく思ったことは、学校での宗教の授業よりも、合気道の稽古の時の方が、より多く宗教のことを語れるし、それが受け入れられるのではないか、ということでした。しかしこれは、一般宗教論に関してのことで、キリスト教神学についてではありません。

一つ言及しておかなければならないことがあります。それはキリストの神性についての疑いです。広義にとれば、人間は誰でも神の子ですが、ナザレのイエスが特別な意味で神の子なのか、それともたくさんの神の子たちの中で、たとえトップに属するとしても、単に段階的に上に位置するだけなのか、という疑問が浮かんできたのです。それは昨日今日の出来事ではなく、数年にわたる考察でした。しかし、こういう問いは、考察だけでは解決できない事柄だと今でも思いますし、当時もそう感じていました。そして精神生活を続けるうちに、瞑想の中でだんだんに明らかになるだろう、という予感がありました。とりあえず、イエスを超える存在は、私には見当たりませんでしたので、イエスとの出会いを基礎として、年月を経ることになりました。そして予想通り、イエスの神性が私の心の中で、徐々に明らかになっていきました。

何度か言及した瞑想ですが、修道会を出た後も瞑想は続けていましたが、退会後は禅の影響もかなり受けました。ロヨラのイグナチオの霊操と禅を組み合わせたような形の瞑想を、お粗末ながら今も続けています。

それではここまでを前置きとして、話を本題に進めていきたいと思います。

第一部　イエス理解のいくつかの前提

何事を理解するにしても、正しい理解になるべく近づくためには、その前提を知っておく必要があります。ここでは、まず人間一般について、次に宗教性について、そして第三に聖書について記述したいと思います。

一　人間を考察する

1　精神と物質

何と言っても、人間が出発点ですから、まずその人間について考えてみます。ニコラウス・クザーヌスという中世後期からルネッサンス初期に活躍した神学者・哲学者の考えですが、我々がものを認識するのは比較による、(1)と主張しています。それで、この世界の存在物を眺めてみますと、すでに誰でも知っているように、精神と物質とがあります。

その精神と物質ですが、この一対の概念も、お互いを比較しながら、だんだんに双方の理解を深めていく形の典型的な例と言えます。どちらかと言えば、子供の年代ではまず物質的なものを見聞きして、その世界の中で生きているうちに、だんだん精神的なものに目覚めていく、という形でしょう。しかし、精神的なものが初めはゼロであるとは言えません。ゼロであれば、だんだん目覚めて発展することもないはずです。例えば宗教学者の中には、神の概念は人間のうちに初めからある、と主張する人もありま す。まあ、永遠もしくは不変の概念がなければ、一時性や変化の意識もないでしょうからね。永遠や不変の概念は、いわば無意識的、潜在的に人間に備わっている、と言えるかもしれません。

2 進化論

我々の住む世界を精神性と物質性という観点から見ると、いろいろな段階があるのがわかります。まず、生命のない世界と生命の世界とを分けることができます。後者では、精神性への参与を垣間見ることができます。生命の世界をもう少し区分していくと、植物、動物、人間となり、精神への参与がこの順序で高まっていくのがわかります。またよく見ると、この区分は完全に分割されているのではないことがわかります。植物と動物との境界線上にある生命、また動物と人間の境界線上にある生命がありま す。その上、無生物と生物との間も、完全に分かれているわけではないようです。というわけで、進化論は頷けます。進化論はよく唯物主義的に解釈されますが、それ自体は単に現象を記述しているだけで(ダーウィン)、進化の背後に物質的エネルギーしか作用していないのか、精神的なエネルギー(例えば神の)が関わっているのか、元来何も言っていないわけです。精神的なエネルギーの関わりを主張する代表的な学者は、前述したテイヤール・ド・シャルダンです。

ついでに言及しますと、元来自然科学というのは、自然の現象に焦点を絞って考察するということでした。方法論的無神論と言われる所以です。神様のことはテーマにしませんよ、という意味です。それがいつの間にか、神様は存在しませんよ、という内容的無神論に進展していきました。ただし主に物理学の分野の大学者たちは、そのようには考えませんでした。例えば、ノーベル物理学賞の受賞者である、マックス・プランク[2]、ニールス・ボア[3]、ヴェルナー・ハイゼンベルク[4]などは、自分の発見した事柄に感動したのです。そしてそこに大いなる神的な知性を見て取ったのです。

ことのついでに、唯物主義者のカール・マルクスを見てみましょう。ご存知の通り、彼は人間の精神は物質から進化したと言っています。ただし彼は頭の良い人ですから、この理論では人間の尊厳を守れないことに気づきます。なぜなら、人間は物質の派生物でしかなくなってしまうからです。そこで、弁証法的進化（dialektische Evolution）ということを思いつきます。いわゆる飛躍的発展による質の変化というやつです。

人間の精神は新しい高度の質を有するようになったので、尊厳に値するということのようです。この説は巧妙なように見えますが、哲学的に見れば、大きな穴があります。というのは、なぜ物質が飛躍的な発展によって精神を生み出せるのか、という説明がまるでないからです。そういうのは信仰の一種です。精神は物質の派生物でしかない、という主張のみをとってみれば、一応論理的な筋は通っています。ただし、これでは、究極のところ、人間などいつ捨てちゃってもかまわない、ということになってしまうわけです。実際、歴史を振り返ってみますと、人間を物のように扱うケースが、多々ありました。しかし、マルクスの窮余の一策である弁証法的進化論は、哲学的な基礎がないので、即座に崩れてしまいます。元来弁証法（dialektik）というのは、プラトンに由来するもので、ソクラテスの対話術を指し、人間の精神とその発展機能を前提にしているわけで、物質の論理ではないのです。そこにマルクスの無理がありました。労働者の尊厳とか、労働の価値とかの主張が貴重であっただけに、この欠如はとても残念なことでした。

（1）「探求者はすべて、不確実なことを、前もって措定されたたしかなことと比較し、比的に proportionabiliter 判断する」。ニコラウス・クザーヌス、『知ある無知』創文社、一九六六年、七頁。
（2）Max Planck, 1858–1947
（3）Niels Bohr, 1885–1962
（4）Werner Heisenberg, 1901–1976

3　動物と人間

それでは、動物と人間との差、という点に的を絞っていきましょう。自然の能力（視覚、嗅覚、聴覚、体力、等々）に関して言えば、人間よりはるかに優れた動物がいるのは周知の事実です。しかし、そういうところに重点を置かないのが、人間の精神の精神たる所以です。人間の特性は何と言っても精神で、身体ではありません。では精神とは何でしょうか。いくつかの観点を検討してみましょう。

まず知性の優越性を挙げることができるでしょう。もちろん、動物に知性が全くない、ということではありません。かなり頭の良い猿や犬やカラス等の例が知られています。しかし、反省能力というのはないようです。それが決定的な違いでしょう。人間は主体として考えたり、行動したりするのみならず、そうしている自分をもう一つ別の、あるいは高い角度から、見ることができます。そして驚いたことに、行動する主体とそれを見る主体が、別々ではなくまさに一体化していることです。こういう反省能力というのは、動物には見られません。褒められたり、餌をもらったり、また逆に叱られたり打たれたりすれば、本能的にやる気を起こしたり、自分を守るように行動したりするわけですが、「果たして俺の行動は正しかったのだろうか」というような能力は、観察されません。それが動物の責任性を否定することにつながります。

4　理性と知性

こういう動物と人間との差は、厳密に言うと、理性（ratio）と知性（intellectus）の違い、また意識（Bewusstsein）と自己意識（Selbstbewusstsein）の違いとして、分析することができそうです。理性、つまり思考能力は動物にもかなりあるが、反省能力を伴った知性は、人間にしかない、また、意識は動物にもあるが、自己意識は人間にしかない、というふうに考えられましょう（最近では植物にも最小限度の意識がある、という主張もあります）。

この理性と知性の区分は、ラテン語では、ratio と intellectus ですが、ドイツ語では、Verstand と Vernunft で、その動詞形は、verstehen（理解する）と vernehmen（感知する、悟る）です。フェルディナンド・エーブナー（Ferdinand Ebner）というオーストリアの宗教哲学者は、vernehmen とは神の言葉を vernehmen することであり、そうする能力が人間の Vernunft である、と言っています。つまり、人間の知性には自身を乗り越える能力がある、と言っていることになります。

5　責任性と良心

責任性ということに関して、次に良心を観察してみましょう。良心というのは、道徳的に善悪を判断する能力と考えられます。もちろん教育や環境の違いによって、道徳的判断の違いはあります。しかしそれは固定した差異ではなく、知性を通して吟味すれば、より良い判断へと進展させ得るものです。そもそも善悪を区別し判断できる、というその基本能力が良心であって、まさにそれによって人間に責任が生じます。情状酌量の余地はいつでもあるわけですが、特別な場合を除くと、責任全面解除とはなりません。その前提があってこそ、裁判などもあるわけでしょう。また逆に、いくら熊が人を殺したからといって、裁判にかけることは考えられません。人間の利益を考え、危ないから射殺することはあっても、熊の道徳的価値を問うことはありません。熊に道徳的責任がないからです。むしろ、人間が作った状況によって（伐採による生息領域の減少、キャンパーによる食べ物の投げ捨て、人間の軽率な行動、等々）そういうことが起こるわけで、やはり責任は人間に帰せられます。そもそもこういう道徳的善悪の概念が、唯物的に見た自然の進化の過程で、生まれ得るものでしょうか。そのあたりが、宗教性との関わりの中で重要な問いとなります。

6　責任性と自由

これと密接に関わるのが、人間の自由ということでしょう。理性を超えた知性と関わるもう一つの重要な点です。動物は自然の環境に反応するわけですが、道具を作る猿やカラスを見ていると、自由という概念がある程度は当てはまるような気がしてきます。ただし、その範囲は非常に限られています。その「自由」の分野は、大まかに言って、食べること、生き延びること、に限定されています。人間の自由はそれをはるかに超えています。

もちろん、それは絶対の自由ではなく、限られた自由です。環境、教育、習性などによって、限られています。しかし、そういう「限定条件」を見通すことができるのが人間で、それによって限定条件を超越し、自由を獲得できます。もし自由がなかったら、やれ酒を飲み過ぎたとか、くだらないテレビ番組を観て時間を潰してしまったとか、あいつにああしてやればよかったとか、そういう後悔や反省もないでしょう。

7　意義の追求

人間の特性を考える上で、もう一つ注目すべき点は、意味もしくは意義への問いでしょう。ドイツ語では、Sinn（ズィン）と言いますが、Sinn は、意味とか意義の他に、感覚をも指します。人間には五感もしくは六感（sechs Sinne）がありますが、それは外界を取り入れる道具、また道、という解釈のようです。単に感覚的な対象を受け入れる、ということであれば、それは動物一般に共通したことですが、人間の場合はそれを超えて、感覚を道として、全体的な解釈を施していくという特性があります。日本では、伝統的に「道《どう》」という言葉で、道を極めていくことを表していますが、どうやらドイツ的な考え方との共通性が見られるようです。感性から出発して、それを超えた次元を探し求める、それが意味合いとか意義の探求でしょう。

8　我と汝

その探求ですが、どうやって深い次元を探求するのか、ということが明らかにされなければなりません。ご存知のように、認識の根源的なところに行き着こうとして、デカルトが「我思う、故に我あり」(cogito, ergo sum.) ということを主張したのですが、この考え方には二つの欠陥があります。

まず第一に、「我思う」(cogito) 自体が分析されていません。もし考えることが、頭脳の作用、というふうに漠然と設定されているとすれば、じゃあ人間は頭脳をそんなに信用できるのか、という問いが生まれます。また、それは理性の範疇にとどまり、もっと肝心な知性の分野が無視されることになりかねません。知性の特徴である直観力 (Wesensschau)、西田幾多郎の概念を借りれば、「純粋経験」を可能にする人間の心の能力、が直視されなければ、cogito などは、儚い、頼りないものです。

第二の欠陥は、デカルトがこの「我思う」を絶対視していることです。ご存知のとおり、cogito の主体は私、つまり ego であるわけですが、孤立した ego ほど不確かなものはありません。ego は、それ自体では、認識の最後の砦にはなり得ません。なぜなら、ego（ドイツ語では ich イッヒ）と言えるのは、du（汝、あなた）が体験された時のみであり、du は ego (ich) の前提です。結局、人間は一人では自然の中に埋もれた個でしかなく、du として確認された共存者なくしては、世界の認識もできないと言えましょう。ハイデッガーは、人間を最初から「世界内存在」として規定しましたが、これはデカルトから脱却する第一歩に過ぎません。du の発見こそが、この曖昧な「世界内存在」を具体化し、位格化して、人間と世界の真実をもう一歩進んで解明していると思います。

そしてこの「我と汝」（"Ich und Du"：マルティン・ブーバーの著書。ただしこの思想は、フェルディナンド・エーブナーの方が、やや早く発見）の位格的関わりの本質を追究していくと、この両者をつなぐものとしての、言葉と愛の重要性が浮かび上がってきます。言葉と愛は、両者をつなぐ架け橋と言えましょう。言葉は動物の伝達手段をはるかに超え、愛は、敵への愛が示すように、本質的に動物愛を凌駕します。

9　まとめ

以上、動物と比較して、精神性（理性を超える知性）、道徳性と自由、また意味・意義の追求心、認識能力、言葉と愛というふうに、ざっと大まかに見てきましたが、こういう事実を唯物論的にのみ解決していくのは、全く無理じゃないか、と私は思います。強いて考えるとすれば、最初の原始物質の中に、種のように精神的要素が含まれていた、という解釈ができるかもしれません。しかしこれでは人に気づかれないように、ひそかに精神を持ち込んでいることになって、唯物論ではありませんし、種がなぜ現実に見られるような形に進展できるのか、説明ができません。やはり何らかの形で、精神への進化を促しかつ伴う、巨大な神的精神があると考える方が、自然ではないかと思います。幸い我々には判断力（これも知性のなすところですが）というものがあるので、各自が冷静に判断していくしかありません。唯物論的な判断をする人は、それで生きていくしかありません。小生は木枯し紋次郎じゃありませんから、「あっしには関わりのねえことでござんす」などという冷たいことは言いませんけど、無理強いもできませんからね。しかし紋次郎さんだって、いざとなればやっぱり刀を振るって手助けするんですから、私もペンならぬ、キーボードを使って善戦健闘したいと思います。

二　宗教性一般について

ここで宗教性というのは、すでに「序」で言及したように、一般的な意味で、「深みを求める心」ということにしておきます。つまり、まず特別の宗教に拘束されません。また、宗教にかかわらず、哲学でも文学でも芸術でも、また日本の「道」でも、隣人への奉仕でも、どこからでも深みへの入り口はあるわけで、そういう一般的な意味での宗教性です。ただし、それについて考察するとなると、どれもこれもはできませんし、また小生にはそういう博い学識も能力もありませんので、自分の関わってきた分野のみから、深みへの試みをしてみたいと思います。それは、哲学、神学、また武道の分野です。

1　根源的「汝」としての神

これまで人間について考察するうちに、自然や唯物的思考を超える要素が明確になってきたと希望します。それは精神の領域です。しかし、この精神の領域を前述のように吟味してみると、人間の精神には、それだけにとどまらない、それを超える何かが垣間見られてくるのではないでしょうか。例えば、「我と汝」のキャッチフレーズで有名になった、対話的位格主義（Dialog-Personalismus）の哲学、特にフェルディナンド・エーブナーは、「もし人間が汝によって、我に目覚めるのであれば、まだ我の意識のなかった段階での原人類は、当然汝の役を担う相手もなかったわけで、位格を有する精神としての神が汝として向かい合うのでなければ、自分の位格性である我に気づくことはなかったはずである」という趣旨のことを言っています。また、我と汝との架け橋である言葉は、普通、人間の精神の作用の一つ、というふうに軽く考えられていますが、よく検討してみると、言葉性が初めから備わっていなければ、人間は考えることもできない、また自己意識も生まれ得ない、と主張しています。人間があっての言葉ではなく、逆に言葉があっての人間である、ということになります。エーブナーは、そこから、「初めに言《ことば》があった」（ヨハネ1・1）という聖書の句へのつながりに気づきました。

2　神の言葉性

ここで言われる言葉というのは、知性、判断力などを全部含めたものですが、驚いたことに、「言葉によって全てが造られた」、とヨハネの句は続きます。軽々しく言葉を使っている我々には、その深みと重さは想像だにできないものなのでしょう。私が学生の頃、ある哲学教授が、「純粋に存在だけというのはありません。何か特性があるものですよ」と言っておられましたが、まさに言葉性こそが、存在の一大特性であると言えるのではないでしょうか。そういう意識で、生命さえも持たない物質世界を観察してみると、そこにさえも、言葉性が働いているのがわかります。いわゆる自然法則というやつです。それなしの混沌であれば、一定の発展方向などもあり得ないわけで、進化論などは成り立たなくなります。また、基本的に誰にでも検証可能な実験や、精密機械の製作などもできなくなります。自然には論理性が内在していて、それが取りも直さず、言葉性の表れでしょう。前述の理論物理学の大家たちのように、そういう素晴らしい現れに感動して、「神的」なものに触れるということは、極めて納得のいくことで、それを無視してのほほんと生きているのが、いかに浅はかであるか、見えてくると思います。

また、もう長いこと環境汚染が問題視されていますが、これなどは世界の言葉性に背く人間の浅はかな知恵の結果と言えるでしょう。それが証拠に、人間がさまざまな汚染をもたらす自然へのバカな介入をやめると、自然はメキメキと回復します。人間が自己の言葉性を自然世界の言葉性に逆らう形で用いる時、そこに汚染と死がもたらされるのですが、それが改められると、自然の言葉性である大きな知恵が、新しい調和と復活をもたらすと言えます。一九六〇年代、東京の河川が汚れて魚や水草が壊滅状態になったことがありますが、工場が汚染水を河川に流し込むのをやめた途端、回復の兆しが見え始め、まもなく魚がどんどん戻ってきたのは、私の世代の人間には、まだよく記憶に残っている事実です。人間の言葉性の限界と、それをはるかに凌駕する神的言葉性が、垣間見られてくると思います。

3　神の愛

存在のもう一つの大きな特徴は、「愛」でしょう。ベラ・ヴァイスマー（Béla Weissmahr）という哲学者は、この世のどの変化を取ってみても、そこにある意味での自由があると主張しています。自然科学の因果論では、変化という事実を最終的に説明しきれない、というのです。これは哲学的な問いで、変化は原因を前提とするのは言うまでもありませんが、では、なぜその原因となるものが、変化して別のものになったのか、確かに説明しきれません。そして、進化論を前提にすると、そこにはより高度なものへの自由な動きと模索、そして目的性があり、それは取りも直さず一種の愛である、と言うわけです。最初の原子の結合から始まって、人間の誕生に向かう過程には、お互いに寄り添ってだんだんに発展していく相互関係の過程があり、それはある種の愛の作用とみなされる、という主張です。

同時に、万有引力と言われる事実が、すぐ目に映ります。お互いに引き合う力は、それを重力とみなす時、空間の歪みによって生じる、というふうに説明されますが、なぜそういう引力があるのか、という問い自体は、まだ明らかにされていないようです。そういう事実もまた、ある種の愛と言えるかもしれません。

植物の世界では最近研究が進み、森の中の大樹が、その足元のほとんど陽の当たらない小さな木に栄養を提供し、守るような形を取っている、という結果が発表されています。小さな木は、太陽の欠如で、数年にも渡って小さなままでいるのですが、その間大きな木が、自分の根を通して、小さな木に栄養を提供しているそうです。この点に関しては、大変参考になるペーター・ヴォールレーベン（Peter Wohlleben）の本がドイツ語で出版されていますので、じっくり読んでみたいと思っています。

これが動物の世界になると、もっとずっと顕著になることは周知の事実です。我が家の庭でも、軒下の巣で生まれた小鳥の雛が初めて巣を後にする時、まだあまりよく飛べずにウロウロしていて、猫に襲われるケースがあります。すると親鳥が代わる代わるにまさに低空飛行で、猫の頭すれすれに飛び、雛を守っている光景を目の当たりにし、感動したものです。猫がそれに気を取られて親鳥の方を追いかけている隙に、雛鳥が逃げのびるのです。文字通り命懸けの愛であり、人間の方が学ばされます。

そしてさらに人間の世界になると、愛の尊さがはっきりわかるようになります。そして、それに反するような行為は、否定的に判断されることとなります。何と言っても、「敵をも愛する」というような理想とその実現は、人間業とも思われません。人間を超える精神的な高み、これはまさに神的と言えるでしょう。

というわけで、存在の二大基本構造は、言葉性と愛であり、しかもそれがこの世的な存在を超える様相を示している、と言うことができそうです。ギリシア哲学でもロゴスとエロスが存在の基本要素として扱われています。まさに存在の三位一体「存在・言葉・愛」、この世の存在のそれは、神的な存在の三位一体の生き写しではないか、と小生には思われます。この点に関しては、いつか三位一体論をテーマにする時、もう少し綿密に見てみたいと思います。

三　深みへの道

1　理性を超えて

深みを求める宗教性の考察をしているわけですが、これまで書いたことは、いわば理性的なアプローチと言えましょう。そこで言葉と愛という存在の構造を確認したわけですが、理性的なアプローチというのは、言葉の視野から考えていく、ということになります。ご存知のように、理性を知性から厳密に区別する場合、理性には大きな限界があります。その理由は、理性は概念を前提としているからです。概念というのは、あまりはっきりしない対象を定義付けて、はっきりさせるというメリットがありますが、同時に物事に、人間の理性という限られた能力で、限界を定めてしまいます。そもそも「定義」のラテン語 definitio という語は、finis すなわち「限界」から来ており、まさしく「限界付け」ということになります。ですから、理性を絶対とするような合理主義では、到底物事の広さと深みには到達できません。真実在（物事の奥深くにある真理としての存在）は、常に理性のはるか上をいくと言えましょう。

知性という場合は、理性とは比較にならないほど精巧でしかも崇高な能力であり、intellectusというラテン語を見ますと、語彙の分析からは間違いらしいのですが、内容的に見ると、トマス・アクィナスやマイスター・エックハルトが考えたように、どうやらintus（内へ）という語と、これはまず確実なことですが、legere（読む）という語が組み合わされているらしいことがわかります。いわば「内へ読む」といった雰囲気で、内観とか見性とか訳せそうです。つまり思弁的な思考を通さず、直観的に本質を見抜く能力というふうに解釈できます。

そして、こういうふうに考えていくと、思考を停止して無三昧となる禅との共通性が予測されるようになります。無というのはそれ自体が目的ではなく、それを通して得られる悟り、もしくは見性が、涅槃の境地へと導いてくれる、と見てよいように思われます。また、このニルヴァーナと言われる涅槃が、言葉で表現できないもの、という見方は、キリスト教の神が、元来言葉で表されないという、否定神学(theologia negativaもしくはnegationis)の伝統と重なります。ロヨラのイグナチオもカルドナル川のほとりで悟りを得た時、そのことに言及はしても、内容が何であったのか、書いてはくれませんでした。

哲学的には、日本では西田幾多郎、ドイツではエドムンド・フッサール(Edmund Husserl)が、ものの本性を直視する能力について書いています。

もちろん、神の側からのはっきりとした啓示を信じるキリスト教と、それなくして、ただ参禅三昧で自己を開ききることによって、「何事か」を体得する禅とでは、大きな違いもあります。ここで主張したいのは、キリスト教であれ禅であれ、理性を超えた段階で深い「神的な」次元を志向している、ということです。

2　愛を求めて

次に、言葉と並んで存在の基本構造である愛の観点から、深いものを求めることについて考えてみましょう。愛ほど体験と密接に結びついているものはありません。簡単に言えば、「愛は理論じゃない」ということでしょう。キリスト教では、端的に「神は愛です。愛にとどまる人は、神の内にとどまり、神もその人の内にとどまってくださいます」（一ヨハネ4・16）と主張していますが、仏教にとっても、「憐れみ」もしくは「慈悲」ということが、仏様の中心的心情として捉えられており、信徒にもそのように実践することが勧められます。世界の根源の奥底を、愛もしくは憐れみ、同情として感じ捉えるのは、理性ではできません。事実、その実在の奥底である神は、ひょっとしたら怒りの神ではないか、という懸念が表明されてきました。ことのついでに言及しておきますが、「旧約の神は怒りの神、新約の神は愛の神」という軽薄な主張がよくなされますが、もってのほかです。学生の頃、そういう意見を聞いたので、毎日旧約聖書を一章ずつ、時間をかけて全部読んだのですが、旧約の神も愛の神である、神の怒りは愛から出る怒りである、ということがはっきりわかりました。それを疑いもなくはっきりさせたのが、神の子とみなされるイエスであったわけです。ですから、やたらに秩序や法律を強調し、何かも几帳面にやり、嘘もつかず悪いこともしない、というだけではダメなのです。他の人のために命を捧げる時、自分のたくさんの咎も清められると見た方がよいでしょう。私などは自分で勉強したり教えたりするだけで、ろくな愛の実践はしてきませんでした。これから死ぬまで、相当頑張らないとダメだ、と思っています。

人間の頭脳は大まかに言って、思考的な側と、感情的な側とが半々に作用するそうですが、それも言葉性と愛の表現もしくは機能と見てよさそうです。その両方をもって、つまり全人的に深みを求めることが必要であり、可能であると思われます。そうすることによって、言葉に偏った教えとしての信仰を、道としての信仰に深めていくことができそうです。仏教が仏道とも言われるように、キリスト教もキリスト道として捉えられなければ、まだ完全に理解されたとは言えないでしょう。

四　諸宗教とキリスト教

ここでざっと他の宗教とキリスト教を比較概観してみたいと思います。詳しいことは、別の本を書く機会があれば、そこで検討することとし、ここではちょっとだけさらっと見るにとどめます。

よく耳にするのは、「ある程度公認された大きな宗教を取ってみると、どの宗教も結局は同じだ」という意見です。ところが、さっきの旧約聖書に対する見解と同じように、宗教に対する無知が前提となって発言している場合がほとんどです。武道でも黒帯をしていたら皆同じ、と思う人がかなりいるみたいです。実際に経験のある人でなければ、質の差などわかりません。

ここでは、宗教一般について論ずるのではなく、日本の宗教である神道と仏教をキリスト教と比べてみたいと思います。

1　神道とキリスト教

まず神道ですが、その起こりは、自然に対する敬意、つまり自然の背後に神性を見るアニミズム的なものと、死者の霊に対する敬意とその神格化とが組み合わされていたようです。その後、儒教の影響で倫理道徳の要素が濃厚になりました。これらの点は、ちゃんとした見地から判断すると、キリスト教に本質的に矛盾するものではありません。もちろんキリスト教は、アニミズムではなく、神を創造主として認め、世界は被造物として規定されます。ですから、自然は畏敬の対象とはなっても、礼拝の対象にはなり得ません。創世記の著者が、それまでの汎神論的な見地、すなわち自然の前に畏れおののく姿勢から人間を解放した、つまり非神話化した、と言われる所以です。ただし、この非神話化は、時とともにだんだん極端に解釈されるようになりました。人間中心、自然軽視の方向に進んだのです。自然は単に利用されるものとしての価値しか持たなくなりました。その弊害が環境汚染や破壊につながっていったことは、もう疑いの余地もありません。現在の神学は幸いに、それを是正するような方向に動いています。被造物も神の作品であり、その背後に神が内在するという本来の見方が、また強まっているわけです。自然自体を神格化するアニミズムと、自然を物としてしか捉えないような、聖書文面の間違った解釈、という両極端が、自然の中における神の内在という形で、正しく理解される可能性が見えてきたのです。しかし、一般の神学者の平均では、まだまだ自然とのつながりが薄いように見受けられます。むしろ前に言及した原子物理学者の皆さんの方が、この点ではるかに先を行っているように思われます。外見は異なっていても、人間を含めた全ての被造界は緊密につながっていて、その全ての存在が神に担われている、と見てよいでしょう。アニミズムや汎神論が、必ずしも間違ったことばかり主張しているわけではないのです。むしろ近代西洋的な自然からの神抜きを矯正する役目を持っていると言っても過言ではないでしょう。

次に祖霊崇拝ですが、これについても似たようなことが言えます。神道では、祖霊も自然のある対象（山、木、石、等々）と同じように神に奉られるわけで、そのままではキリスト教の信仰とは相容れません。しかし、キリスト教にも諸聖人の通功という教えがあります。ちなみにこの場合の諸聖人というのは、教会から聖人として宣言された、つまり列聖された人々に限られるわけではありません。簡潔にいうと、大きな罪で神から離脱していない全ての霊魂たちの交わりと相互援助と言えます。まだこの世に生きている人も、あの世で神と共にいる魂も、全員含まれます。それで肉体の上での死者の霊のために生者が祈り、肉体的にすでに死んで神の元で生きている霊が、我々のために祈ってくれる、ということになります（プロテスタントでは、少し違う解釈をしていますが、ここでは触れないでおきます）。ヨーロッパでも最近は信仰が薄れて、霊の現実自体がテーマにされなくなり、当然死者の霊との関わりもますます希薄になっていますが、現代のキリスト教でも、祖霊との関わりがもう少しはっきりしてくれればよいと考えます。

最後の倫理道徳性に関しては、長々と説明する必要もないでしょう。徳を求める心は、人類に共通したものと言えましょう。ただし、キリスト教においては、愛を全ての徳の中心としてはっきり宣言することになります。

結びとして言えることは、神道とキリスト教には、かなり重要な共通点がある、ということです。もちろんキリスト者としては、その信仰の立場から、神道の考えをそのまま受け入れることはできず、キリスト教的解釈を施さねばなりません。両者とも、上なるもの（上と神は、「かみ」と読む時、語源的に同じでしょう）、人間を超えるものを認めているとみなせますが、決定的な違いは、キリスト教がイエスを神の（愛の）最大の現れ、もしくは啓示としている点でしょう。そしてその観点から、その中心から見て、自然の対象にせよ、祖霊にせよ、一般道徳にせよ、相対化されるということです。

2　仏教とキリスト教

次に仏教との比較に入ります。

後に釈迦と呼ばれるシッダールタは、妻子を残し、いわば王宮のような我が家とそこでの安楽な生活を捨てて、人生の深みを求め、まずさまざまな学者や修行者を遍歴したわけです。また、激しい苦行や断食も試みました。その結果、身体は痩せ細り、ほとんど飢餓寸前に至ったようです。しかし、どうしても心に納得のいく、いわば魂の救いのようなものを得られませんでした。それでまた体力を整えて、瞑想を始めたわけです。そしてまもなく悟りの体験をします。この悟りは、無我を通して得られる真の生命体験であると同時に、深い知恵をも意味していたようです。その知恵の基本的なものが、四真諦と呼ばれるものです。

・苦諦（くたい）この世もしくは人生は一切が苦しみであるという真実を知ること。
・集諦（じったい）苦の原因を知ること。つまり苦は、煩悩・妄執・愛執、今日の言い方をすればエゴから生じることを知ること。
・滅諦（めったい）苦の原因を滅ぼさなければならないと知ること。

・道諦（どうたい）そのためには、悟りに導く実践が必要で、その内容が何かを知ること。そしてその実践の内容は、八正道と言われる。

八正道とは涅槃に至るための八つの道です。「正見」、「正思惟」、「正語」、「正業」、「正命」、「正精進」、「正念」、「正定」です。

一つひとつの解釈は、いろいろなところに書いてありますので、それを参考にしていただくとし、最後の正定が無の境地に至る禅三昧を意味することのみ言及しておきます。

ここですぐにわかるのは、知と倫理と禅とが完全に一体となっていることです。この原始仏教の基本を頭に置いておくことは、後の大乗仏教一般、また日本の仏教を位置付ける上で、とても重要だと思います。

四真諦の出発点である苦諦と集諦は、カトリックの原罪論に共通するところがあります（ついでに言及しておくと、カトリックでは原罪によって全てがダメになったとはみなしません。どちらかと言うと、プロテスタントの方が、原罪による否定的な面を大きく強調します）。いずれにせよ、現在の世界ないし人生がまるで問題ないなどとは誰も考えないわけで、苦や不幸の現実を認め、そこから出発する点では、仏教もキリスト教も同じでしょう。ただしその原因となりますと、キリスト教では単にエゴとか妄執とかのみを見るのではなく、その原因でもあり帰結でもある、神からの離反が指摘されます。そしてその離反の原因は何かというと、人間の高慢であると言われます。自分が神のようになりたい、という欲望です。これについては、後に詳しく述べます。

次に滅諦ですが、どのように苦から解放されるか、ということは、つまり救いへの渇望と言えましょう。ここで、自力と他力の問題が生まれてきます。果たして自分の努力のみで、欲望からの解放があるのか、それとも仏の哀れみが主力をなすのか、という問いです。似たような問いかけはキリスト教にもあり、プロテスタント側は人間の無力と神の絶対なる恩恵を強調し、カトリック側は、神の恩恵はもちろん強調しますが、それに応える人間の努力の重要性を訴えます。ただしこの点に関しては、両者の歩み寄りが大いに進んで、今日ではあまり差がなくなりました。

この点日本の仏教では、禅宗と浄土宗の差として問題提起されています。しかし、禅の体験のある人は、やたらに自力自力とは言いません。心身脱落の境地は、自分の力で強制できるものではなく、悟りが開けるのを待つ、という視点が重要になります。また浄土宗側も、阿弥陀様のご慈悲があるから、どんなに悪いことをしてもよろしい、などとは主張せず、むしろ逆で、とてつもない悪いことをしてしまった時でも、阿弥陀様のご慈悲はありますよ、と言っているようです。ですから、構造的に見て、やはりキリスト教の教えと同じであると思います。

阿弥陀仏に言及しましたので、その点をキリスト教と直接比較してみたいと思います。ご存知のように、阿弥陀仏は特に憐れみ深い仏と解され、永遠の光、永遠の命とみなされています。神に関する似たような内容は、ヨハネ福音書の冒頭にも言及されています。そして親鸞によると、この仏の慈悲で罪人も救われる、と言うのですから、イエスとの共通性は、ますますはっきりとしてきます。また、「南無阿弥陀仏」という称名も、東方教会の「イエスよ、罪人《つみびと》なる私を憐れんでください」という、いわゆる「イエスの祈り」と、非常に共通するものです。また西方教会でも、「イエスの御名《みな》によりて」と祈ります。

阿弥陀信仰の起源についてはさまざまな説があるのですが、紀元一世紀頃というのであれば、北西インドで起こったらしいことと、イエスの弟子トマスがインドで宣教したと言われていることなどを噛み合わせると、もしかしたらイエス信仰と阿弥陀信仰には、何らかのつながりがあるのかもしれません。しかしこれは私が三五年ほど前に思い当たった個人の感想に過ぎません。イエスと阿弥陀の分岐点になるのは、阿弥陀仏の存在の場が遥かかなたの西方浄土である、という想定です。阿弥陀は遥か天上の存在ですが、イエスは地上に降ったという点が、決定的な違いです。神はキリストの受肉によって人間により近づき、神とその愛が具体化された、と見ることができます。

禅宗との比較については、すでに軽く言及しましたが、キリスト教との決定的な違いは、キリスト教においては、悟りの世界、つまり神的なもの（あるいは仏的なもの）との出会いが、漠然とした「生命」を超えて、神的位格との交わり、というふうに具象化されていることでしょう。

存在の中に位格を認めるということは、存在を狭め、存在の一部分のみを強調する、というような批判が考えられますが、全く逆の見方もできるわけです。つまり、漠然とした存在ではなく生命への集結、漠然とした生命性ではなく、位格への集中というふうに見る視点です。この世の存在に限っても、自然の力は莫大であるとしても、位格の高みには至らないと言えます。ですから、位格たる人間の尊厳を無視してまで、自然を優先することはできません。もちろん位格利己主義はあってはならず、自然と位格との融合調和が求められるわけですが、位格の優越性は否定できないでしょう。ですから、そのようなこの世の存在を分析して、その根源を考える時、その根源は少なくとも位格のレベルでなければならず、位格以下ということはあり得ません。物質から精神が生まれたのではなく、その逆であることはすでに提示しましたが、それはすなわち、位格が元々の根源であり、そこから一切の存在が生まれたというふうに見られるわけです。つまり、神の位格すなわちペルソナは、万物を包含する最高存在である、という見方をし得ると思います。位格の強調は、狭めることではなく、中心を見ることと言えます。

次に八正道を見てみましょう。簡略に言うと、最後の正定の境地に至るために、その前の七正道が、前提として求められている、と見てよいでしょう。それは、キリスト教の徳性と大差ありません。それで、決定的な比較の対象は最後の「正定」に絞られるわけです。というわけで、禅とキリスト教の比較という形が、仏教とキリスト教の比較の中心点となってくるわけです。

ひとえに禅といっても、中国禅、日本の禅一切を含めて眺めますと、かなりの違いもあります。日本の今日の禅の代表である、曹洞禅と臨済禅のみをとってみても、やはり違いがあります。それは単に公案を用いるか用いないか、といった外的な差のみではありません。何はともあれ、一般的な前提として知っておくべきことは、達磨大師によって中国に伝えられ、後に日本でも実践されるようになった禅は、全て大乗仏教の大きな枠の中にある、ということです。

大乗仏教がそれまでの仏教形態と異なるのは、いわばエリート的な枠を破って、万人救済の思想を打ち立てたことと並んで、「仏」が位格化され、祈りと崇拝の対象となったことでしょう。しかし、禅においては、必ずしも、この仏に対する位格意識が明瞭に打ち立てられている宗派ばかりではありません。これまで私が見た限りでは、臨済の方が曹洞よりも、位格意識が強いように感ぜられます。まあ、個人によってもずいぶん違うとは思いますが……。その意識の差によって、キリスト教への距離も変わってきます。概して言えることは、部派仏教よりは大乗仏教の方が、キリスト教に近いということです。初期仏教、さらに遡って御釈迦様自身の教えとなると、答えはそう簡単ではありません。しかし、どうやら釈迦は、神とか来世とかについて、ほとんど何も言っていなかったようです。これはそういうものを否定する、というふうには解釈できず、むしろ一種の遠慮のような感じを受けます。また、いわゆるバラモン教の学者たちの複雑かつ込み入った神論争に無言の反駁をしたように見受けられます。西洋でもギリシアにおいて、ソクラテスがソフィストたちの神論争に無言の反駁をして、「私は何も知らないことを知っている」という主張をしていますが、釈迦の姿勢に共通していると思います。

五　聖書

それではそろそろ、本格的にキリスト教に直接関わる前提に向かうことにしましょう。キリスト教の基本と言えば、やはり聖書です。それはヒンズー教のヴェーダ、仏教のさまざまな経典、ユダヤ教の聖書（キリスト教の立場から旧約聖書と言われるもの）、またイスラム教のコーランに匹敵します。やはり口伝だけでは後世に至って、もう一つはっきりしなくなるので、筆記されたものの重要性が出てきます。

キリスト教の聖書の特徴は、旧約と新約の両者を含めている点でしょう。それは、キリスト教がユダヤ教の信仰を前提としているからです。キリスト以前のユダヤ教の信仰とキリスト教との関係は、極めて密接です。似たようなことは、ヒンズー教と仏教に関しても言えるのですが、ユダヤ教の信仰とキリスト教の場合、その結びつきは、少なくともキリスト教の側から見る限り、切っても切れないものです。というのは、キリストとその出来事が、旧約の書の予言的内容が実現したものであると、みなされるからです。ユダヤ教の歴史はアブラハム（紀元前一七〇〇年頃）の神体験をもって始まるわけですが、キリスト教はその信仰の歴史を継いでいる、という意識を持っています。ですから、旧約の書も、新約の書と並んで聖書なのです。というわけで、まず初めに旧約聖書を概観してみましょう。

（一）旧約聖書

旧約とか新約という時、その「約」は、概ね契約を意味します。それは神と人との契約で、その主催者は神の方にあります。それはある約束を意味し、神が与えた救いの約束というような意味です。しかし契約ですから、人間が神を束縛するようなことはもちろんできませんし、また人間が何もせず、ただで甘い汁を吸うということではありません。では、人間がなすべきこととは何でしょうか。それはほかでもない、生きる神を信じ、神の心に適うように生きる、ということです。前述しましたように、「旧約聖書」という表現は、キリスト教側からの命名で、ともすると誤解されます。あたかももう過ぎ去り、反故にされた古い契約ないしは約束であるかのように思われてしまうのです。それで最近は、旧約聖書という表現を避けて、ユダヤの書あるいは第一の契約の書、というような言い方をすることが、折々見られます。しかし、この旧約という表現を、神が人間を救おうとして、人間との関わりをより密にし始めたこと、と正しく理解していれば、問題はないわけで、ここでは一応この慣習を踏襲しようと思います。新約は旧約を前提とし、旧約の成就完成が新約であるという見方です。

ユダヤ人の信仰の始まりは、アブラハムの神体験であると述べましたが、旧約聖書の著述の始まりは、紀元前一〇世紀と見てよいでしょう。ダビデ王やその子のソロモン王がユダヤの国を打ち立て、拡大し、国としての体制を整えた時に、国の正式な書物として、この信仰の書を確立させたと思われます。ですから、国の由緒を明言する上で、歴史的な部分は、アブラハムまで遡《さかのぼ》って記述されています。それよりもっと遡った部分は、歴史的というより、神話的と言った方がよいでしょう。どちらかというと、神学的な立場は違うにせよ、日本の古事記みたいなものです。それは神話の形をとった、世界の成り立ちやその後の推移の神学的な解釈ですから、文字通りに受け取ってはいけません。現在の立場から、将来はどうなるのだろうか、と考えるのは未来学、または終末論（Eschatologie）ですが、過去はどうだったのだろうかという考察を、神学的な立場から、世界の初めまで遡って論ずる場合は、始原論とでも言えるでしょう。ドイツ語では、Protologie と言います。

例えば、創世記第一章（正確には1・1〜2・4）にある、神が無から世界を六日間で創り上げ、七日目に休んだ、というような記述を文字通り鵜呑みにして、非科学的だとか、古臭いとか言うのは、まるで的を射ていません。ここに書いてある話の外的形式は、記述上の修飾であって、本来の意図は、精神的存在である神が、見えるもの、見えないもの、また自然と人間、一切の根源である、と主張することにあります。それは創造の賛歌です。そういう目で創世記における創造の順番を観察してみると、光や水や天体から始まって、次に植物、それから鳥や魚、その後でいろいろな動物、そして最後に人間が創られる、という記述は、進化論などまだないはるか昔の見解としては、古臭いどころか、実に進歩的だと言わざるを得ません。

創世記第二章（正確には2・5〜2・25）には、これとは全く違った人類の起こりが記されています。

内容を見る前に、形式面を見てみましょう。なぜ別々の記述が同じ対象についてなされるのでしょう。もしそれが本質的な違いであれば、同じ聖書の中に、矛盾したものが隣同士仲良く並べられているわけがありません。本質面が矛盾していないからこそ、二つ並べて記されているのです。同じ対象に関しての、別々のアプローチと見てよいでしょう。これに関しては、同じ著者が二つの解釈を試みた、という理論も一応は成り立ちますが、文体とか使われている言葉の差を考慮しますと、複数の著者がいて、彼らの書いたものを後世の人間が編集し、原著者の意向を尊重して両方の記述を残した、というふうに考えられるのです。

まず違いの面から見てみますと、第一章では前述のように、秩序正しく創造の順序が述べられ、人間は一番後に創造されています。そして男と女の同権が主張されています。人間は男と女として神の似姿である、と述べられているからです。これに反し、第二章では、まず先に男としての人間が創られ、その後で自然（エデンの園）が創られます。そしてさらにその後で女が、しかも男の脇腹から創られます。第二章の方が、神話的要素がずっと強いわけです。ちなみに男と女の名前ですが、アダムというのは土とか地という言葉から取られ、人間が神の働きによって、大地の中から生まれ出たということを象徴しています。またエバという名は生命という意味で、女性から新しい生命が生まれ出ることが、その出自でしょう。ですから、固有名詞というより一般概念、つまり「人間」ということでしょう。これはいわゆる原罪を考察する時に重要になります。つまり原罪というのは、アダムもしくはエバ個人の罪というより、「人間」の道徳的共同体の宿命みたいなもの、と考えるべきでしょう。

話を元に戻して、次に両者に共通の内容を見ます。第一章では、人は神の似姿ということですから、やはり外見の話ではなく、精神的な存在であることが謳われているとみなせます。第二章では、アダムは体の側面から見ると、土から創られたのですが、神はこれに自分の息を吹き込みます。息というのは、生命の根源であるわけですが、聖書的な背景を見ますと、この息というのは精神と密接に関わっています。

次に女性の男性に対する位置について考えてみましょう。第一章では、男女の同権がとてもはっきりしています。第二章では、女性が劣っているかのような印象を受けます。しかしよく見てみると、必ずしもそうでないことがわかります。まず第一に言えることは、後から創られた、ということは、劣っている、ということにはなりません。第一章でも人間は一番後に創られているではありませんか。いわば創造の完成として人間が登場するわけです。もちろん逆に、後から創られる物は、いつもより良いもの、とも言えません。もしそうであれば、アダムより後に創られたエデンの園は、人間アダムよりも価値あるもの、ということになってしまいます。

これは私見ですが、アダムとエバの間に、エデンの園が創られたと記述されているのは、男と女としての人間が人間以外の被造世界である自然を、包み込む、そしてそれによって被造世界全体が完成する、というふうに解釈できると思います。

女性が男性よりも劣ったものとして書かれている、という意見のもう一つの事例は、エバがアダムの脇腹の骨、つまり肋骨の一本から創られた、という記述です。しかし、今でこそ肋骨なんて大したことない、というふうにみなされますが、当時はそうでなかったようです。肋骨から、ということは、つまりアダムの中心部分から、というように受け止められていたようです。というわけで、創世記第二章においても、第一章と同じく、男と女は神の前で全く同権である、と言えます。

以上、簡単に始原論の一部を概観しました。他にも、蛇の外見を持った悪魔の誘惑によって、禁断の木の実を人間が食べてしまうという第三章、アダムとエバの長男カインが弟のアベルを殺してしまう第四章、第六章から第九章に渡る大洪水とノアの叙事詩、また第一一章におけるバベルの塔の話などがあり、一つひとつ解説していくと面白いのですが、ここではキリストの教えを概観する目的で書いているので、それは割愛します。一般に言えることは、罪の意識と救いへの望みが、神話もしくは説話を通して論述されている、ということでしょう。

創世記第一二章に至って、アブラハム（元の名はアブラム）が本格的に歴史の舞台に登場するわけですが、そこから始まる旧約聖書の歴史的物語も、普通の歴史書とは違って、神がどのように歴史の中で自己を啓示し、人間を救いに導いていくか、信仰の立場から歴史を解釈しているのです。ということは、現代の歴史書とは違って、細かい歴史的事実には固執していないと言えます。

ことのついでに言及しますと、創世記、出エジプト記、レビ記、民数記、そして申命記の五書は、神の名を主にヤーヴェと呼ぶ作者（ヤーヴィスト）、主にエロヒムと呼ぶ作者（エロヒスト）、申命記の主要部分を書いた申命記史家（ドイトロノミスト）、それに祭司のグループの筆によると言われています。前二者の活動期は、前に触れたように、ソロモン王の頃で、ドイトロノミストたちや、祭司グループはだいぶ後、すなわち紀元前六世紀のバビロン捕囚時に活躍したとみなされます。紀元前一〇世紀に、南のユダ族が北のイスラエルをも合併して王国となった時、その国の正式の書が必要になったわけですが、似たような需要は紀元前六世紀にも起こりました。というのは、国が南北に分裂した後、まず紀元前八世紀の末に、北のイスラエルがアッシリアに征服され、紀元前五八七年には、南のユダがバビロニアに飲み込まれました。そして多くのユダヤ人、特に指導者階級の人たちが、バビロンに連行されました。いわゆるバビロンの捕囚と言われる出来事です。心の支えとなっていたエルサレムの神殿が破壊され、故郷も奪われて異国の寂しい生活を強いられた彼らは、やはり支えとなる聖書に最大の注目を払い、神学者や祭司のグループがそれを見直したのです。後者の場合、神殿を奪われ、典礼の業務がなくなってしまったので、いっそう書に没頭したのでしょう。その際、元の書とその著者たちに対して、彼らは最大の敬意を払いつつ、元の書を校閲したのです。例えば、創世記第一章は祭司の作とみなされていますが、元の書の初めにいわば近代的な一章を加えつつも、元の書をすっかり書き換えることはせず、幾分調和させつつ、なるべく原文を残すように努めた形跡があります。そのため、些事に関しては、矛盾になるような記述も、そのまま書き残されています。

以上、さまざまな旧約聖書の著者について少しだけ述べました。とにかく、紀元前一〇世紀から紀元前二世紀に至るまでの多様な書物が一つになったものが、後に旧約聖書となったのですから、著者も本の特質も、千差万別です。始原論を除いても、比較的に現代の歴史書に近いものから、ヨナ書のような寓話、また詩集など、いろいろです。ずっと後、旧約聖書が今のような形をとるのですが、その内容は、四つの部分から構成されています。

まず第一に、すでに言及したモーセの五書が、重要な基盤としてあります。第二部は歴史性の濃い記述からなっており、紀元前一二〇〇年頃エジプトを出た後、イスラエルの民が次第にカナンの地を征服していく様子が描かれたヨシュア記から始まり、紀元前二世紀、彼等がアレクサンダー大王の残した分国であるセレウコス朝の圧政に武装蜂起して独立する様子を述べたマカバイ書まで、全一六書を包含します。第三部はヨブ記、詩編そして格言集や知恵の書など計七書、そして最後の第四部は預言者の一八書です。ただしこの中には、例外として神話風のヨナ書も含まれています。これは、主人公がヨナという預言者であるためですが、本当のヨナは全く違った時代のあまり冴えない預言者で、ちょっと名前が出ているくらいでしかありません。いずれにせよ、合計で四六書となります。

ところで、預言者という概念ですが、この日本語訳は、とても当を得ていると思います。神の言葉に預かる、という意味合いです。普通日本語では「予言者」と書きますが、これだと将来や未知のことなどを前もって言い当てる人、ということになります。しかし聖書の預言者は、まさに神の言葉に預かる人であって、それだからこそ、神の言葉に照らし合わせて、事態はこのように展開するに違いない、という予言も可能になるわけです。ですから予言は二次的です。

1　アブラハム、イサク、ヤコブ

さて、旧約聖書の中で、イスラエルの歴史上重要な事柄をいくつか取り上げてみましょう。まずはイスラエルの信仰の太祖と言える、アブラハム、イサク、ヤコブの三人を挙げなければなりません。聖書にはこの三人が祖父、父親、息子という親族であるかのごとく設定されていますが、現代の研究では、必ずしもそうではなく、それぞれ際立った太祖を家族関係にまとめて記述した、と主張されています。しかし、何はともあれ、その中で最も重要視されているのが、アブラハムです。

まずはこの「信仰の父」と呼ばれる、アブラハムに関して述べてみましょう。彼の本来の名は、アブラムです。「崇高なる父」といった意味合いです。彼の父親はテラと言い、メソポタミアのペルシャ湾に近いウルという町に住んでいました。ユーフラテス川の下流で、現在のイラクです。アブラムはそこで生まれました。その後彼らは、はるか上流のハランという町に引っ越しました。理由はわかりません。ここでアブラムは神のお告げを受けます。

主はアブラムに言われた。「あなたは生まれ故郷、父の家を離れて、わたしが示す地に行きなさい。わたしはあなたを大いなる国民にし、あなたを祝福し、あなたの名を高める、祝福の源となるように。あなたを祝福する人をわたしは祝福し、あなたを呪う者をわたしは呪う。地上の氏族はすべてあなたによって祝福に入る」(5)（創世記12・1～3）

（5）聖書の引用は、『新共同訳聖書』日本聖書協会からです。

呪うという表現は、かなり厳しく、神が人間を呪うなどということがあるのだろうか、と考えてしまいますが、原語では、祝福を認めない、拒否する、といった意味だそうです。当時の白黒思考も一役を担っているのでしょう。しかし最後には、「地上の氏族はすべてあなたによって祝福に入る」と結ばれていますので、全体的には極めて肯定的であると言えます。

アブラムは信じてすぐにこのお告げに従い、妻のサライと甥のロト、また一族郎党を連れて、南のカナン（今日のイスラエル）に向かいます。そしてこれが、彼を信仰の父と呼ばれるようにした発端です。

ただしこの時はまだ、すでに高齢だったにもかかわらず、アブラムとサライには子供がありませんでした。そういう状況の中で、神はアブラムに、天の星また海の砂ほどの子孫を約束したのです。アブラムはそれを信じ、神はそれを義とされた、と記されています。

一方サライは自分に子供ができないので、自分の女奴隷であるハガルをアブラムに与えます。奴隷の産んだ子は、女主人の子とみなされていたのです。ところが、ハガルは妊娠した時、自分は女主人に勝ると思い上がってしまいました。それでサライとの確執が始まります。ハガルは男の子を産み、子はイシュマエルと名付けられました。そこに再度、アブラムに神のお告げが降ります。

「これがあなたと結ぶわたしの契約である。あなたは多くの国民の父となる。あなたは、もはやアブラムではなく、アブラハムと名乗りなさい。あなたを多くの国民の父とするからである」（創世記17・4〜5）

アブラムとは、前述のように、「崇高なる父」または「敬意に値する父」という意味ですが、アブラハムは、「民の父」といった意味合いです。妻サライの名前も、サラに変わりますが、両方とも皇妃というような意味合いですから、名前の変更による大きな意味の変化はありません。

そして契約の内容は、とても具体的になります。神はアブラハムとその民にカナンの地とその実りを与え、また高齢のアブラハムとサラに子供を恵みます。それに対して、アブラハムとその子孫と一族郎党の男子は、割礼を受けなければならない、というものです。

割礼とは、簡単に説明しますと、男性器の亀頭を包む包皮の削除のことで、元来衛生上の理由から実行されていたものが、宗教と結びついたのではないか、と言われています。

この契約が、まさに第一の契約です。旧約です。しかしアブラハムは、高齢の彼と妻のサラが子をもうける、という言葉に当惑します。彼は九九歳、彼女は九〇歳であったと聖書には書いてありますが、それが本当の年齢であったのか、当時別の数え方をしたのか、当時の人たちは長生きであったのか、といったことはよくわかりません。ここで、私の好きな、神とサラとのユーモラスなやりとりがあります。すでに長いこと月のものもなくなっていたサラも、この知らせを聞いて笑います。すると神は、サラが笑ったのは信じなかったからだ、と叱ります。サラは恐ろしくなって、「私は笑いませんでした」と打ち消します。それに対する神の返事は、「いや、あなたは確かに笑った」というものです。まるで子供たちの諍《いさか》いのようではありませんか。全体的に旧約聖書を読んでみて感じるのは、神と人間との身近な関わり合いです。旧約の神は怒りと裁きの神だ、などと知ったようなことを言う人は、旧約聖書をまともに読んでいないのです。神の怒りは、愛するがゆえの怒りなのです。こういう人間味のある、いわば泥くさいような神概念は、やがて新約の洗練された明確な神の愛の表示へと進化していきます。しかしそれは、今日我々がともすれば考えがちな、甘やかすような愛とは違いますが、詳しいことは新約聖書を検討するときに言及することにします。

やがて子供ができないと思われていたサラが、イサクを産みます。イサクという名は、「笑う」という意味を持つようで、前述のエピソードと関わっています。また、サラと彼女を取り巻く人々が、喜びのあまり笑ったことにもよるようです。イサクは、アブラハムとヤコブと比べてみると、あまり目立った存在ではありませんが、心の清い、純朴で従順な人であったように思えます。彼に関して一番有名な出来事は、彼が主体的に何かをしたことではなく、アブラハムが彼にしたことです。

これは今日に至るまで、大論議の的になっている出来事です。まず聖書の記述（創世記22章）を要約して掲げ、その後で私の解説を述べます。話は、神がアブラハムを試した、という前提で進められます。神はアブラハムにせっかく授かった、目に入れても痛くないような、一人息子のイサクを生贄《いけにえ》として捧げることを命じます。歩いて三日ほど隔たった山に火と薪を準備して行き、そこでイサクを神への捧げ物にせよ、と言うのです。道中何も知らないイサクは、生贄にする肝心の小羊はどこにいるのか、と無邪気に尋ねます。それは神が準備してくださるに違いない、というのがアブラハムの返事です。ところが、目的地に着くと、アブラハムは祭壇を設け、その上に薪を並べ、イサクを乗せて刃物を取り、彼を燔祭（燃焼させる生贄）にすべく、屠《ほふ》ろうとします。何とも残酷な話です。幸いこの瞬間に神の使いがストップをかけます。アブラハムが自分の独り子さえ惜しまず、神を畏れることがわかったので、それで十分だ、というわけです。アブラハムが周囲を見回すと、木の茂みに角を取られた雄羊がいるではありませんか。彼はこの雄羊をイサクの代わりに燔祭として捧げます。神はこのアブラハムの寛大極まりない犠牲の精神に「心打たれ」、彼の繁栄を約束します。彼の子孫は天の星のように、また海辺の砂のようにたくさんになるという、以前の約束の確証です。まさにめでたし、めでたし、と思われます。

しかしこれは当時の伝承者の、時代の制約による誤った解釈であると、私は思います。いかに試しとは言っても、神が息子を殺すようなことを命令するはずがありません。この三〇〇～四〇〇年ほど後には、「お前は殺してはいけない」という十戒中の言葉が、明白に宣言されています。そう宣言する神が数百年前には、息子を殺すことを命令するはずがないからです。神であれば、そうちょくちょく意見を変えるわけがありません。

私の考えでは、アブラハムは、そうすることが神の意思だと、間違って解釈したのです。少し説明します。アブラハムがカナンの地にやって来た頃は、人身御供ということがカナン人の間に風習としてあったのです。彼らは、神に対する最大の犠牲として、自分たちの最も愛する、尊いものを捧げたのです。それを見たアブラハムが、自分の神に対して、それに負けてはならない、と考えたのでしょう。それで思い切ってイサクを捧げる気持ちになったのだろうと思います。殺人をはっきり否定する神は、アブラハムのしようとしていることは良くないと判断していたに違いないのですが、アブラハムの犠牲の精神には感動します。それで、一方でその行為を止めさせ、他方では彼に大きな報酬を与えようとしたのでしょう。この出来事は時代的に見て、人身御供から動物の生贄への転換の模様を伝えていると思われます。

この後、一二七歳でサラは死んだ、と記されています。彼女はヘブロンに葬られます。この後で、イサクがアブラハムの甥の娘リベカを娶《めと》る、感動的な話があります。アブラハムの第一の僕《しもべ》がわざわざ故郷に向かい、彼女を連れてきたのです。「イサクは、リベカを愛して、亡くなった母に代わる慰めを得た」（創世記24・67）、とあります。詳しいことは、聖書で直接読んでください。

やがてアブラハムも一七五歳の高齢で死に、サラの隣に葬られた、と書かれています。興味深いのは、昔難しい関係にあったイシュマエルもイサクと共にこの葬儀に参加していることです。この両者を祖先とみなしているアラブとイスラエルの民にも仲良くしてほしいと、感じさせる記述です。

だいぶ経ってから、イサクとリベカの間に、エサウとヤコブの双子が生まれます。

ヤコブはイサクとは全く違い、どちらかと言うと、ずる賢いような性格を持っていたようです。エサウの方はどうかと言うと、彼もまたやはり父親に似ている、という感じではありません。野性味を感じさせる人柄です。「エサウは巧みな狩人で野の人となったが、ヤコブは穏やかな人で天幕の周りで働くのを常とした」（同25・27）とあります。イサクは狩の獲物の料理を好んだので、エサウを愛し、リベカの方はヤコブを愛しました。元来、エサウの方が兄ですから、当時極めて重要であった長子権は、彼の方にあります。それをヤコブは巧みに奪い取ってしまうのです。まず次のような出来事が述べられています（同25・27〜34参照）。狩に行って、腹を空かして帰ってきたエサウは、ヤコブがうまそうな物を煮ているのを見て、それを食べさせてくれと言います。抜け目のないヤコブは、長子権をくれるなら食べさせてやってもよいと言い、エサウに長子権放棄の誓いをさせ、パンとレンズ豆の料理を食べさせます。一回の食事のために、大事な長子権を放棄するエサウもエサウですが、そういうエサウの弱点を巧みに利用して、自分に都合のよいようにするヤコブもヤコブです。

イサクは、たくさんの家畜や財産を儲けたので、別の部族の人たちに妬《ねた》まれ、いくつかの諍いはありましたが、彼らしくなるべく諍いを避けて、別の土地に移住することを繰り返していました。そして行く先々で事はうまく運び、ますます繁栄していきました。やがて歳をとると、ほとんど何も見えないようになってきました。そこで彼は死んだ時の備えとして、長男のエサウに、神から受けた自分の祝福を与えようとします。それでエサウに、野の獣を狩猟して来て、彼の好物の料理をまず食べさせてくれ、と言います。リベカはそれを聞いていました。エサウが狩に出かけている間に、リベカは愛する息子のヤコブのために、計略をめぐらします。ヤコブに家畜の子山羊を持って来させ、自分でイサクの好みの料理を作り、ヤコブに言って、それをイサクに供させます。しかし、そのままイサクの元に行ったのでは、彼の視力がいかに衰えたといっても、すぐばれてしまいます。それでヤコブにエサウの晴れ着を着せ、腕や首には子山羊の毛皮を巻きつけて、毛深い兄エサウに似せるという周到さです。ヤコブが美味しい料理を持って行くと、イサクは疑いますが、子山羊の毛皮をまとったヤコブに触れ、またエサウの着物の匂いを嗅いで、やはりエサウだと思い、祝福を与えてしまいます。やがて野から帰ってきたエサウは、イサクが祝福を与えてしまったことを聞いて、号泣します。「お父さん、祝福はたった一つしかないのですか、この私も祝福してください」と泣き叫ぶエサウの様子を思い浮かべると、私たち読者も心痛を覚えますね。今日では、霊の力への理解を前提とする祝福の重みが全くわからないので、なんだ、エサウも祝福してやればいいじゃないか、と考えがちです。しかし、祝福や呪いの言葉の重みは、当時は相当なものであり、またそう理解されてもいたのです。それに加え、この祝福はヤコブの指導者としての地位と権利に結びついていたのです。母と次男がグルになって、ずいぶんひどいことをしたものだと、感じても不思議はありません。しかしリベカにしてみれば、ヤコブを愛していたという理由の他に、もう一つ考慮してやってよい事実があったわけです。つまり、エサウはすでに、自分の食欲に負けて、ヤコブに長子権を譲ってしまっていたのです。ですから、リベカにしてみれば、歳老いて判断力が弱ったと思われるイサクが、自分の贔屓《ひいき》するエサウに祝福を与えるということは、不当なのです。人生、実にいろいろな側面があり、簡単に白黒では判断し切れないところがあります。

　何はともあれ、当然エサウはヤコブを恨みます。どうやら、親父が死んだらあいつを殺してやる、くらいの思いを抱いたらしく、そういうことを自分の奴隷にも話していたようで、それがリベカの耳に入ります。それでリベカはヤコブに、ハランの彼女の兄ラバンのところに逃げ、エサウの怒りが収まるまで、そこに留まるように言い聞かせます。ここでもリベカは巧みで、エサウの異部族から来た妻たちが彼女にとってもイサクにとっても重荷であることを利用します。もしヤコブがまた異部族から嫁をもらうとなると、もう辛くて死にたいくらいだ、とイサクに話します。それで、自分も遠い親族から妻リベカを娶った経験のあるイサクは、ヤコブにもそうするように伝えます。それで、ヤコブは何の問題もなく、ハランの地へと出かけたのです。

叔父のラバンにはレアとラケルという未婚の娘がいましたが、ヤコブは妹のラケルを好み、彼女を妻にしたいと、ラバンに言いました。ところが盛大な結婚式の夜、ラバンはレアをヤコブのテントに送り込みます。翌朝、隣に横たわっているのがラケルではなく、レアであることを知って、ヤコブは憤ります。ラケルが好きであったという理由のみならず、彼はラケルを娶るために、ラバンのために七年間働いたのです。ラバンは、妹を姉より先に嫁に出すという習慣はないと言って、自分の行為を正当化します。もしラケルが欲しければ、もう七年彼のために働くようにヤコブに提案します。ヤコブはこの条件を受け入れ、そしてその後もさらに六年間、合わせて二〇年間ラバンのために働き、その家畜と財産を増やすことに貢献しました。その間レアとその女奴隷、またラケルとその女奴隷、計四人の妻たちから、一一人の息子をもうけます。一一人目はラケルの子で、ヨセフですが、このヨセフが後ほどイスラエルの民のために、大きな役割を演じます。このイスラエルという名は、ヤコブの別名です。なかなか自分のカナンへの帰還を許さないラバンの下から脱走した時の道中で、不思議な人物が現れてヤコブと夜通し組討をしたと言われ、それが神であったということから、「神と戦う者」という意味で、イスラエルと変名されたのです。後にラケルがもう一人男の子を産み（ベニヤミン）、彼女は難産で死ぬのですが、この十二人の息子たちがイスラエル十二族の祖となったと言われています。ちなみにヤコブは兄のエサウと和解しますが、かつてのイサクとイシュマエルのように、別々の種族として生きていくことになります。また、アブラハムの葬儀の時のイサクとイシュマエルのように、イサクの葬儀には、ヤコブとエサウは共に参加しています。

2　ヨセフとエジプト移住

さて、カナンに戻ったヤコブ改めイスラエルとその息子たちは、だんだんに地歩を固め、民族として繁栄していきました。ところが、ヤコブに愛されたヨセフは、自分とその才能をひけらかすような傾向があって、年上の兄弟たちに嫌われます。父ヤコブから遠く離れた土地で放牧していた兄弟たちのところに、ヤコブに遣わされたヨセフがやって来ると、兄弟たちは最初彼を枯れ井戸の中に落とし、ほったらかして殺してしまおうとしました。しかし長男のルベンはさすがに良心が痛み、殺害だけは避けるように、兄弟たちに訴えます。ちょうどエジプトに向かう途中の隊商がやって来たので、彼らにヨセフを売ろうとしたのですが、彼らより早くヨセフを見つけたミディアンの商人たちが、先の隊商にヨセフを売り飛ばしてしまいました。

そうしてヨセフはエジプトに至り、結局ファラオの侍従長ポティファルの奴隷となります。ヨセフが何もかも上手くやるので、彼はだんだんにポティファルの信用を得、家と財産の管理人となります。ところが、彼が有能であるだけでなく、顔形も良いのを見ていたポティファルの妻が、彼を誘惑し始めます。ポティファルに忠実で、また彼の恩を感じていたヨセフは、彼女の求めに応じようとしません。彼女は腹立ちまぎれに叫び出し、ヨセフが彼女を犯そうとした、と主張します。怒った主人はヨセフを捕らえ、ファラオの囚人を捕らえておく牢獄にぶち込んでしまいます。

しばらくして、ファラオの給仕人と料理人が、犯した過ちのため、やはり同じ監獄に送られてきます。彼らが見た夢をヨセフが解きます。給仕人は三日後元の職に戻り、料理人は死刑にされるというものです。そしてその通りになりました。その後、今度はファラオが夢を見ます。第一の夢は、初めによく肥えた七頭の牛がいて、その後から出てきたやせ細った七頭の牛に食われてしまう、というものです。第二の夢は、まずよく実った七つの穂が現れ、その後から出てきた実のない穂に飲み込まれてしまう、というものです。その解釈について、誰も答えを出せる者がいないのでファラオは悩みますが、その時になって例の給仕人は、監獄にいるヨセフのことを思い出し、ファラオに伝えます。ヨセフは、ファラオの両方の夢が意味するのは、まず七年の豊作の年が続き、次にやはり七年の飢饉が来ることの予兆である、と伝えます。ファラオとその取り巻きは、すっかり感心してしまいます。給仕人の経験も聞いていたので、彼らはヨセフを信頼し、彼に今後の対策をすっかり委ねます。ヨセフは、豊作の七年間に、飢饉の来る七年間のために、穀物をたくさん蓄えさせます。そのおかげで、エジプトの人々は、飢饉を乗り越えることができました。ヨセフはファラオの次に位する地位を得ました。

この飢饉は、当時エジプトのみでなく、近隣諸国まで及んだようで、蓄えのなかった人々は、至る所からエジプトに押し寄せ、穀物を買おうとしました。現在のパレスチナ、当時のカナンに住んでいたヤコブやその子たち、すなわちヨセフの兄弟たちの上にも同じ宿命が襲ったのです。彼らも、老いた父親と末子のベニヤミンを残して、はるばるエジプトにやって来ました。はじめ、ヨセフはわざとヘブライ語を話さず、兄弟たちが来たと知りつつも、それを明かしませんでした。もう何年も経っていましたし、今や大エジプトの宰相となってそれなりの身なりをしているヨセフに、兄弟たちは全く気づきませんでした。

その後の詳しいことは創世記四二章以下を読んでいただくこととし、ここでは大要をまとめて述べます。結局のところ、ヨセフは兄弟たちに、同じ母ラケルから生まれた弟のベニヤミンを連れて来させることに成功します。そしてこの弟に不都合なように仕向けます。しかし上の兄弟たちが、ベニヤミンを保護しようとするのを見て感動し、自分の正体を明かし、父親のヤコブにもエジプトの地に来るようにさせます。ファラオの絶対の後ろ盾を持つ彼は、ヤコブの大家族、一族郎党がエジプト北東の地ゴシェンに住めるように計らいます。その後のヨセフの死をもって、創世記は終わります。

3　モーセとエジプト脱出

イスラエルの民は、その後も増え続け、ヨセフの功労を知らないファラオが現れると、イスラエルの力を恐れるようになります。特にゴシェンの地はエジプトの北の国境にあるため、外国勢力の侵攻があった場合、この異民族がその勢力と一緒になって、エジプトの敵に回るのではないか、ということが懸念されたようです。それでファラオは、イスラエル民族を圧迫し、過酷な労働を強要し始めます。そしてついには、生まれたヘブライ（イスラエル）の男の子を殺すように命じます。

一人の母親は、子供を殺すことなどできずにいましたが、どうにも仕様のなくなった時、その男の子をパピルスの籠に入れて、ナイル川の葦の茂みに浮かばせておきました。やがてファラオの娘である王女が水浴びに来て、その籠を発見します。その様子を見届けていた赤子の姉は、王女のところに行き、その子のために乳母を探すことを提案します。王女はその捨てられた子が、ヘブライ人に違いないと思ったので、父親ファラオの手前、宮殿に連れて帰るわけにもいかず、かといってその子を見捨てたくもなかったので、これ幸いとその提案に賛成します。そうしてこの赤子の賢い姉は、その子を母親のもとに連れて行き、実の母親が王女の代わりに育てることとなります。やがてその子が一定の年齢に達すると、その子は宮殿の王女のところに連れてこられます。王女はこの子にモーセという名前をつけます。「水の中から私が引き上げた」という意味だそうです。

やがて大人に成長したモーセは、同胞のヘブライ人たちが重労働に喘いでいるのを目撃します。エジプト人のおそらく労働を監督していた男が、一人のヘブライ人を殴りつけているのを見たモーセは、もう我慢がならず、そのエジプト人を殴り殺してしまいます。誰も見ていないと思っていたのですが、やはり事は発覚し、ファラオの耳に達します。ファラオが彼を殺そうとしているのを知り、モーセはミディアンの地、今のシナイ半島か、またはアラビア南岸の地に逃げます。そこで祭司の娘と結婚し、祭司の羊を牧するようになります。

ある日、ホレブ山（シナイ山と同じとみなされる）近辺で羊を牧していた時に、決定的な出来事が起こります。モーセは芝が燃えているのを見ますが、不思議なことに芝が燃え尽きないのです。そして神の啓示が始まります。神の声が聞こえ、イスラエルの民をエジプトの苦役から解放し、乳と蜜の流れる地へ導き出す、というのです。それでモーセは、エジプトのファラオのもとに行け、と要請されます。これはとてつもない課題ですので、せめて誰に遣わされたのか、イスラエルの人々にもファラオにも言わなければなりません。モーセは神にその名を尋ねます。神は**ヤーヴェ**、すなわち「**私はある**」というものだと告げます。この名前は、後にギリシア哲学の影響を受けた学者たちが、神は自分が絶対存在者であることを主張したのだ、と解釈しましたが、それは全くの間違いではないとしても、ちょっと比重がずれています。現在は、ヘブライの言語と精神性を考慮し、神の臨在、すなわち神がイスラエルの民と共にいることを表現している、と解釈されています。しかも、ヘブライ語では現在形、過去形、未来形などの区別がきちんとされないので、神はいつでもイスラエルの民と一緒にいるよ、というふうに解釈されるのです。それで、「これこそ、とこしえにわたしの名、これこそ、世々にわたしの呼び名」（出エジプト記３・15）と書かれています。

ともあれ、モーセはこの神なるヤーヴェの委託と力添えで、弁舌優れた兄のアロンと共に、ファラオのところに行って、イスラエルの民を、神を礼拝するために荒野に送り出すよう要請します。ところが重要な労働力を提供しているイスラエルの民を、ファラオはそう簡単には手放そうとしません。むしろ、苦役を増大させるので、イスラエルの民はますます苦境に立たされることとなります。ここに至って神はエジプトにさまざまな困難をもたらします。ファラオがなかなかイスラエルの民を退去させないので、その困難はますます厳しくなり、全部で一〇を数えることになります。蛙やブヨ、疫病やいなごの災いなどですが、人間や動物の初子まで死ぬに及んで、ついにファラオは屈服します。そしてイスラエルの民はシナイ半島に向けて脱出します。その数は、壮年の男性のみを数えても、六〇万人に達したと書いてありますが、現在の聖書学者の意見では、それよりはるかに少なかっただろう、と言われています。

ところが、これでめでたしめでたしとはいかず、退去を許したことを後悔したファラオが、軍勢を送って追跡させます。ここで有名な、海の割れる話が出てきます。モーセが海の上に杖を差し伸ばすと、海が二つに割れ、その真ん中を通ってイスラエルの民が向こう岸に渡り、それを追いかけてきたエジプト軍の上に、両側から水が再び押し寄せて壊滅させてしまった、という話です。それにどれほどの歴史性があるのか、そこが具体的にどこであったのか、どういう状況であったのか、論議はいろいろありますが、はっきりしたことはわかりません。

シナイ半島に入ってからも、まだまだ困難は続きます。食べ物や水が欠乏したり、民がぶつぶつ文句を言ったり、アマレクという他の部族が戦いを仕掛けてきたりとか、まあ、いろいろあったのですが、神の助けでとにかくシナイ山まで到達します。

これは余談ですが、私が一九七四年にイスラエルに行き、ユダヤ人のグループと大きなバスでシナイ半島に四泊五日旅行した時、皆がよくしてくれて、大変素晴らしい思い出となったのですが、彼ら同士の言い争いが激しくて驚きました。主に一人の年配の女性が絡んでいたので、一般化して、「イスラエル人は喧嘩っ早い」などとは言えませんが、やはりイスラエル人のバスの運転手さんが、「モーセはずいぶん苦労しただろうなー」と述懐していて、わたしも「なるほどなー」と思ったものです。その後エルサレムで、信号が緑の時に、横断歩道を渡ろうとしたところ、左から来た車が、止まってくれるのかくれないのかはっきりしなかったので、躊躇していると、運転手が怒鳴ったため、私も喧嘩した思い出があります。日本人だって、大人しいようで、けっこう喧嘩っ早いのかもしれませんね。

シナイ山でイスラエルの民は、神に出会います。仲介者はモーセで、彼が山に登って、神からいわゆる十戒を受け、他の者たちは山裾に留まるよう指示されます。というのは、神の威光があまりにも大きく、神から選ばれた者のみが、生命の危険なくして、近づけるからです。さて、この十戒ですが、出エジプト記には次のように記されています。

1 神はこれらすべての言葉を告げられた。2「わたしは主、あなたの神、あなたをエジプトの国、奴隷
の家から導き出した神である。3 あなたには、わたしをおいてほかに神があってはならない。4 あなた
はいかなる像も造ってはならない。上は天にあり、下は地にあり、また地の下の水の中にある、いかなる
ものの形も造ってはならない。5 あなたはそれらに向かってひれ伏したり、それらに仕えたりしてはなら
ない。わたしは主、あなたの神。わたしは熱情の神である。わたしを否む者には、父祖の罪を子孫に三代、
四代までも問うが、6 わたしを愛し、わたしの戒めを守る者には、幾千代にも及ぶ慈しみを与える。7 あ
なたの神、主の名をみだりに唱えてはならない。みだりにその名を唱える者を主は罰せずにはおかれない。
8 安息日を心に留め、これを聖別せよ。9 六日の間働いて、何であれあなたの仕事をし、10 七日目は、あ
なたの神、主の安息日であるから、いかなる仕事もしてはならない。あなたも、息子も、娘も、男女の奴
隷も、家畜も、あなたの町の門の中に寄留する人々も同様である。11 六日の間に主は天と地と海とそこに
あるすべてのものを造り、七日目に休まれたから、主は安息日を祝福して聖別されたのである。12 あなた
の父母を敬え。そうすればあなたは、あなたの神、主が与えられる土地に長く生きることができる。13 殺
してはならない。14 姦淫してはならない。15 盗んではならない。16 隣人に関して偽証してはならない。
17 隣人の家を欲してはならない。隣人の妻、男女の奴隷、牛、ろばなど隣人のものを一切欲してはならな

い」（出エジプト記20・1〜17）

ざっくばらんに、いくつか解説を加えます。

見逃してはならないのが、第二節です。まず、神はイスラエルをエジプトの奴隷状態から解放した神、として述べられています。これで、それに続く「掟」の性格がはっきりします。それは狭い制約ではなく、民が新たに得られた自由を守れるように勧める、保護としての言葉です。ギリシア語では、十戒のことをDekalogと言いますが、それは訳すと、十戒ではなく「十の言葉」、すなわち十の生命の言葉ということになります。

次に四節から五節にかけてですが、これは当時頻繁に行われていた偶像崇拝に対しての警告でしょう。像を造っても、それをあくまでも像として認め、像自体を神と混同するようなことがなければ、問題はないわけですが、偶像崇拝が当たり前のこととして蔓延している状況では、このようなはっきりした警告が必要だったのでしょう。

次に五節と六節ですが、五節のみでなく、六節に注意を向けることが大切です。五節のみですと、何で先祖の咎を孫やひ孫が背負わなければならないのか、と憤慨することになりかねません。これは人間のプラスマイナス両方の連帯性を述べています。人間の行為は、良きにつけ悪しきにつけ、カルマがあるということです。ただし、ヒンズー教の教えと比べると、プラス面の方がはるかに大きく強調されています。マイナスの三もしくは四世代に対して、プラスの方は数千世代です。神の恩恵の偉大さが克明にされています。

一〇節も、注目に値します。安息日は奴隷にも家畜にも及ばなければならない、とあり、当時としては、極めて進歩的な考えであったと言えましょう。

一三節の「殺してはならない」という掟は、当時のイスラエルにおいて、一切の殺生を禁じるという意味には取られていません。ドイツ語では、töten という語と morden という語に区別されていて、最近では十戒に関して morden の方を使います。この言葉は、töten（殺す）といういわば一般的な表現に比べてもっとどぎつく、殺戮する、といった感じです。戦争の時に殺したり、死刑を実行したり、ということは、禁止条項の中には入っていなかったのです。それが良いかどうか、ということはまた別の話で、旧約から新約に変遷していく歴史の理解の中で、次第に morden のみでなく、töten も良くないのだ、という解釈が出てきます。多くの国が死刑を廃止しているのも、そういう背景からだと言えましょう。

一七節では、隣人の持ち物としての家や奴隷や家畜などと並べて、妻が名指しされていますが、当時、妻は男性の持ち物として見られたためです。「ひでーもんだ」と思うでしょうが、また思って当然ですが、二〇世紀に入っても女性が自分の職業を選ぶのに旦那の許可が必要であったり、選挙権がなかったりしたのですから、現代人もあまり偉そうなことは言えません。

仏教にも一般信徒に求める似たような戒律があります。

不殺生――生き物を故意に殺してはいけない。
不偸盗――他人のものを故意に盗んではいけない。

不邪婬——不道徳な性行為を行ってはいけない。
不妄語——嘘をついてはいけない。

ですから、人間の基本的な倫理道徳が含まれており、それにそれぞれの宗教や慣習に関する特徴が加えられている、と見ることができます。モーセの場合、ファラオの宮廷にいたというのですから、当然文化的、歴史的、また法的な知識を学んでいたと言うべきで、十戒はそういう人間の良識と、神の直接的啓示（神による心の触発）が融合したものと見てよいでしょう。

ただし結局はこの十戒にとどまらず、時を経て、たくさんの細かい規定や禁止事項が追加されていきました。人間的要素が増大していった、と言えるでしょう。出エジプト記の後半や、レビ記の全体にわたって、そういう規定が詳述されています。これが後に議論の的となる、イスラエルの掟（ドイツ語でGesetz）です。後にイエスは、形骸化し抹消化した掟の文字通りの遵守を激しく批判し、神の愛ならびに隣人愛という中心的掟を実行するように勧めます。

4　カナンの征服

さて、シナイ半島での滞在はかなり長引き、数十年に至ったようですが、紀元前一二〇〇年頃から、この流浪の民は、徐々にカナン（今のパレスチナ地方）に浸透していきます。ちなみに、パレスチナという名前は、やはり紀元前一二〇〇年頃に、エーゲ海方面から陸沿いに東征し、さらに南征してカナンの西海岸沿い（ガザ地区とその北の地方）に五つの王国を築いた、ペリシテ人に由来します。彼らは、現在のパレスチナ人の先祖と見られます。イスラエルとパレスチナ人の確執は、すでに当時から始まっていた、と言えます。両者が仲良くこの地を分け合えればいいですね。

カナンに入る前にアロンとモーセという大指導者たちは死にますが、ヨシュアをはじめとするモーセの後継者たちが、カナンの町々を少しずつ征服していきます。必ずしも戦いということではなかったようですし、エジプトを脱出した民のみがヘブライ人で、カナン人は皆異民族であったということでもないようで、すでにカナンに居住していたヘブライ人との合流もあったようです。カナンへの浸透は、紀元前一〇三〇年頃までにはだいたい完了していたようで、それまで士師と呼ばれた首長たちの連合のような形であった政治形態が、王政へと移り、イスラエルの国が統一されていきます。この王政への移行は、聖書の記者によって、否定的に見られています。人々の考えでは、統一した力で諸外国に対峙する、という意向であったようですが、聖書記者には、それによって神が本当の王であることが、次第に忘れられていく、と思われたのでしょう。イスラエルにおいてばかりでなく、人類の歴史全般に見られる王権の濫用、また現代でも多くの国で、指導者の独裁的傾向が見られることに鑑みますと、非常に面白い観点だと思います。

5　王政への移行

最初の王はサウルで、第二の王ダビデの時になって、国が大きく拡大されます。このベツレヘム出身のダビデは羊飼いでしたが、後には戦人であったばかりではなく、竪琴を弾く音楽家、また敬虔な詩人でもあったようで、旧約聖書の詩編のたくさんの詩が、彼の手になったと言われています。ちょうど日本の昔の武人たちが、お茶の名人であったり、連歌をよくしたり、禅に秀でていたり、というのと同じで、文武両道と言えます。ダビデは北のイスラエル諸民族と、南のユダ族との統合に成功します。エルサレムがイスラエルの首都になったのも、ダビデの治世下でした。

ダビデの息子であるソロモンが第三の王になり、国の体制をだんだん固めていきます。彼はエルサレムに、神殿を造らせます。そして賢明な治世のゆえに、近隣諸国にまでその名を成します。わざわざシェバからやって来た女王というのは、どうやら今のイエメンあたりの女王であったようです。しかし、たくさんの異教の妻たちの影響もあって、次第に唯一神ヤーヴェへの信仰が薄れていきます。彼が紀元前九三〇年頃に死ぬと、国は北のイスラエル王国と南のユダ王国に分裂してしまいます。上記三人の王については、いろいろ興味深い記述があるのですが、ここでは割愛します。ただ言及に値するのは、この時代に、国ばかりでなく、世界の始まりについての記述がなされ始めた、という事実です。それも、国としての体制を整えていく過程で必要になったのでしょう。そういう記述の著者の名前はわかりませんが、王の委託を受けて歴史を述べた、神学的素養のある書記であったのでしょう。ヤーヴィストやエロヒスト、また少し時代が下って、紀元前七世紀～六世紀頃に活躍したと思われるドイトロノミスト、さらに紀元前六世紀頃、すなわちバビロン捕囚、またその後には、祭司のグループがやはり歴史の神学的解釈をすることになったことは、すでに言及しました。いわゆるモーセ五書（ペンタトイヒとかトーラと言われる）の記述は、これらの著者たちの作品を総合的に編纂したものなので、その見分けと区分を聖書学者たちはしなければなりません。

話が一足先に進んでしまいましたが、すでに前述した通り、王国分裂の後、北のイスラエルは紀元前七二二年にアッシリアによって滅ぼされ、南のユダは紀元前五八七年にバビロニアに征服され、エルサレムの民はバビロンで捕囚の身となります。日本ではどうか知りませんが、ヨーロッパでは、Boney Mというロックグループの「Rivers of Babylon」を思い起こすでしょう。曲が心情に入りやすいので、けっこう楽しく歌ったり、踊ったりしていますが、本来はユーフラテス、その支流のほとりで泣いていたユダヤの民を詠っています。この捕囚は、バビロニアを滅ぼしたペルシャの大王キュロスが、囚われの諸民族を解放する紀元前五三八年まで続きました。まだ国家という形態もなく、エジプトでの異郷暮らしをしていた時よりも、国家喪失という意味では、もっと悲惨であったこのバビロン捕囚時には、苦しい時によくそうであるように、人々はより熱心に神を求め、また神からの助けも増大します。それでたくさんの預言者が出て、民を力づけるのでした。そういう預言者について、少し遡って、紀元前九世紀頃に活躍した、大預言者エリヤから初めて、少し述べてみましょう。

6　エリヤと他の預言者たち

イスラエルには、預言者育成所、または学校のようなものがあったようですが、大預言者たちは概ね、神から直接選ばれ、政治的権威者に対して諛《へつら》うことなく、社会的にもかなり批判的でした。エリヤの特徴は、その名前 Elija（私の神はヤーヴェ）の示す通り、純粋に宗教的な側面で活躍したことです。すでにソロモン王の頃から顕著になりつつあったヤーヴェ離れに対して、エリヤは戦ったのです。ヤーヴェ離れといっても、今日の無神論的な傾向と違って、別の宗教、すなわち別の神々に帰依し始めた、ということになります。カナンには、バアル信仰というのがありました。これはどちらかと言うと、天候を支配する豊穣の神で、自然宗教の一種です。バアルは男神ですが、これに対応する女神は、アシェラとかアシュタルテと呼ばれました。まあ、やはり目に見えない神より、具体的に陽を照らしたり、雨を降らせたりして、穀物、野菜、果物などを恵んでくれる神様の方がとっつきやすいのでしょう。また、豊穣の祭儀というのがあり、これは一種の神殿売春です。神殿付きの娼婦がいて、男の信徒たちは、厳しい準備（断食など）をした後で、彼女らと性的に交わるのです。しかもこれが神学的に裏付けられているのです。つまり、雨をバアルの精液とみなし、信徒たちが性交し、精液を流すことによって、バアルにもその気を起こさせる、という奇妙ながらも、うがった解説です。植物の育つ夏の期間、ほとんど雨の降らないパレスチナならではの信仰と言えるかもしれません。

このような傾向に対して、エリヤは果敢に戦います。特に当時の王アハブと、残虐なその妻イゼベルは、ヤーヴェの預言者たちを迫害し、多勢を殺させました。エリヤはどうやら、信仰に基づく超能力のようなものを持っていたらしく、雨を降らせたり、降らせなかったりできた、というのですから、まさにバアルの対抗馬的存在であったわけです。彼も四五〇人ものバアルの預言者を捉えさせて、処刑させた、とありますから、やはり時代の子と言わねばなりません。この劇的な場面は、列王記上の一八章に詳しく記されています。バアルの預言者たちが、生贄の牛を置いた薪にバアルの名によって火を降らせることができなかったのに、エリヤは、水浸しにした薪と生贄の上にヤーヴェの名によって、天から火を降らせ、それに驚いた民衆の手で、バアルの預言者たちを殺させた、というものです。ただし、この後やはり良心が咎めたような形跡があり、突然アハブを恐れるようになります。

それで彼は、はるか南のシナイの荒野に向けて、もう死んでもよいという気持ちで、四〇日間歩きます。そしてシナイ山の中で神に出会うことになります。神は山を砕くような激しい風の中にも、地震の中にも、火の中にもおられず、静かなそよ風の中で体験されます。エリヤの激烈な行動が暗に批判されているようです。エリヤには、エリシャという弟子がおり、これも超自然能力を備えた預言者だったようですが、ここでは記述を割愛します。

紀元前八世紀になると、鋭い社会批判で富裕層を攻撃したアモス、神の裁きを強調しつつも、救い主インマヌエルを予言したイザヤ、また神の限りない愛を説いたホセアなどの預言者が現れます。ことのついでに説明させていただくと、インマヌエルという言葉は、「我々と共におられる神」といった意味合いですから、ヤーヴェと同義語です。また、来るべき救い主がインマヌエルと名付けられるというなら、なぜそれがナザレのイエスなのか、と思われるかもしれません。このイエスという語は、分析すると、ヤーヴェ、すなわち「我々と共にある方」は、我々を助けてくれる、と言ったような意味になります。ですから、インマヌエル（我々と共にある神）はイエスの前提としてあり、「助ける」というのは、その具体化、または強調であるわけです。

紀元前七世紀末から、六世紀、正確には五八七年のバビロンへの連行までに活躍したのは、エレミヤです。エレミヤはエリヤのような勇猛なタイプの預言者ではありません。若くして神に召され、自信なく躊躇しています。彼はイスラエルの民の咎と、その悪い結果としての、バビロニアの侵攻を公に予言しなければならず、多くの者に嫌われ、また迫害されます。それにもかかわらず、彼は民の悔い改めを促します。敵に対して武力で対抗するのではなく、自分たちの罪の結果と認め、神の前で悔い改めることこそ肝要であると説きます。それでますます売国奴のように批判され、大きな孤独を味わいます。最終的にエルサレムは征服され、多くの民がバビロンに連行されますが、エレミヤは終始、対バビロニア戦争には反対であったため、釈放されます。バビロニア人は、ユダヤの地に総督を立て、残った民を管轄させますが、反乱軍はこの総督を殺してしまい、多くの人々とエレミヤを強制して、エジプトの地に逃げていきます。その後、エレミヤの消息は絶たれます。彼は神にあくまでも忠実な悲劇の預言者であったと言えましょう。

前述した通り、バビロン捕囚中に、民を力づける預言者が現れます。特にエゼキエルと第二イザヤが重要です。エゼキエルは、いろいろな幻視を見た人ですが、特に有名なのは、エゼキエル書三七章の、大量の枯れた骨が肉付き、復活する幻視でしょう。イスラエルの民が、再び蘇る、というのがこの幻視の第一義と思われますが、キリストの復活と照らし合わせ、また、我々もいつの日か復活するというパウロの教えも考慮すると、終末の予言とも解釈できるかもしれません。エゼキエルはまた、神の無償の報いにも言及しています。「お前たちの中に新しい霊を置く。わたしはお前たちの体から石の心を取り除き、肉の心を与える」（エゼキエル36・26）、という神の言葉を伝えています。

次に第二イザヤですが、この預言者の本当の名前は不明です。ところが、この無名の預言者が、かなり重要なのです。まず名前の由来から説明します。現在のイザヤ書は、三つの部分から成り立っています。

（1）一〜三九章：二四〜二七章までは例外で後期の挿入、（2）四〇〜五五章、（3）五六〜六六章。

第一の部分は、おおかた、前に言及した、紀元前八世紀のイザヤに由来します。彼についての詳しいことはわかりませんが、その血筋は王家と関わるようです。第二、第三の部分は、著者名がわからないため、第二イザヤ、第三イザヤと仮に名付けられました。前述の通り、第二イザヤは、バビロン捕囚期に活躍したのですが、第三イザヤは捕囚後のペルシャ統治下のイスラエル再興期に活動しました。

イザヤというヘブライ語の名前は、「ヤーヴェは救う」という意味ですが、これは三人の預言者の宣教内容によくマッチしています。特に、捕囚という厳しい条件下にあった第二イザヤは、そういう状況に陥ったイスラエルを神学的に深く反省しています。五つにわたる「神の僕《しもべ》」を述べた部分が特に有名です。つまりイスラエルを神の僕とみなし、「罪を背負う者」と解釈しているように見受けられます。また、この神の僕は、個人を指しているようにも見えます。特に五二章一三節から五三章一二節までが、後のキリストの受難と重なることで、有名です。主なところを引用してみます（53・2〜11）。

乾いた地に埋もれた根から生え出た若枝のように／この人は主の前に育った。見るべき面影はなく／輝かしい風格も、好ましい容姿もない。彼は軽蔑され、人々に見捨てられ／多くの痛みを負い、病を知っている。彼はわたしたちに顔を隠し／わたしたちは彼を軽蔑し、無視していた。彼が担ったのはわたしたちの病／彼が負ったのはわたしたちの痛みであったのに／わたしたちは思っていた／神の手にかかり、打たれたから／彼は苦しんでいるのだ、と。彼が刺し貫かれたのは／わたしたちの背きのためであり／彼が打ち砕かれたのは／わたしたちの咎のためであった。彼の受けた懲らしめによって／わたしたちに平和が与えられ／彼の受けた傷によって、わたしたちはいやされた。わたしたちは羊の群れ／道を誤り、それぞれの方角に向かって行った。そのわたしたちの罪をすべて／主は彼に負わせられた。苦役を課せられて、かがみ込み／彼は口を開かなかった。屠り場に引かれる小羊のように／毛を刈る者の前に物を言わない羊のように／彼は口を開かなかった。捕らえられ、裁きを受けて、彼は命を取られた。彼の時代の誰が思い巡らしたであろうか／わたしの民の背きのゆえに、彼が神の手にかかり／命ある者の地から断たれたことを。彼は不法を働かず／その口に偽りもなかったのに／その墓は神に逆らう者と共にされ／富める者と共に葬られた。病に苦しむこの人を打ち砕こうと主は望まれ／彼は自らを償いの献げ物とした。彼は、子孫が末永く続くのを見る。主の望まれることは／彼の手によって成し遂げられる。彼は自らの苦しみの実りを見／それを知って満足する。わたしの僕は、多くの人が正しい者とされるために／彼らの罪を自ら負った。

イスラエルを全く咎のない民とみなすのには、無理があるため、第二イザヤは、誰か具体的な人間を念頭に置いていたのではないか、という思考が可能なわけですが、彼の時代や環境の中には、そういう人は見当たりません。ですから、いろいろな人が、後の救世主の予言、というふうに解釈するわけです。

7　バビロン捕囚後キリスト出現までのイスラエル

ペルシャの王キュロスが、バビロンに囚われていた諸民族を解放した時、イスラエルの民も、ユダの地に徐々に帰還します。独立というわけではなく、ペルシャの支配下においては比較的に自由を得ていた、と言えましょう。国の復興は、神殿再建（紀元前五二〇～五一五年頃）後も、急速には進まず、紀元前五世紀の半ば、ペルシャの認可で総督となったネヘミヤと祭司エズラの指導のもと、次第に進展します。

しかし、異国の支配は相変わらず続行されます。ペルシャを征服したアレクサンダー大王（アレクサンドロス三世）が若くして死ぬと、その大帝国は分割され、ユダヤ地方はシリアを中心とするセレウコス朝とエジプトを支配するプトレマイオス朝の勢力争いの渦中に巻き込まれます。そしてセレウコス朝がユダヤの地を支配するようになった紀元前二〇〇年頃から、ユダヤ教の迫害が激しくなり、アンティオコス四世は、ヘレニズムに強く影響されたユダヤ人を利用して、ついにはヤーヴェの代わりにゼウスを拝むように求めます。異教の神への生贄を強制される羽目になったハスモン家の祭司マタティアは、強制者を殺して、家族共々山の中に逃れ、息子たちと、彼らに共鳴する大多数の民とともにゲリラ戦を展開します。彼の死後は、マカバイ（金槌）と言われた息子のユダが戦いを指導し、紀元前一六六年には、四〇〇年ぶりに国の実質的な独立を勝ち取ります。これがハスモン王朝です。

しかしこの王朝も、内紛と新興国ローマによって、紀元前六三年に、わずか一〇〇年ほどの国としての独立を終わらせられます。武力によるさらなる解放を望むグループもありましたが、そうでなく、ひたすら神の救いに希望をおく人々の声が増していきます。そういう風潮の中で、洗礼者ヨハネが現れ、イエスが現れたわけです。

8　救世主への憧れ

神の救いに希望を持つことは、イスラエルにおいては具体的に、神から遣わされ、神の注油を受けた救世主が現れることを望む、という形をとりました。これは、旧約と新約とを結ぶ、重要な事柄ですので、旧約聖書のいくつかの関連箇所を挙げてみたいと思います。

すでに紀元前一〇世紀にヤーヴィストによって書かれた創世記第三章の次の箇所は、救い主の予言として解釈し得る、という主張があります。つまり、アダムとエバが、悪魔の象徴である蛇の誘惑に負けて、禁断の木の実を食べてしまった後での、神が蛇に語った言葉、「お前と女、お前の子孫と女の子孫の間にわたしは敵意を置く。彼はお前の頭を砕き、お前は彼のかかとを砕く」がそれです。ここで注目に値するのは、「女の子孫」が、複数ではなく、「彼」という個であることです。「彼」は、かかとを砕かれながらも、蛇の子孫の頭を砕いて、致命傷を与えるという、朗報です。かかとを砕かれる、という部分は、後のイエスの生涯とその苦難を顧みれば、割にすんなり納得できそうです。

ことのついでに記しておきますが、禁断の木の実は、巷間ではしばしば、リンゴの木と言われていますが、聖書にはそうは書かれていません。そうでなく、意味深長に「善悪の知識の木」と書かれています。関連箇所を引用してみます。

主なる神は人を連れて来て、エデンの園に住まわせ、人がそこを耕し、守るようにされた。主なる神は人に命じて言われた。「園のすべての木から取って食べなさい。ただし、善悪の知識の木からは、決して食べてはならない。食べると必ず死んでしまう」（創世記2・15〜17）

この箇所の解釈はいろいろで、人類また人間は徐々に知恵を発展させるのだから、その実を食べることは必然である、という説まであります。しかしそうだとすると、罪を犯すのは人間の必然である、という帰結になり、善なる神から必然的に悪が生じる、というわけで、あまり納得できません。私は次のように解釈します。何が善であり、何が悪であるかを決めるのは神のみの権威に基づくことであり、人間は勝手にそれに抵触してはならない。それは、神の定めた善と悪とを知るように努力すること自体を否定することではない。事実エバは、蛇にそそのかされて、木の実を食べ、いわば「我が物」にしようとしたわけです。その理由としてあげられているのは、次の引用箇所ではっきりします。

蛇は女に言った。「決して死ぬことはない。それを食べると、目が開け、神のように善悪を知るものとなることを神はご存じなのだ。」女が見ると、その木はいかにもおいしそうで、目を引き付け、賢くなるように唆していた。女は実を取って食べ、一緒にいた男にも渡したので、彼も食べた。（創世記3・4〜6）

「神のように善悪を知る者となる」という表現が、全てを明らかにしています。エバは神のようになりたかったのです。しかしその結果は、「二人の目は開け、自分たちが裸であることを知り、二人はいちじくの葉をつづり合わせ、腰を覆うものとした」（創世記3・7）。神の保護のもとに、子供のような喜びに満ちた日々は過ぎ去り、自分たちの赤裸々な現実を見るのみだったのです。これがいわゆる失楽園です。

もう少し明確な予言と解釈される文章は、すでに一部言及したように、イザヤ書の中に見られます。

それゆえ、わたしの主が御自ら／あなたたちにしるしを与えられる。見よ、おとめが身ごもって、男の子を産み／その名をインマヌエルと呼ぶ。（イザヤ7・14）

ひとりのみどりごが私たちのために生まれた。ひとりの男の子がわたしたちに与えられた。権威が彼の肩にある。その名は、「驚くべき指導者、力ある神／永遠の父、平和の君」と唱えられる。ダビデの王座とその王国に権威は増し／平和は絶えることがない。王国は正義と恵みの業によって／今もそしてとこしえに、立てられ支えられる。万軍の主の熱意がこれを成し遂げる。（イザヤ9・5～6）

エッサイの株からひとつの芽が萌えいで／その根からひとつの若枝が育ち／その上に主の霊がとどまる。知恵と識別の霊／思慮と勇気の霊／主を知り、畏れ敬う霊。彼は主を畏れ敬う霊に満たされる。目に見えるところによって裁きを行わず／耳にするところによって弁護することはない。弱い人のために正当な裁きを行い／この地の貧しい人を公平に弁護する。その口の鞭をもって地を打ち／唇の勢いをもって逆らう者を死に至らせる。正義をその腰の帯とし／真実をその身に帯びる。（イザヤ11・1～5）

エッサイというのは、ダビデの父の名前です。第一イザヤ書（1～39章）が書かれたのは、紀元前八世紀以降で、ダビデ自身はとっくに死んでいますから、彼とは別の人物を想定していることは確かです。第二イザヤ書（40～55章）には前述のように、この他にも、人々の罪を背負って贖罪する神の僕《しもべ》のことが書かれてあります。この僕が誰であるかという憶測については、すでに述べましたが、イエスの弟子たちはそれをイエスについての予言であると、解釈しました（イザヤ42・1～4、49・1～6、50・4～9、52・13～53・12参照）。ヨブ記にあるような、「なぜ義人が苦しみ、悪人が栄えるのか」というテーマが、イエスの苦難に満ちた生涯を吟味することによって理解される、と解釈したわけです。また逆に、イエスの生涯を見ることによって、イザヤ書の神の僕の真の意味がわかる、というわけです。引用があまり長くなってもいけないので、前に挙げたカッコ内の箇所は、ご自分で読んでいただかねばなりませんが、すでに引用した第四の僕の歌には、イエスの受難を彷彿とさせる箇所があるのがわかります。

彼は軽蔑され、人々に見捨てられ／多くの痛みを負い、病を知っている。彼はわたしたちに顔を隠し／わたしたちは彼を軽蔑し、無視していた。彼が担ったのはわたしたちの病／彼が負ったのはわたしたちの痛みであったのに／わたしたちは思っていた／神の手にかかり、打たれたから／彼は苦しんでいるのだ、と。彼が刺し貫かれたのは／わたしたちの背きのためであり／彼が打ち砕かれたのは／わたしたちの咎のためであった。彼の受けた懲らしめによって／わたしたちに平和が与えられ／彼の受けた傷によって、わたしたちはいやされた。（イザヤ53・3～5）

また、紀元前六世紀以降に書かれたエレミヤ書にも、イザヤ一一章に似たような予言があります。

見よ、このような日が来る、と主は言われる。わたしはダビデのために正しい若枝を起こす。王は治め、栄え、この国に正義と恵みの業を行う。彼の代にユダは救われ、イスラエルは安らかに住む。彼の名は、「主は我らの救い」と呼ばれる。（エレミヤ23・5～6）

そして、ミカ書には、具体的に生地ベツレヘムの名が挙げられています。

エフラタのベツレヘムよ／お前はユダの氏族の中でいと小さき者。お前の中から、わたしのために／イスラエルを治める者が出る。彼の出生は古く、永遠の昔にさかのぼる。まことに、主は彼らを捨ておかれる／産婦が子を産むときまで。そのとき、彼の兄弟の残りの者は／イスラエルの子らのもとに帰って来る。彼は立って、群れを養う／主の力、神である主の御名の威厳をもって。彼らは安らかに住まう。今や、彼は大いなる者となり／その力が地の果てに及ぶからだ。（ミカ5・1～3）

東方の占星学者たちがエルサレムにやって来た時、ヘロデ王が祭司や律法学者たちに、メシアの生まれるところを尋ねると、彼らはこのミカの書に基づいて、それはベツレヘムだと答えています。

さらにゼカリヤ書には、次のごとく記されています。

娘シオンよ、大いに踊れ。娘エルサレムよ、歓呼の声をあげよ。見よ、あなたの王が来る。彼は神に従い、勝利を与えられた者／高ぶることなく、ろばに乗って来る／雌ろばの子であるろばに乗って。わたしはエフライムから戦車を／エルサレムから軍馬を絶つ。戦いの弓は絶たれ／諸国の民に平和が告げられる。彼の支配は海から海へ／大河から地の果てにまで及ぶ。（ゼカリヤ9・9～10）

この箇所は、イエスの受難直前の出来事であるエルサレム入城の場面を彷彿とさせます。（マルコ11・

1〜11参照）

新約聖書は、これらの箇所や、ここには名指しで挙げていない箇所が、イエスに当てはまると、解釈しています。すでに言及したように、特にイザヤの神の僕の歌の内容は、新約聖書のイエスの苦難とよく一致しており、むしろイエスの苦難は、イザヤ書の内容に沿って書かれた、と言われているほどです。

（二）新約聖書

新約聖書はその二七書が書かれた期間こそ、わずか七〇年間くらいで、旧約聖書の著作期間の一二分の一くらいですし、分量としても旧約聖書の四分の一くらいですが、何と言っても、やはりキリスト教徒の主要聖典なので重みがあります。

先ほど旧約聖書の構造に言及しましたので、比較の上でまず新約聖書の構造をさっと見ておきましょう。最終的に校訂した人々が、どうやら意識的に、新旧両聖書の構造を並列させたようです。第一部は基盤となる四つの福音書で、イエスの生涯とその宣教内容としての福音（良き知らせ）が記されています。旧約のモーセ五書に匹敵します。第二部は、たった一冊ですが、使徒言行録で、初代教会の発展ぶりを記した歴史的著述です。第三部は、パウロやペトロやヨハネなど、使徒や彼らの伝統を継ぐ人たちの手紙で、二一書あります。これは旧約の第三部である、詩編や知恵の諸書に匹敵するといってよいでしょう。最後の書はヨハネの黙示録で、やはりたった一冊ですが、預言的な要素が強く、これが旧約の預言の諸書に対応する、第四部になります。

まず**福音書**を概観することにします。福音書はイエスに帰依した弟子たちが、イエスの偉大さについて、さらには、彼が神の子であるという信仰を伝えるために書き記したものです。ですから、一方では寓話のようなものではなく、歴史上に登場したイエスについて述べているのですが、他方では順序正しく述べた伝記、もしくは歴史書ではない、ということになります。むしろ神学と宣教の書です。

ご存知のように、マタイ、マルコ、ルカ、ヨハネの四つの福音書があります。それぞれ名前が出ているので、彼らが著者かと思うわけですが、ルカを除くと必ずしもそうではないらしく、彼らの権威と言い伝えを、その弟子たちが最終的な文章に作り上げたと思われます。まず口伝があり、後に、特に直接の証人である使徒や弟子たちが死を迎えるにあたって、文章にして書き留めるようになったわけです。いずれにせよ、イエスと共に三年近く過ごした直接の弟子に由来する、イエスの生涯を物語る書ですから、高い権威があることは疑いありません。

さて、上記の順番について言いますと、マタイが一番先に挙げられていますが、これまでの研究によると、各書の完成は、マルコが一番古くて紀元七〇年から七五年頃、マタイとルカが八〇年から八五年頃、そしてヨハネが九〇年から一〇〇年の間、ということのようです。マタイとルカは、マルコを基盤として書いており、さらに両者に共通の「イエスの言葉の集録」（Q資料と呼ばれる）をもう一つの基盤としているように見受けられます。いずれにせよ、この三つの福音書は、イエスの生涯の記述が基本的に並行しており、並べて比較しながら読めるので、共観福音書と呼ばれるわけです。イエスの公の生涯のみを記すマルコにはありませんが、マタイとルカは、イエスの誕生から始めています。そして復活後のイエスの出現について、マルコよりも詳しく記述しています。しかしかなり異なった話が含まれており、前述の二つの基盤とは異なる、マタイとルカそれぞれ個別の伝承があったのでしょう。マタイはどちらかというとヨセフ系、ルカはマリア系の伝承だったみたいです。

ヨハネはかなり趣を異にしています。かなり突っ込んだ深みのある神学を提示しています。それで、イエスの史実からさらに離れた、神学的考察の書である、と解釈されることが多かったのですが、よく見ると、イエスの生涯を詳しく述べている面があり、また地名や場所なども、とても詳しく言及されているのです。イエスにかなり近かった人物の記述を基にしていると思われます。たぶんこの人物の弟子たちが、彼の言行に自分たちの意見を解説的に付け加えたものでしょう。

福音という日本語は、日常的にはあまり使われないので、私などもかなりの違和感を長い間、無意識のうちに持っていました。元々はギリシア語で、エウアンゲリオンですから、エウは「良い」で、アンゲリオンは「知らせ」、合わせて「良き知らせ」と言った意味合いです。ちなみに、アンゲロスは天の知らせをもたらす使い、つまり天使です。

イエスが現れたこと、また彼のもたらしたニュース、教えが素晴らしいものであった、と解釈してよいでしょう。各福音書の特徴を簡単に記しますと、次のようになります。

マタイの特徴は、イエスを旧約聖書の預言の成就として見、ユダヤ人向けにそれを強調している点でしょう。それで、イエスの説教に重点が置かれています。

マルコは、むしろイエスの活動や奇跡に重点を置いています。また、イエスの苦難の秘密に迫ろうという努力が見られ、そこに感動を覚えていたらしく、復活は前提とされながらも、イエスの復活後の出現に関して、さほどの紙数は割かれていません。読者としての対象も、ユダヤ人の枠にとらわれず、直接的には当時のローマ帝国の世界を眼中に置きつつ、イエスを人類の罪の贖い主として提示したかったようです。マルコはパウロとも宣教を共にした経験がありますが、これはあまりうまくいかなかったようで、後にはペトロと行動を共にしており、当時のローマの「世界」を経験しただけあって、考えが普遍的です。直接の読者対象は、首都ローマ教会内外の人々だったように思われます。

ルカ福音書の著者は医者だったようですが、主にパウロと宣教の旅を共にしたらしく、ギリシア語も達者で、最も美しい文体で福音書を記した、と言われています。立場の弱い人々、婦人たちや罪人への同情が、よく現れています。

ヨハネについては、すでに簡略に述べましたが、構造上の違いは、マタイとルカと違って、イエスの子供時代について何も書いていないこと、またこの両者よりもイエスの起源をさらに遡って、誕生前のイエスが神の言葉として、神のもとにあったことを福音書の初めに述べていることです。このいわゆるプロローグの部分は、著者以前に成立していた「神の言葉の讃歌」を、著者もしくは編集者が引用して、彼の福音書の前に位置付け、福音書全体への展望としたらしい、と言われています。内容的に言うと、その高度な神学的考察にもかかわらず、偏った精神化を特徴とするグノーシス主義に対抗しているらしく、神の言葉の受肉をとても強調しています。

さてこれで、大まかな前提の記述を終え、いよいよイエスの生涯、イエスとの出会いに入っていきます。

第二部　イエスの生涯

一　公の活動以前

マタイとルカによる福音書は、イエスの系譜を記録しています。しかしそれは、母マリアの系譜ではなく、ヨセフの系譜です。イエスはヨセフの実子ではないと記しているこの両書が、なぜヨセフの家系を伝えるのか、現代の我々から見ると、少し妙な気がしますが、当時の慣習などを考慮すれば、すぐに納得がいきます。それは、父方に主権があり、血のつながり以上に、「家」が重要視されたからです。日本でも養子制度が大切な役目を果たしていたことを考えれば、理解できることです。武道や芸の分野でも、血縁の適した後継者がいない場合、養子を取って、その名を継ぐということが、しばしばなされてきました。

それよりももっと違和感を覚えるのは、この二つの系譜に、かなりの差があることです。ダビデやソロモン、さらに遡ってアブラハム、イサク、ヤコブといったユダヤ史の中心人物は共通ですが、その他はかなり違います。イエスの養父ヨセフの父親の名前さえ異なっているのは、驚きです。なぜこのように違うのかは、あまりよく説明できないようです。

もう一つの差異は順序で、マタイは古い順にアブラハムから始めて、イエスに至り、ルカは逆にイエスから遡って、アブラハムを超え、人類の祖と言われるアダムにまで至っています。主にユダヤ人を対象に書いたマタイは、ユダヤ人の祖と考えられているアブラハムから始め、世界的な視野に立つルカは、人類の始まりまで記す、という形になっています。

マタイとルカによると、イエスはユダヤのベツレヘムで生まれたことになっています。ベツレヘムは、首都エルサレムの南一〇キロほどの所にあります。当時としても、格別大きな町ではありませんでしたが、ダビデ王の生誕の地として、名をとどめていました。また、南のベエルシェバへ通じる、ユダの荒野の中にあります。イエスがここで生まれたという記述には、このダビデの生地と関連付けようという、神学的な意図があります。それで、イエスは本当はベツレヘムで生まれたのではない、という意見が多いのですが、後述するように、私は必ずしもそうとは思いません。ここでは聖書の記述に従って、話を進めていきましょう。すでに述べたように、イエスの幼少期の話は、マタイとルカの福音書にしかありません。

1　マリアの懐妊

本来、彼の母マリアと養父ヨセフは、北のナザレに住んでいました。ナザレは、ガリラヤ湖（別の名をゲネサレトの湖という）の南端から西に二五キロほど行ったところにあり、今はツーリストで賑わっていますが、当時も北から南のエルサレムの方に向かう主要道路と、北東のダマスコから来て、西の地中海さらには南のエジプトへと続く主要な交易ルートとが交差していて、かなり盛況であったようです。その町でヨセフは、家造りの仕事をしていたようです。まあ、大工さんですが、日本と違って、木ではなく、石材を主に使うので、左官屋さんのような仕事もしていたのでしょう。そのヨセフが、マリアを許嫁《いいなずけ》にします。ところが、マリアは同居する前に子供を孕みます。天使のお告げによると、その子は直接神の聖霊の力で孕まれた、とルカの福音は伝えています。こういう出来事は、通常あり得ないので、いろいろ憶測がなされ、さまざまな理論があるわけですが、もし神の霊が、無から全てを創ったということが前提とされると、初めからやれ迷信だ、やれ神話だ、と言って簡単に片付けることはできないのです。霊の力というのは、霊から縁遠くなり、頭ばかり大きくなって霊の修行をしない世代には、それを理解する基礎もなく、その「いろは」も不明なのです。とにかく、そういう天使のお告げを受けなかったヨセフは、困惑します。彼の偉いところは、特に血の気の多いユダヤ人にしては、実に冷静な判断を下そうとしたことです。マリアを公に咎めるのではなく、ひそかに離縁しようとしたのです。そこに至って初めて、彼にも天使が現れ、マリアを妻とするに躊躇なきよう、伝えます。

マリアにイエスの誕生を予告した天使ガブリエルは、ユダヤのエルサレム近くに住むマリアの親戚エリサベトも、高齢で懐妊したことを伝えます。当時子供が生まれなかった時は、男の責任などは全く無視され、女性が不妊であると思われ、それはすなわち神に祝福されていないことと考えられたのです。それでエリサベトの喜びがどれほどのものであったか想像できます。それを天使から伝え聞いたマリアの喜びも大きかったに違いありません。自ら妊娠中であるにもかかわらず、飛び立つようにユダヤに向かいました。おそらくろばの背に揺られて、荒野の中を行くマリアの姿が想像できます。

当時イスラエルには、北のガリラヤ、その南のサマリア、さらにその南のユダヤという三つの州がありました。

実は、ユダヤのさらに南にイドマヤという州がありましたが、半異教の土地でしたので、あまり見向きもされませんでした。ローマに媚びいったり、エジプトのクレオパトラと交際したりしていたヘロデ大王は、この地の出身だったため、一般のユダヤ人からは軽視されていました。

ユダヤの北部に、首都エルサレムがあります。マリアのように、ガリラヤから首都の方に向かう場合、サマリアを突っ切って、ほとんど真南にエルサレムに向かえば、高低差もあまりなく、一番簡単ではないかと思えます。しかし、サマリアを突っ切ることには、問題がありました。サマリア人というのは、紀元前八世紀にアッシリアに征服されて、そこに無理やり移住させられた人たちの子孫ですが、アッシリアにいる間に、またサマリアに残った人たちも、アッシリア人と混血したため、正統のユダヤ人から見れば、どちらかというと軽蔑に値する半異邦人であったわけです。それでサマリア人とユダヤ人の関係はかなり悪かったのです。ですから、ガリラヤのユダヤ人たちがグループを作ってエルサレムの神殿に巡礼するような時には、高地から東のヨルダン川の谷に向かい、川に沿って南下し、エリコから三〇キロほど西のエルサレムに向かって厳しい山登りを強いられていたのです。その高低差は何と一二〇〇メートルです。まあこれは団体旅行の話で、しかもやや宗旨の異なる公の宗教行事に関してのことですから、衝突のないように、そういう回り道をしたのでしょう。ですから、マリアもそうしたかどうかは疑問です。彼女は、当時の結婚適齢期などを考慮すると、まだ一四から一五歳くらいの若い女性だったらしく、たった一人で旅したとは考えられませんから、小さな旅行者のグループに便乗したのでしょうが、公ではなかったとすると、サマリアを通った可能性はあります。後にイエスも、弟子たちと共にこのルートをとった記録があります。

マリアが、天使から自分の懐妊のこと、またエリサベトの懐妊のことを知らされたのは、エリサベトが懐妊してから六か月後と書かれてあり、マリアは三か月ほどエリサベトのところに留まったということですから、おそらくエリサベトの出産まで彼女のもとにいて、いろいろ身の回りの世話などしたと考えられます。生まれた子は、後に洗礼者と呼ばれるヨハネで、比較的早い時期に、荒野に引きこもったようです。エリサベトの懐妊についても、ルカの第一章に興味深い記述があるのですが、ここでは割愛します。

興味深いのは、神と深いつながりを持った二人の女性、エリサベトとマリアの出会いと応答です。マリアがエリサベトのもとに来て挨拶をすると、エリサベトの胎内の子は、喜び踊った、とあります。エリサベトは、「あなたは女の中で祝福された方です。胎内のお子様も祝福されています」という有名な言葉を声高らかに、宣言します。あのアヴェ・マリアの祈りに取り入れられた一節です。今日、言葉の背景を知らずに、祝福という表現を聞くと、何か平凡な気がしますが、ギリシア語原文の動詞 εὐλογέω は「良いことを言う、または言葉にして表す」といったような意味です。そして、この「良い」という表現も、「言う」または「言葉にして表す」という表現も、聖書の中では非常に重みのある言葉です。創世記第一章で、神が被造物を創った後、「神はそれを見て、良しとされた」と書いてあります。全存在の決定的な規定が「良い」ことになっています。また、「言う」という表現も、それによって神が創造の業をなされた、ということで、「言う」というのは単に意味のある言葉を表現する、ということではなく、それが創造の力を有している、ということになります。それで、ヨハネ福音書の初めには、端的に、「初めに言《ことば》があった。言は神と共にあった。言は神であった。……万物は言によって成った」（ヨハネ1・1〜3）と述べられています。「祝福」という言葉には、それら一切を込めた重みがあるわけです。

ちなみに、日本でも言霊（ことだま）という概念がありますが、これも、言葉に内在する霊力と考えられていた、もしくは感じられていた、と言ってよいでしょう。

2　イエスの誕生

その後マリアはナザレに戻り、そこでイエスを産むはずでした。ところが、当時ローマ皇帝であったアウグストゥスが、彼の大帝国中の全住民に、税金収納リストに登録するよう、要請してきたのです。ユダヤは紀元前六三年から、独立を失ってローマの一管区であったため、ヨセフもその要請に従わねばなりませんでした。それならナザレの町役場に行って登録すればいいじゃないか、と思うかもしれませんが、自分の出身地でやれというのです。そこでダビデ王の家系であったヨセフは身重のマリアを連れてはるばるベツレヘムにやって来た、という次第です。ところが来てみると、帰郷登録の人々で街はごった返し、宿が見つかりません。出産直前のマリアを連れて、やっとのことで家畜小屋（たぶん岩肌を抉《えぐ》った、半洞穴）を見つけ、マリアはそこで出産の運びに至ります。生まれた子は飼い葉桶に入れられた、と記されています。ルカによると、その後近くで羊を放牧させていた羊飼いたちが、天使のお告げに従って家畜小屋にやって来て、生まれたばかりのイエスを見、天使たちの言った通り、飼い葉桶に寝かされているのを見て、感激してみんなに話した、とあります。

生後四〇日、モーセの掟による清めの期間が過ぎると、両親はイエスを神殿に連れて行きます。初めて生まれた子は神に属する、と決められていたので、裕福な人は子牛や子羊、貧しい人でも鳩を代償として捧げることが慣例だったのです。ルカによると、その後両親はイエスを伴ってナザレに帰ります。ところが、マタイによると、話がかなり違います。まだ彼らがベツレヘムにいる間に、東方から占星術の専門家が、彼らの見識によると、ユダヤ人の王様の誕生を示す珍しい星を見てやって来て、イエスを拝謁しました。占星術もバカにしたもんじゃありません。特に新約聖書が、そういう出来事をポジティブに言及しているところが面白いではありませんか。彼らは、新しい王様が生まれたのだから、王宮の住人はだれでもこのことを知っているだろうと思ったらしく、まずエルサレムのヘロデ王のところにやって来ます。ところが、それは彼や王宮の人々にとって、寝耳に水であったので、大騒ぎになります。ヘロデは自分の王権が危うくなる、と考えたようです。しかし彼もけっこう杜撰《ずさん》で、「探して見つかったら、またここに戻って知らせてくれ。そしたら私も行って礼拝するから」と言って占星術師たちを送り出します。兵士でもつけてやれば確実にイエスの居所はわかったはずですが、そうするとかえって怪しまれるとでも思ったのでしょう。占星術師たちは、彼らの行く手をずっと示していた星に導かれて、ベツレヘムでユダヤ人の王たるイエスを見つけ出します。そしてイエスを礼拝して贈り物を捧げた後、遠回りをしてエルサレムを避け、故郷に戻っていきます。聖書には、夢でエルサレムには戻らないように告げられた、と書いてありますが、おそらく彼ら自身も、エルサレムの様子がどうもおかしい、と感じたに違いありません。

その後ヨセフは夢で、ヘロデ王が子供の命を狙っているから、エジプトに逃げて、彼が死ぬまでそこにとどまっていなさい、という告知を受け、さっそく母親と赤子のイエスを連れてエジプトへ去ります。占星術師たちにいっぱい食わされた、と気づいたヘロデ王は怒り狂い、占星術師たちの向かった方角にあるベツレヘムとその近隣で、二歳以下の子供を殺させます。それは、占星術師たちが、星を初めて見た日時を言い残していたので、それを逆算したのです。ある研究者の推測では、たぶん三〇人近い幼子が、虐殺されたとのことです。親類縁者の命も惜しまなかったヘロデにありそうなことであったと言えるでしょう。日本でも有名なところをあげれば、織田信長にしても、政敵とみれば、女性も子供も斟酌《しんしゃく》せずに虐殺させたのですから、暴君に共通の性癖なのでしょう。そういう事実は、今では歴史として、また数として片付けられてしまうのですが、自分の幼子を目の前で殺される、一人ひとりの母親の悲嘆とどうしようもない怒りを、忘れてはならないでしょう。

さて、すでに示唆したように、このベツレヘム誕生については議論があります。近頃では、それはマタイ福音書の著者が、例のミカの箇所（本書86頁参照）に語呂を合わせて、イエスがあたかもベツレヘムで生まれたかのように書いているが、実はそうではなかった、というような主張があるのです。しかし、ほとんど同時に書かれたと思われるルカ書も、このミカの箇所とは関わりなく、皇帝アウグストゥスやシリアの総督キリニウスといった歴史上に実在した人物とからみ合わせて、イエスのベツレヘムでの誕生を記しています。歴史性を欠いた、頭だけの神学にならないよう注意しなければなりません。一般的に言えば、イエスが歴史に登場したからキリスト教神学が可能になったのであって、逆ではありません。

3　ナザレでの生活

ヘロデの死後、ヨセフはマリアとイエスを連れてナザレに帰ります。ここで話がルカの記述と合流するのですが、ルカはもう一つのエピソードを付け加えています。それはイエスが一二歳の時の話です。前述したように、ユダヤ人はガリラヤに住む者も、年に一度は、大きな祭りには集団でエルサレムの神殿に巡礼するのですが、イエスの両親は毎年、過越祭に上京していたようです。

過越祭というのは、ユダヤでの最も重要な祝祭日の一つで、元々は、春の種まきに合わせて、良い収穫を願ったようです。これが、エジプト脱出の時、家々の鴨居に小羊の血を塗って、イスラエルの民である印とし、災いが過ぎ越すようにしたことの記念と重なり、極めて重要な祭りとなったわけです。イエスはこの過越祭の前日に処刑され、翌々日、すなわち過越祭の次の日（日曜日）に復活したので、キリスト教では、この一切の意味を含めて、復活祭を祝うわけです。

さて、イエスが一二歳の時に、特別なことが起きました。祭りの行事も無事終わって、さあガリラヤに帰ろうと言い、一行はエルサレムを去って、泉のあるエリコの町にたどり着きました。丸一日の行程です。オリーブ山からずっと坂を下りる感じですし、素晴らしい大祭に参加して気も高ぶっていたことでしょう。大きなグループで、親族や祭りで新たに知り合った人たちと、大人は大人、子供は子供で、夢中になって話を弾ませているうちに、それこそあっという間にエリコに着いてしまいます。会話も途絶えがちな、行きの苦しい山登りとは、全く別です。さて宿を取ろうという段階に至って、ヨセフとマリアは、イエスがいないことに気づきます。ここで、たかだか一二歳の子供をないがしろにし過ぎじゃないか、と読者の皆さんは感じるかもしれません。しかし当時のユダヤでは、男子は一三歳でバル・ミツバ（律法の息子）という儀式を受けて、もう大人の仲間入りの年齢です。イエスもその年齢に近づいていたことになります。そうなるとますます、親があまりかまい過ぎてはいけないことに気づくでしょう。

私が一人でイスラエルの南の方に旅した時、ベエルシェバの町で知人の家を探していたのですが、ちょうど通りがかりにいた若い女性に道を尋ねました。オリエント独特の彫りの深い二四〜二五歳くらいと思われる超美人でした。親切なことに、知人の家まで連れて行ってくれる、と言うので、道中片言で話をしたのですが、何と、彼女の実の年齢は一七歳ということでした。これにはびっくりしました。

何はともあれ、とりあえず親戚なども訊きまわったことでしょう。しかし、どうしてもイエスは見つかりません。集団では問題のないエルサレムからエリコへの道ですが、はぐれたとなると大変です。イエスが、後に喩えとして語る善きサマリア人が助けたのは、この道中で盗賊に襲われ、半死半生の目にあった人だったのです。ヨセフとマリアも、夜中に出かけるわけにはいかなかったでしょうから、おそらく、ろくに眠ることもできず、翌朝まだ暗いうちにエルサレムに向かって引き返して行ったことでしょう。たぶん、向こうから降りてくる人たちの中に、イエスが混じっているのではないか、と常に注意を怠らず、これこれこういう若者を見ませんでしたか、と訊いたりして、同時に足早に、厳しい坂道を登って行ったことでしょう。やっとエルサレムに着くと、大祭の後の街はまだかなり混雑しています。いろいろ探し回った後、両親は万が一と思い、神殿の領域に入ります。そこに驚くべき光景が現れます。何とイエスが学者たちの間に座って、討議しているのです。皆彼の知恵にびっくりしているではありませんか。ヨセフと母マリアの感情は、外からは計り知れないものであったでしょう。福音史家は淡々とマリアの言葉を伝えています。「なぜこんなことをしてくれたのです。かなり厳しいものでした。お父さんもわたしも心配して捜していたのです」。これに対するイエスの答えは、かなり厳しいものでした。「どうしてわたしを捜したのですか。わたしが自分の父の家にいるのは当たり前だということを、知らなかったのですか」。これは両親にとってかなり厳しい言葉ですよね。苦労してエリコから引き返し、心配して三日もイエスを探した直後です。「心配かけてすみませんでした」くらいのことをまず言って、それから彼の使命を説明してもよかったのではないでしょうか。もちろんそうした可能性はあります。福音史家だってイエスの言葉を何から何まで全部書くわけではありませんから。しかし、たとえそうであったとしても、この言葉の厳しさは残ります。私は、ここが一つの分岐点であったと思います。今までイエスは両親の言うことを素直に聞き、両親も子への愛を日に日に感じかつ深めていたわけですが、イエスは一二歳で、宗教的な成人式をまじかに控えているのですから、そろそろ独立の時なのです。それは両親も認めなければならないのです。イエスの側から見れば、単に反抗期の目覚めというようなことではなく、むしろ両親を「教育」し始めたのだと思います。特にマリアに対しては、今後も一見かなり厳しいイエスの態度が見られますが、私見では、イエスはマリアを「鍛えて」いたのだと思います。それはマリアが最も鍛えるに値し、それに耐える力のある人間であったからでしょう。これは長い間武道の教師をしている私には、よくわかります。伸びる能力のある弟子、耐えられる弟子には、多くを要求します。耐えられない弟子には、優しく忍耐強く教えます。私などは、概して優しすぎるんじゃないか、と反省するところがあります。ということは、鍛え方が少なくなって、弟子を十分に伸ばしてやれない、ということになります。また、厳しくできないということは結局、自分の受けが悪くなるんじゃないか、と心配したり、弟子が厳しさのあまり脱落してしまうのではないか、と顧慮《こりょ》したり、が原因でしょう。まあ、厳しさと優しさの加減が難しいのですが、イエスとマリアの師弟関係は実に味わい深く、その緊迫さには舌を巻かされます。最高の師と最高の弟子のやりとり、いやーすごいなー、と感じさせられます。

この後彼らはナザレに戻り、イエスはまた従順な青年として時を過ごし、成長し、「神と人とに愛された」とルカは記しています。反抗一点張り、でなかったことがよくわかります。基本にあるのは愛であって、「鍛え」は必要に応じて、その合間合間に、といったところでしょう。これは神の我々に対する一般的な「姿勢」と見てよいでしょう。例えば、神と、重い病気などをじっと耐えている人々との関わりも、密度の濃い、驚嘆に値するものであることが、しばしばあるに違いありません。外からでは計り知れない、霊と霊の触れ合いがあるのではないでしょうか。

この青年期、イエスは何をしていたのでしょうか。他のユダヤ人と同じく、朝晩の祈りをし、毎年恒例のさまざまな祭儀に参加したことは、当然の前提としてよいでしょう。職業としては、当時の慣習通り、父親ヨセフの仕事を受け継いだに違いありません。身体的特徴などは、どこにも記録がありませんが、ヨセフのように、大工や左官の仕事をしていたのであれば、かなりしっかりし、筋肉も発達した体型であったと見て、間違いないでしょう。

不思議なことに、これ以後ヨセフについては、何も語られていません。それで、イエスが公に活動を始める前に死んだのだろう、と推測され、それならきっとマリアよりかなり歳が上だったのだろうとか、実はマリアと結婚する前に、すでに結婚歴があり、子供もあって、それがイエスの兄弟姉妹と呼ばれていたのだろう、とかいろいろな説があります。

二　公の活動

それから、三つの福音書とヨハネ福音書も含めて共通に続くのは、洗礼者ヨハネの公式登場です。ルカによると、ヨハネがマリアの親戚であったエリサベトから生まれたのは、イエスが生まれる半年ほど前で、またイエスの公の登場が三〇歳頃、と言われているので、ヨハネも同じくらいの年齢で公に登場したことになります。ただし、この年齢には大きな疑問があります。イエスの処刑が西暦三〇年であったことは、まず間違いないのですが、もしヘロデ王の在世中に、イエスがすでに生まれていたというなら、ヘロデ王の死去の年、すなわち紀元前四年より前であったはずです。彼はベツレヘム近郊の二歳以下の幼児を殺させた、ということであれば、イエスの死は、少なくとも彼が三六歳くらいの時であったと思われます。ですから、もし彼の活動期間が三年であるとすると、彼が公に登場したのは、三三歳くらいの時であった、という結論になります。まあ、歳よりも若く見える人は、いくらでもいるわけで、気力と霊力にあふれたイエスが、三～四歳若く見えたとしても、何の不思議もありません。

さて、この三年間の活動期間ですが、これに関しても論議があります。というのは、三つの共観福音書によると、あたかもイエスは一年しか活動しなかったかのような印象を受けるからです。まずヨハネから洗礼を受け、ガリラヤに戻って宣教する。その後エルサレムに向かって旅をしながら教えを説く。エルサレムに着いて当時の宗教的指導者たちと摩擦を起こして彼らに憎まれ、やがて殺された後、復活する。こういう図式になっています。これに反して、ヨハネの福音書には、イエスが何度かガリラヤとエルサレムの間を行き来し、年に一度の祭日、例えば「過越の祭り」を三回経験していることなどが、詳しく記されています。聖書学者たちは、このヨハネ書の記述をより歴史的なものと判断し、共観福音書は、イエスの生涯をまとめて記述したもの、と考えています。

1　洗礼者ヨハネ

さて、ヨハネが洗礼者と呼ばれるのは、ヨルダン川で人々に悔い改めの洗礼を授けたからです。今日では、川がガリラヤ湖を出て南に向かい、死海へ注ぎ込む少し手前のところが、その場所として有名です。

ヨルダン川は、イスラエルの最大の河川ですが、実はあまり大きな川ではありません。利根川や信濃川などを想像すると、間違いです。大勢の人に洗礼を授けられるような豊富な水を湛えているのは、主にガリラヤ湖を出たあたりと、上記のあたり、また他のいくつかの場所くらいなものであったようです。特に今は、主にイスラエル側のキブツと言われる集団開拓農場での水の需要が多く、全体に水不足のようです。一九七四年に、ヨハネが洗礼を授けていたと言われる場所に、私も行ってみたかったのですが、当時はイスラエルとアラブ諸国の関係がとりわけ緊迫していて、その場所に旅行者などは近づけませんでした。

この出来事は、相当なセンセーションを巻き起こしたらしく、北（ガリラヤ〜サマリア地方）から西（サマリア〜ユダヤ地方）から、たくさんの人々が、彼のもとにやって来た、と記されています。後にイエスの弟子となる人々の何人かも、初めはヨハネの弟子でした。人々の中には、ヨハネ自身が約束されたメシア、すなわち神から遣わされ、救世主（メシア）としての注油を受けた者ではないかと、勘ぐる者も少なからずあったようです。

メシアというヘブライ語は、「油注がれた者」という意味で、かつて王や預言者が、注油を受けたことにちなみ、救世主が神からの注油を受ける、という考えからきています。メシアという語は、その後ギリシア語に訳されて、クリストス（Christos）となり、それがさらにラテン語化して、クリストゥス（Christus）、そして日本ではキリストとなった次第です。

ヨハネは、「らくだの毛衣を着、腰に革の帯を締め、いなごと野蜜を食べていた」（マルコ1・6）というのですから、ハリウッド映画にあったようなチャールトン・ヘストン風な筋骨隆々とした姿ではなく、どちらかと言うと痩せ型の修行者であったのではないかと、私は思います。人々に悔い改めを促すに十分な、畏敬すべき出現であったでしょう。しかし彼は、謙虚で潔癖、はっきり「私はメシアではない」と宣言し、「もうすぐ来るお方の前では、私はそのサンダルの紐を解く価値さえない」と言います。サンダルの紐を解く、というのは、当時では奴隷の仕事でした。ですから、「私はこれから来られる方の、奴隷にも値しない」、と言っていることになります。

さらに、「わたしは水であなたたちに洗礼を授けたが、その方は聖霊で洗礼をお授けになる」（マルコ1・8）と、彼とイエスとの決定的な違いを宣言します。自分は心の準備をさせるだけだが、イエスは命の霊を授ける、と言っているのです。

また、「主の道を整え、その道筋をまっすぐにせよ」（マルコ1・3、イザヤ40・3）という旧約の言葉を引用して宣教したのも、「主すなわち神がおいでになるから」ということを前提としています。イエスとの違いは、ヨハネがどちらかというと、裁きの時を警告しているのに対して、イエスが福音を前面に出して強調している点、と言われています。確かに、マタイやルカ福音書には、ヨハネの厳しい言葉が伝えられています。

そこでヨハネは、洗礼を授けてもらおうとして出て来た群衆に言った。「蝮の子らよ、差し迫った神の怒りを免れると、だれが教えたのか。悔い改めにふさわしい実を結べ。『我々の父はアブラハムだ』などという考えを起こすな。言っておくが、神はこんな石ころからでも、アブラハムの子たちを造り出すことがおできになる。斧は既に木の根元に置かれている。良い実を結ばない木はみな、切り倒されて火に投げ込まれる」（ルカ3・7～9）

ただし、ヨハネは旧約の人、イエスは新約の人、というふうに単純に分けるのは不適当です。ヨハネはあくまでも、イエスの直接の先行者としてのヨハネであって、はるか旧約の預言者とは一線を画しています。彼はイエスを直接に経験したのです。旧約で終わっているはずがないのです。ヨハネが人々に要求している生活様式をみても、実はちっとも厳しくなどないのです。

そこで群衆は、「では、わたしたちはどうすればよいのですか」と尋ねた。ヨハネは、「下着を二枚持っている者は、一枚も持たない者に分けてやれ。食べ物を持っている者も同じようにせよ」と答えた。徴税人も洗礼を受けるために来て、「先生、わたしたちはどうすればよいのですか」と言った。ヨハネは、「規定以上のものは取り立てるな」と言った。兵士も、「このわたしたちはどうすればよいのですか」と尋ねた。ヨハネは、「だれからも金をゆすり取ったり、だまし取ったりするな。自分の給料で満足せよ」と言った。（ルカ３・10～14）

少し後の話になりますが、時にはむしろイエスの方が厳しい表現を使っています。

「もし、右の目があなたをつまずかせるなら、えぐり出して捨ててしまいなさい。体の一部がなくなっても、全身が地獄に投げ込まれない方がましである。もし、右の手があなたをつまずかせるなら、切り取って捨ててしまいなさい。体の一部がなくなっても、全身が地獄に落ちない方がましである」（マタイ５・29～30）

もちろん、この強烈な表現は、典型的な当時のオリエントの言い回しで、文字通りに実行せよということではありませんし、禅の歴史などを読んでみると、悟りを開かせるためには、本当に手や足の指を切ってしまったというのですから、そこまでの厳しさはありません。

とにかく、ヨハネだけが厳しかったわけではない、ということは、了解できると思います。考えてみると、この厳しさは、自己目的ではありません。禅では悟りを得させるため、ヨハネやイエスにおいては、神の国に至らせるため、というもっとずっと大きな目的があるのです。

しかし、ヨハネ自身も彼の弟子たちも、イエスを通して、真の神の愛を学んでいったようです。すでに洗礼の場面で、ヨハネはイエスを「来るべきお方」として、認識していたのですが、ヘロデによって牢獄に投げ込まれた時、最後の証が欲しかったのか、自分の弟子たちをイエスに師事させたかったのか、イエスのもとに弟子たちを送ります。

ヨハネは牢の中で、キリストのなさったことを聞いた。そこで、自分の弟子たちを送って、尋ねさせた。「来るべき方は、あなたでしょうか。それとも、ほかの方を待たなければなりませんか。」イエスはお答えになった。「行って、見聞きしていることをヨハネに伝えなさい。目の見えない人は見え、足の不自由な人は歩き、重い皮膚病を患っている人は清くなり、耳の聞こえない人は聞こえ、死者は生き返り、貧しい人は福音を告げ知らされている。わたしにつまずかない人は幸いである」（マタイ11・2〜6）

これこそまさに福音です。やがて処刑されるヨハネは、これを聞いて自分も深く納得し、また彼の弟子たちにも、イエスがメシアであることを示し、安らかに死に向かったことでしょう。このヨハネをイエスは最大の賛辞で形容しています。次の句を読むと、両者の計り知れない友情が汲み取れます。

ヨハネの弟子たちが帰ると、イエスは群衆にヨハネについて話し始められた。「あなたがたは、何を見に荒れ野へ行ったのか。風にそよぐ葦か。では、何を見に行ったのか。しなやかな服を着た人か。しなやかな服を着た人なら王宮にいる。では、何を見に行ったのか。預言者か。そうだ。言っておく。預言者以上の者である。『見よ、わたしはあなたより先に使者を遣わし、あなたの前に道を準備させよう』と書いてあるのは、この人のことだ。はっきり言っておく。およそ女から生まれた者のうち、洗礼者ヨハネより偉大な者は現れなかった」（マタイ11・7～11）

このすぐ後、「しかし、天の国で最も小さな者でも、彼よりは偉大である」という制約が付加されますが、それは天の国の話で、ヨハネが地上にいる間は、天の国の一番小さなものにも劣る、ということです。彼が天の国に入った段階でのことは、何も述べられていません。

ヨハネは謙虚ではあっても、神から遣わされた、という自意識ははっきりともっており、時の権力に臆するようなことは、まるでありませんでした。さすがはイエスの先駆者であり、この点二人はよく似ています。そういう姿勢が、やがて牢獄へと向かわせるのです。ルカの記述するところを、読んでみましょう。

ところで、領主ヘロデは、自分の兄弟の妻ヘロディアとのことについて、また、自分の行ったあらゆる悪事について、ヨハネに責められたので、ヨハネを牢に閉じ込めた。こうしてヘロデは、それまでの悪事にもう一つの悪事を加えた。（ルカ3・19～20）

ここで名指しされているヘロデは、ヘロデ大王の息子、ヘロデ・アンティパスです。彼はガリラヤとヨルダン東岸の地方を領地としていました。彼には母違いの兄弟ヘロデ・フィリポがおり、アンティパスはこのフィリポの妻ヘロディアに恋してしまったのです。この恋慕は相互のもので、アンティパスは彼の妻を離縁し、またヘロディアは彼女の夫フィリポから離れます。そして二人は結婚したのですが、これが民衆の激しい非難の的となりました。洗礼者ヨハネも、ヘロデ・アンティパスを厳しく糾弾します。それを嫌ったアンティパスが、ヨハネを捕らえさせた、という運びになります。

その後ヨハネは、獄中で首を刎《は》ねられることになります。マルコによると、そうしたかったのはヘロデ・アンティパスではなく、むしろヘロディアの方であったということです。アンティパスは、ヨハネを一方では恐れながらも、他方では尊敬し、彼の話を興味深く聴いていたと書かれています。しかし、マタイによると、アンティパス自身がヨハネを殺そうと思っており、ただヨハネを預言者とみなす群衆を恐れてそうしなかった、ということです。いずれにせよ、ヘロデの誕生祝いの席で、ヘロディアの娘が踊りを披露し、皆を大いに喜ばせました。それでヘロデ・アンティパスは、欲しいものがあれば何でもやる、と娘に言います。娘は母親ヘロディアにそそのかされて、ヨハネの首を所望します。客の手前もあり、約束した立場上、そうしなければならなくなった王は、ヨハネの首を斬らせ、娘に渡し、娘は母親に渡した、というふうに書かれています（マルコ6・17〜29、マタイ14・3〜12参照）。

後に、この娘はサロメであった、というストーリーが生まれましたが、史実かどうか、はっきりしません。

さりげなく書いてあっても印象的なのが、マタイ一四章一三節の次の文章です。「イエスはこれを聞くと、舟に乗ってそこを去り、ひとり人里離れた所に退かれた」。愛する友を失ったイエスの深い悲しみが、反映していると思います。

2　イエスの洗礼と公の活動への準備

さて、謙虚なヨハネの洗礼の場に戻ります。このヨハネの謙虚さに応えるかのように、イエス自身ヨルダン川にやって来て、いわばへりくだって、ヨハネから洗礼を受けます。その時聖霊が鳩の形でイエスの上に舞い降り、天から「これは私の愛する子である」という声がした、と記述されています。それで、ある神学者たちは、この時点においてイエスは神の子となった、と言っていますが、あまり筋の通った説ではありません。というのは、同じルカが、イエスは聖霊の力でマリアに宿った、と言っているからです。洗礼における聖霊の降臨は、イエスにとって初めての出来事ではないのです。懐妊の時、聖霊は目に見えない形で降ったのですが、洗礼に際しては、「鳩のように目に見える姿で」と、ルカもわざわざ書いてくれているのです。イエスが聖霊と結ばれて、神の子であるのは、今に始まったことではない、というわけです。むしろ周囲の者にもわかるように、目に見える形で、と言っているように見受けられます。

その後イエスは近くの荒野で断食修行し、悪霊から執拗な誘惑を受けますが、敢然としてそれを打ち破り、ナザレのあるガリラヤ地方へ帰ります。

誘惑の内容は三点に絞られています。まず第一に、空腹のイエスを誘うものとして、「石をパンに変えろ」で、イエスはこれに対して、「人はパンだけで生きるものではなく、神の口から出る一つ一つの言葉によって生きる」と答えます。第二と第三の誘惑は、マタイとルカで順番が違いますが、一つは「（エルサレムの）神殿の屋根の上から飛び降りてみろ、神が天使を送って、お前を支えるだろう」というもので、イエスはこれに対して「あなたの神である主を試してはならない」と答えます。神の力というのは、必要な時に発揮されるのであって、見世物ではない、ということでしょう。次に悪霊は、イエスを高い山の上に連れ去って全世界を一望のもとに眺めさせ、「俺を礼拝しろ。そしたらお前に全世界の権力と栄華をやる」というもので、イエスは「あなたの神である主を拝み、ただ主に仕えよ」と答えます。悪霊が聖書の言葉を誘惑の手段として、適当に曲げて引用しているのに対して、イエスは聖書の句をそのまま率直明確に引用しています（マタイ4・1〜11、ルカ4・1〜13参照）。

3　ガリラヤ・サマリア・ユダヤ

しかしイエスは、故郷のナザレへは戻らず、ガリラヤ湖の北岸にあるカファルナウムという町を拠点として、福音の宣教を始めます。カファルナウムでの発掘で、少なくとも紀元三世紀にまで遡るとみられるイエス崇拝の跡が、発掘された家の一つの部屋にあるので、そこがイエスの部屋だったのではないか、という推測がなされています。その家はかなり大きく、どうやら漁師組合に属する家だったようで、そうすると、ペトロが漁師で指導的な立場に立っていたようなので、イエスも弟子になったペトロとの関わりから、その家の一部屋に住んでいたのではないか、という憶測がなされます。もちろん宣教の旅でガリラヤ中、そしてその西方にある、地中海沿いのシロ・フェニキア地方、また東方のデカポリス地方までも歩き回っていたのですから、実際にどのくらいそこで寝起きしていたのかは、わかりません。

さてイエスは、ガリラヤのみに留まらず、その後サマリア、ユダヤと宣教の旅を続けることになります。一部すでに言及しましたが、ここで少しこの三つの州を概観しておきましょう。

ガリラヤはサマリアやユダヤとは違って、緑豊かな地方です。北のヨルダン川の水源では驚くほどたくさんの水が湧き出ています。シリアおよびレバノンとの国境には、ヘルモン山（二八一四メートル）がそびえ、その南はゴラン高原です。ここだけはあまり緑が見えません。しかし、美しいガリラヤ湖（ゲネサレトの湖）ではたくさん魚が獲れ、その近辺ばかりでなく、遠くまで売られていたようです。ガリラヤの首都は、この湖の西沿岸にあるティベリアスですが、皇帝ティベリウスに因んだこの町は、昔の墓場の上に建設されたため、不浄であるとしてユダヤ人は立ち入りませんでした。イエスがティベリアスに入ったとか、そこで宣教ないしは奇跡を行ったというようなことも、まるで記されていません。

概観すると、ガリラヤではイエスの倦むことのない宣教とさまざまな奇跡によって、多くの民がイエスを信じる、もしくはイエスに好感を持つことになります。いわば、一般庶民はイエスを支持したと言えましょう。

イエスがとても有名になったため、また安息日に奇跡を行うなどしたため、エルサレムのお偉方は、わざわざガリラヤまでファリサイ派の人々や律法学者などを送り込んで、吟味させています。中心地エルサレムの中枢に立つ者から見れば、ガリラヤ人は、サマリア人ほどではないにしても、やはり半異教徒のように、また田舎者のようにみなされていたようです。「ガリラヤから良いものが出るはずがない」というのが定評でした。また、彼らは方言を使ったので、エルサレムに出てきても、すぐばれてしまうのでした。イエスの捕縛に際して、ペトロがその方言のゆえに、あなたも彼らの一味だ、と言われた話が、このことを如実に物語っています。

ここで少し、言語について言及しておきます。当時ユダヤで話されていたのは、アラマイ語です。これはヘブライ語と同系の言語で、ヘブライ語で書かれた聖書（旧約聖書）を読むのに、何の不自由もなかったようです。この他に、大王と呼ばれるアレクサンドロス三世の東方征服以後、いわゆるヘレニズム時代となり、ギリシア語の影響が強く、かなりのユダヤ人がギリシア語を話したり、理解したりしていたようです。ガリラヤで当時のアンフィシアーター（階段座席のある野外劇場）が発掘されたのですが、かなり大きなもので、一般民衆用であったことがわかります。アンフィシアーターでアラマイ語の劇が演じられることはなく、全てギリシア語であったようなので、一般民衆がギリシア語を少なくとも聞き取る能力を持っていたと、推察されます。また、ギリシア語を話す「一〇の都市」という意味のデカポリス地方は、ガリラヤのすぐ隣ですから、交流もありました。

次に当然考えられるのが、ラテン語の普及です。パレスチナは、紀元前六三年からずっとローマ帝国に支配され、その行政下に置かれており、イエスが活動した頃には、すでに九五年ほどの月日が経っていたのです。ですから、多くの人々がラテン語を理解したとしても、何の不思議もありません。こう考えてくると、ギリシア語もラテン語も、いわば今日の英語のようなもので、少なく見積もってもイエスがこれらの言語を、ある程度は話し、理解したと考えて当然でしょう。

サマリアには西の方の低地と東のヨルダン川流域を除くと、あまり緑がありません。サマリア人の由来については、すでに言及しましたが、彼らは単にアッシリア人と混血した先祖を持つというだけではなく、その宗教形態も異なっていました。彼らは聖書のうちでもモーセ五書しか認めず、エルサレムの神殿を拒み、ゲリジムという山の上で、独自の祭礼を行っていました。それで、ユダヤ人とサマリア人の間には、交流がありませんでした。ですから、イエスがサマリアを通って、水を汲みに来たサマリアの女性に話しかけるなどというのは、いわば前代未聞のことであったわけです。後にイエスは、善きサマリア人の喩えを語るわけですが、慣習や偏見に全くとらわれない姿勢が、はっきりと見てとれます。ユダヤ人が、これを面白く思わなかったことは、容易に察せられます。

ユダヤの土地も、サマリアと似た感じです。ヨルダン川や死海の西は山地です。ユダヤの首都エルサレムは、全ユダヤの首都でもあり、立派な城壁に囲まれていましたし、その神殿は、さらなる石壁で囲まれていました。バビロン捕囚後に建てられ、ヘロデ大王によって拡張また壮麗化された神殿は西暦七〇年に、ローマ軍によって徹底的に破壊されたわけですが、西側のいわゆる嘆きの壁は、当時の面影を今に留める唯一の遺構です。エルサレムは海抜七五四メートルで、昔ヤッファと呼ばれた地中海の港町の北に位置するテルアビブからバスで東に向かうと、だんだん上り坂になります。エルサレムの東側には、小さなキドロンの谷を隔てて、オリーブ山（橄欖山）がそびえています。エルサレムよりやや高く、八二六メートルあるそうです。そこからさらに東に四〇キロほど向かうと、死海の北端に出ます。高低差が一二〇〇メートルもあるので、ずーっと坂を下ります。死海の表面は、海抜にしてマイナス四〇〇メートルくらいだからです。死海の北端から北に一二キロほど行くと、オアシスの町エリコで、イエスはこの町を何度か訪れていますが、その東南東であったと思われる、ヨルダン川の洗礼の場所を除くと、イエスが死海の方向に向かった形跡はありません。

イエスは弟子たちを伴って、ガリラヤのみでなくサマリア地方でも宣教し、やがてユダヤのエルサレムで、時の指導者たちに捕らえられ、十字架上での死を体験するわけです。この間、すでに述べたように、共観福音書では、イエスはガリラヤからユダヤへ一度だけ旅行したかのごとくまとめて述べられていますが、ヨハネ福音書ではもっと詳しく、少なくとも三度の旅行であったように記述されていますので、ここでは旅行記のような形は避け、イエスの教えと活動を最古のマルコ福音書を基盤とし、それに他の福音書も添えるような形で、テーマ別に述べていきたいと思います。そして最後のエルサレムをめぐる出来事は、全福音書共通ですので、イエスの死と復活というテーマで、特別に扱っていくつもりです。聖書を紐解いて、任意の福音書を読むと、他の福音書の該当箇所が注記されていますから、ここでは必ずしも、そういう該当箇所を指摘していませんので、ご自分で調べてみてください。

（一）使徒を選ぶ

イエスはすでに述べたように、ガリラヤ中、また時にはその領域を越えて活動するのですが、最古の福音書であるマルコによると、かなり早い時期に、使徒を選定しています。面白いことに、十二使徒の中心となる四人は、それぞれ兄弟である、ペトロとアンデレ、それにヤコブとヨハネというガリラヤ湖の漁師でした。イエスは、彼らを魚ではなく、人を漁るものにする、と言ったのです。終末のメシア到来の機運が高まっていたこと、洗礼者ヨハネが盛んにイエスを推奨したこと、などが前提でしょうが、呼びかけられた四人の弟子が、魚の網や、一緒に働いていた父親を残して、すぐイエスに従った、というのですから、相当の魅力と引き付ける力が、イエスにはあったに違いありません。

イエスの使徒選定はこの後も続きます。彼の活動によって、だんだん弟子が集まってくるわけですが、彼はそのたくさんの弟子の中から、その中核となる使徒を選定したわけです。この弟子たちの中には、女性もいたわけで、彼女らの一部は裕福な層からの人々であったらしく、イエスと弟子たちとを経済的に援助していました。また、一部の女性グループは、弟子を伴ったイエスの宣教について回っていたようです。それにもかかわらず、イエスが男性のみを使徒に選定したのは、日本の昔によく見られたような、男性主権の時代の制約によるものでしょう。当時のユダヤで、女性が使徒になっていたら、まず第一に、彼女自身大変な苦労をしたでしょう。使徒ヨハネを除くと、全員が礫などで殉教したようですから、イエスはそういうことを見越して、女性をかばおうとしていたのかもしれません。そして第二に、女性の宣教は、あまり見向きもされなかったのではないかと思われます。というのは、当時のユダヤの社会では、女性の証言は、証言として認められていなかったからです。しかし、時代と状況の変わった今、女性の教会内での位置は、新たに吟味されなければならないでしょう。

1　十二人の使徒

さて、使徒という言葉を聞くと、すぐに思い浮かぶのが、十二という数字です。イエスはなぜ十二人の弟子を使徒として選んだのでしょうか。おそらくこれは、十二部族からなる、古代イスラエルの民と、密接に関わっていると思われます。

十二部族の由来は、イスラエルの太祖ヤコブにまで遡ることは、すでに触れました。彼の十二人の息子たちが、各部族の祖となり、彼らの名前が部族の名前になった、というものです。その名前は、ルベン、シメオン、レビ、ユダ、ダン、ナフタリ、ガド、アシェル、イサカル、ゼブロン、ヨセフ、ベニヤミンです。このうち神殿勤めの任を受けたレビ族は、その収入で生計を立てることができたので、領地はもらわず、その代わりエジプトで死んだヨセフの二人の息子マナセとエフライムが領地を受けた、と記されています。後に、シメオンとベニヤミン族を飲み込む形でユダが力をつけ、それ以北の諸族が統一される形でイスラエルとなりました。

イエスはこの十二人を基盤として、新しい神の民を築き上げようとしたのでしょう。

そこで、十二人を任命し、使徒と名付けられた。彼らを自分のそばに置くため、また、派遣して宣教させ、悪霊を追い出す権能を持たせるためであった。（マルコ3・14〜15）

と書いてあります。「自分のそばに置くため」、すなわち生活共同体を築くことと、宣教ならびに悪魔払いという使命とが一体となっており、これは後の教会、すなわち信徒の集まりの原型とみなされます。

選ばれた弟子たちも実にさまざまです。前述した漁師たちの他、レビとかマタイと呼ばれた徴税役人もいます。彼は職業柄、読み書きもできたようですが、何と言っても、民衆に嫌われたローマ人の手先の官僚であったわけです。さらにその正反対で、暴力や刺殺も辞さないほど、ローマと激しく対立していた熱心党のシモンも含まれています。また、ガリラヤ湖畔のベトサイダ出身で、アンデレと同じように、フィリポというギリシア名の弟子もいて、ギリシア人の信奉者たちが、イエスに会いに来た時、まずフィリポに面会し、彼はアンデレのところに行って、二人でイエスに取り次いでいます（ヨハネ12・20〜22参照）。このように、いろいろな背景の人間を集めて、神を中心とした一つの大きな社会、共同体（ゲマインシャフト）の基礎付けをしようという、イエスの意図が垣間見られます。

十二人の名前は、次の通りです。筆頭はペトロ（岩）というニックネームをつけられたシモン、その兄弟アンデレ、ゼベダイという名の父親を持つ、ヤコブとヨハネの兄弟、そして、フィリポ、バルトロマイ、マタイ、トマス、アルファイという名の父親を持つもう一人のヤコブ、タダイ、熱心党のシモン、そしてイエスを裏切ることとなった、あのイスカリオテ（「カリオテの人」の意）のユダです。このユダに関しては、シモンと同じく熱心党に属していて、イエスがユダヤの民をローマ人から解放するのを待っていた、という説があります。それでイエスを裏切って、イエスが神権を発揮させなければならないような状況に追い込もうとした、というのです。それが期待外れに終わった彼は、自殺の道を選ぶしかなかった、というのですが、あまり歴史的裏付けがありませんし、あまりにうがった作り話のような感もあります。

この十二人の中でシモン・ペトロが筆頭であったことは、すでに述べましたが、それは最初に選ばれたから、また十二使徒を列記する際に、一番で名指しされているから、というだけではありません。イエスが「あなたがたはわたしを何者だと言うのか」と聞いた時には、ペトロが皆を代表するような形で、「あなたは、メシアです」と答えています（マルコ８・29参照）。そしてこれに答えてイエスは、

「シモン・バルヨナ、あなたは幸いだ。あなたにこのことを現したのは、人間ではなく、わたしの天の父なのだ。わたしも言っておく。あなたはペトロ。わたしはこの岩の上にわたしの教会を建てる。陰府の力もこれに対抗できない。わたしはあなたに天の国の鍵を授ける。あなたが地上でつなぐことは、天上でもつながれる。あなたが地上で解くことは、天上でも解かれる」（マタイ16・17～19）

と言っています。

ペトロという名は、ギリシア語のペトラを男性形にしたもので、岩を意味します。バルヨナという単語は、バルとヨナという二つの言葉から成っています。バルは息子ですから、ヨナの息子という意味になります。

また、自分の死を予告するイエスを、間違った人間的思慮から諌めるのもペトロです。しかし、この筆頭のペトロでさえ、イエスの逮捕に直面して彼を見捨ててしまうのです。

ちなみに、イエスを完全に裏切るユダも、グループの会計を任されるほどの信用を受けていたのですから、考えさせられます。

そして、シモン・ペトロにヤコブとヨハネを加えた三人が、次の（いわば上の）段階の中核をなしていたようです。例えば、ガリラヤの山でイエスが輝く体に変容して、その神的な存在の秘密を示した時、その場にいたのは、ペトロ、ヤコブ、そしてヨハネの三名のみでした（マルコ9・2参照）。また、処刑の前日、ゲツセマネの園でイエスが苦悩の祈りを捧げた時、一番近くにいたのも、やはりこの三人でした（マルコ14・33参照）。そして、この三人に準じて重きをなしていたのは、アンデレであったようです（マルコ13・3参照）。

しかし、これは絶対的な位階制とは言えません。少なくとも、使徒たちはそう感じていなかったようです。例えば、彼らは、誰が一番偉いか、といったような議論をしています（マルコ9・34参照）。またヤコブとヨハネは、ペトロを差し置いて、イエスが将来栄光の座に着いた時には、一人をその右に、もう一人を左に座らせてくれるよう願っています（マルコ10・37参照）。大事なことは、イエスの死後、使徒たちが一団となってグループを形成していたことです。しかし、イエスの復活後、やはりペトロが、その挫折にもかかわらず、主導的な役割を演じています。そしてヨハネも特別に言及されています。マグダラのマリアから、イエスの遺体が岩の墓からなくなっている、という知らせを受けて、ペトロとヨハネが墓に走って行くのですが、先に着いたヨハネは、ペトロが着くまで墓所に入らなかった、と記されています。やはりペトロの権威を前提としているように、見受けられます（ヨハネ20～21章参照）。生前のイエスの選定は、彼の死と復活後も変わらず継続されたようです。しかし明記しておくべきことは、それが権威主義的な形を取らなかったということです。イエスの生前には弟子でさえなかったパウロが、改心後には自分を使徒と同等に位置付け、皆の前でペトロの過ちを堂々と述べているのは、印象的です（ガラテヤ2・11～14参照）。また、サマリアで宣教が必要になった時、ペトロが宣教者を送るのではなく、聖霊に導かれた団体としての教会が、彼やヨハネを派遣しているのです（使徒8・14参照）。

2　使徒の使命と覚悟

使徒たちがイエスと共に生活共同体を築くこと、宣教すること、悪霊を追い出すこと、の三点にはすでに言及しました。このうち外に向けての使命は、宣教と悪魔祓いです。当時は、体の病気も、悪霊に起因すると思われていたので、悪魔払いには、病気の癒しも含まれています。そのために使徒たちは遣わされたのでした。

イエスは十二人を呼び集め、あらゆる悪霊に打ち勝ち、病気をいやす力と権能をお授けになった。（ルカ9・1）

と記述されています。こう聞くと、使徒たちは、あたかも華々しい戦果をあげる兵士のようですが、それは生易しいことではありませんでした。使徒には厳しい条件が課せられました。

「旅には何も持って行ってはならない。杖も袋もパンも金も持ってはならない。下着も二枚は持ってはならない」（ルカ9・3）

これは何も十二使徒に限ったことではありませんでした。ついでに付け加えておくと、十二使徒を取り巻く、七二人の弟子のグループがあったようです。彼らも宣教に遣わされ、厳しい状況のもとで、与えられた課題を果たさねばなりませんでした。

その後、主はほかに七十二人を任命し、御自分が行くつもりのすべての町や村に二人ずつ先に遣わされた。……「行きなさい。わたしはあなたがたを遣わす。それは、狼の群れに小羊を送り込むようなものだ。財布も袋も履物も持って行くな。途中でだれにも挨拶をするな」（ルカ10・1、3〜4）

この最後の文章は、愛と礼儀にもとるように思われます。この文章を理解するには、ハインツ・シュアマンという聖書学者が言及しているように、後続の文章と一緒に考えなければなりません。「どこかの家に入ったら、まず、『この家に平和があるように』と言いなさい」ということは、目的に向かって集中して行きなさい、という意味に解釈されます。特にこの当時、「挨拶する」という言葉は広義に解釈され、ただ単に路上で「こんにちは」と言うだけではなく、家に招待される、ということでもあったと、シュアマンは書いています。(6)

また、イエスに従おうとする一般の弟子にも、相当の覚悟が求められました。今日の感覚でいうと、弟子というのは、一般信徒とは違って、特別に選ばれた者という気がしますが、イエスの時代、一般信徒すなわち弟子であったのです。信奉者になるということ、それはそのまま弟子としての覚悟を持たなければならない、ということでした。ですから、今日でも、洗礼を受ける人は、イエスの弟子になるのだ、という意識が必要なわけです。

一行が道を進んで行くと、イエスに対して、「あなたがおいでになる所なら、どこへでも従って参ります」と言う人がいた。イエスは言われた。「狐には穴があり、空の鳥には巣がある。だが、人の子には枕する所もない。」そして別の人に、「わたしに従いなさい」と言われたが、その人は、「主よ、まず、父を葬りに行かせてください」と言った。イエスは言われた。「死んでいる者たちに、自分たちの死者を葬らせなさい。あなたは行って、神の国を言い広めなさい。」また、別の人も言った。「主よ、あなたに従います。しかし、まず家族にいとまごいに行かせてください。」イエスはその人に、「鋤に手をかけてから後ろを顧みる者は、神の国にふさわしくない」と言われた。（ルカ9・57〜62）

これはかなり厳しい要求です。その前提になっているのは、やはり今日の日本などとは異なった、当時のユダヤの慣習でしょう。人を葬った後で、近親の人たちが集まって食事をして終わり、という簡単なものではなかったのです。ましてや亡くなった人の息子ともなると、そそくさとその場を離れるわけにはいかなかったでしょう。家族への暇乞いについても、同様なことが言えると思います。「お父さん、お母さん、さようなら」では済まされなかったのだと思います。しかしいずれにせよ、直接神の子イエスに従うという、歴史上の一点、またイエスの心中にあった、神の国の逼迫性を考慮しないと、理解しがたいことです。そしてこれを今日の、いわば平均的なキリスト者が、文字通りに実行するなら、むしろ愛を欠いた行動になってしまうでしょう。

しかし、今日でも切羽詰まった状況というのは考えられます。以下は実話に基づく話です。ある人が神からの召命を感じて、修道院に入ろうとしました。もちろん子供の夢ではなく、成年となった男子の熟慮の結果の決心です。ところが、そういうことに理解のない親の猛反対を受けます。何とか理解してもらおうと努めたのですが、まるで受け付けてもらえません。それでその男性は、家を飛び出して修道院に入ったのです。まあ、今日の日本なら、成年者の自由意志が、もう少し尊重されるだろうとは思いますが、必ずしもそうではないかもしれません。私が一四歳で洗礼を受けようとした時、仏教徒であった父親も、無神論者であった母親も、反対しませんでした。「お前の好きなことをしなさい」というのが、彼らの言葉でした。もう六〇年以上も前のことですが、今でも感じ入ります。

もう一箇所、弟子への厳しい条件の記された文章を引用しておきます。

「もし、だれかがわたしのもとに来るとしても、父、母、妻、子供、兄弟、姉妹を、更に自分の命であろうとも、これを憎まないなら、わたしの弟子ではありえない。自分の十字架を背負ってついて来る者でなければ、だれであれ、わたしの弟子ではありえない」（ルカ14・26〜27）

ここでまた誤解を招かないように、「憎む」という言葉についてのフランシスコ会聖書研究所の解説を付記しておきます。つまり、「憎む」というのは、我々が普通に使う意味での能動的なものではなく、「より少なく愛する」といういわばマイナスの比較で、当時のオリエントではしばしば見られた表現法である、というものです。これは全くその通りだと思います。肉の情にほだされて、神の意志を貫徹しないことへの警報です。(7)

厳しかったのは、イエスと共にする生活様式ばかりでなく、彼の教えに関しても、やはりそうでした。彼の教えがラディカルであったことは確かですが、それが法の中核である愛への帰結であった範囲では、大きな問題はありませんでした。しかしイエスが自分を神とみなすような言い方をすると、それはかなりの問題でした。イエスを尊敬する現代人でも、彼が神の降臨である、という事柄には、あまり触れたがらないように見受けられます。当時の人間は、イエスに面と向かっていたのですから、それには触れたくない、では済まされなかったと思います。特に彼の弟子ともなれば、この事柄への対決を求められます。とりわけ問題になったのは、イエスの次の言葉でした。

「わたしは命のパンである。あなたたちの先祖は荒れ野でマンナを食べたが、(8)死んでしまった。しかし、これは、天から降って来たパンであり、これを食べる者は死なない。わたしは、天から降って来た生きたパンである。このパンを食べるならば、その人は永遠に生きる。わたしが与えるパンとは、世を生かすためのわたしの肉のことである。」それで、ユダヤ人たちは、「どうしてこの人は自分の肉を我々に食べさせることができるのか」と、互いに激しく議論し始めた。イエスは言われた。「はっきり言っておく。人の子の肉を食べ、その血を飲まなければ、あなたたちの内に命はない。わたしの肉を食べ、わたしの血を飲む者は、永遠の命を得、わたしはその人を終わりの日に復活させる。わたしの肉はまことの食べ物、わたしの血はまことの飲み物だからである」(ヨハネ6・48〜55)

これに対する多くの弟子たちの反応は、全く否定的でした。彼らははっきり次のように言います。

「実にひどい話だ。だれが、こんな話を聞いていられようか」(ヨハネ6・60)

そして彼らはイエスから離れていきます。この状況に至って、イエスは十二人の弟子たちからも離散者が出るのではないか、と懸念せざるを得なくなります。彼は尋ねます。

「あなたがたも離れて行きたいか」(ヨハネ6・67)

そこでペトロは、十二人を代表して、信仰告白をするのです。

「主よ、わたしたちはだれのところへ行きましょうか。あなたは永遠の命の言葉を持っておられます。あなたこそ神の聖者であると、わたしたちは信じ、また知っています」（ヨハネ６・68〜69）

このすぐ後、イエスはユダの裏切りを予告するのですが、前述の通り、これほどの信仰告白をしたペトロでさえ、後にイエス逮捕の窮地に立たされて、イエスを知らないと宣言してしまうのですから、弟子たることの厳しさが身に沁みてわかると思います。しかしイエスの言葉によれば、幸いにして、信徒が彼を自力で選ぶのではなく、神がその好意によって信徒をご自分の方に引き寄せ、最終的に我々を導き救ってくれるというのですから、これこそまさに福音です。

さてこれまでは、どちらかというと、イエスの宣教の枠を記述したことになりますが、これからその内容を吟味していきましょう。

（６）Heinz Schürmann, Das Lukasevangelium, 2. Teil / erste Folge, 66-67, Freiburg 1994 参照。
（７）フランシスコ会聖書研究所『ルカによる福音書』一九六七年、一六九頁、注一四参照。
（８）イスラエルの民が、エジプト脱出後、シナイ半島で飢えた時、マンナというパンのようなものが毎朝野営地に降りおりた、と言われる故事。出エジプト記一六章一三〜二〇節参照。

（二）イエスの教え

本来、イエスの宣教と行動は、別々には考えられません。言行一致という表現が、イエスほどよく当てはまる例は、あまりありません。それは道徳的な意味合いのみではなく、彼の言葉が、言葉自身の権威で効能と行為を生じさせ、逆に行為が同時に宣教となっていたからです。例えば、ヨハネから洗礼を受けた後、霊の力に満たされてガリラヤにやって来たイエスは、シナゴーグと呼ばれる会堂で活動を始めたわけですが、そこで注目に値するのは、教えと癒しの実行とが、一体化していることです。ただ単に言葉に重みがあったということではなく、その言葉によって悪霊が追い出された、というのです。これでイエスの評判は、ガリラヤ中に広がります。

つまり、イエスは彼の思弁を披露した、というのではなく、神の霊とのつながりを披瀝した、ということでしょう。これは、日本の仏教の聖者が徹底的な霊の修行をして、その生き生きとした霊の成果を人々に伝えたり、空海などは雨を降らせたりしたらしいことを理解すれば、すぐにわかることです。ですから、ユダヤ人に皆共通の祈りの他に、「朝早くまだ暗いうちに、イエスは起きて、人里離れた所へ出て行き、そこで祈っておられた」（マルコ1・35）わけです。天の父との霊的な交流です。ですから、彼の話は「律法学者のようにではなく、権威ある者としてお教えになった」（マルコ1・22）、と受け止められたのです。また、その言葉によって病気の人々を癒し、悪霊を追い出したのです。というわけですから、イエスの教えを聞く時には、ただ頭で理解しようとするのではなく、祈りと修行の心で受け止めるようにする必要があるわけです。そうでないと、水泳についての本をしきりに読んでも、水に入ろうとしない人のようになってしまいます。

しかし、ここでは便宜上、教えと活動を分ける形で話すことにします。

1　神の国

イエスの教えの中心は何かというと、マルコが初めに総括しているように、「時は満ち、神の国は近づいた。悔い改めて福音を信じなさい」（マルコ1・15）というものです。「時は満ち、神の国は近づいた」とは、待ち望んでいた救いの時、そして旧約の預言者たちが約束していた救い主の現れの時が、いよいよ近づいた、というふうに解釈されます。この福音、つまり良き知らせを目の当たりにして、心を悔い改め、この良き知らせを、感謝を持って受け入れなさい、ということでしょう。

イエスはこの宣教に自らの使命を見出し、ガリラヤの町から村へと巡回しました。これから、そのイエスの教えをテーマ別に、見ていきたいと思います。実は、この「神の国は近づいた」という発言の裏には、「私と共に」もしくは「私の出現を通して」という自意識、さらにはそれを超えた神意識があった、と見受けられます。これはキリスト教を判断する上で、決定的なことですので、まずイエスの全体像を見た上で、後ほど詳しく検討したいと思います。

2　悔い改め

とりあえず、悔い改めとはどういうことか、福音書の中で、どのような意味でこの表現が理解されていたのかを、検討してみたいと思います。

我々が悔い改めと聞いて、普段思い起こすのは、何か悪いことをした、と気づいた時に、それを反省し、そういうことをもうしないように心のうちで誓う、ということでしょう。しかし、そういう個々の行いのみを対象にするのではなく、あるべき道を外した人間が、人生のあり方全体を根本的に新たにする、という意味での悔い改めもあります。福音書の悔い改めは、こちらの方に近いと言えるでしょう。ただし、それは罪深い人生を送ってきた、という視点に限られません。それで、改心というよりは、むしろ回心という漢字を当てた方が適当でしょう。ギリシア語の原語では μετάνοια（メタノイア）と言われ、やはり心を転換する、といった意味合いです。ドイツ語訳では端的に umkehren ですから、方向転換となります。

ではどういう方向転換かというと、神に向かって、ということになります。それで悔い改めは、単に人間の次元における、いわば倫理的な改心を超え、神の次元に向かって心の舵を転換させることになります。

倫理の次元を超えるということは、同時に何でもかでも自力で成し遂げる、という堅苦しさから、我々を解放してくれます。それは、神的な恵みが、作用するからです。「善人なおもて往生をとぐ、いわんや悪人をや」という親鸞の深い言葉は、こういう文脈のうちにあると言えましょう。自分を善人と思って、また善人にしようと思って、自力本願になるような人間でさえ救われるのだから、ましてや悪人の意識を持ち、もしくは悪にさらされて、自分を頼ることなく、すっかり仏の慈悲に自己を委ねる人間が救われるのは、当然である、といった意味合いだと思います。イエスも「医者を必要とするのは、健康な人ではなく病人である」と言っていますが、続いて「わたしが来たのは、正しい人を招くためではなく、罪人を招いて悔い改めさせるためである」（ルカ5・31～32）と言っているように、悔い改めは、救いの条件です。

こういう形での回心の良い例は、聖書ではいわゆる「放蕩息子」の喩えで、如実に示されています。

また、イエスは言われた。「ある人に息子が二人いた。弟の方が父親に、『お父さん、わたしが頂くことになっている財産の分け前をください』と言った。それで、父親は財産を二人に分けてやった。何日もたたないうちに、下の息子は全部を金に換えて、遠い国に旅立ち、そこで放蕩の限りを尽くして、財産を無駄遣いしてしまった。何もかも使い果たしたとき、その地方にひどい飢饉が起こって、彼は食べるにも困り始めた。それで、その地方に住むある人のところに身を寄せたところ、その人は彼を畑にやって豚の世話をさせた。彼は豚の食べるいなご豆を食べてでも腹を満たしたかったが、食べ物をくれる人はだれもいなかった。そこで、彼は我に返って言った。『父のところでは、あんなに大勢の雇い人に、有り余るほどパンがあるのに、わたしはここで飢え死にしそうだ。ここをたち、父のところに行って言おう。「お父さん、わたしは天に対しても、またお父さんに対しても罪を犯しました。もう息子と呼ばれる資格はありません。雇い人の一人にしてください」と。』そして、彼はそこをたち、父親のもとに行った。ところが、まだ遠く離れていたのに、父親は息子を見つけて、憐れに思い、走り寄って首を抱き、接吻した。息子は言った。『お父さん、わたしは天に対しても、またお父さんに対しても罪を犯しました。もう息子と呼ばれる資格はありません。』しかし、父親は僕《しもべ》たちに言った。『急いでいちばん良い服を持って来て、この子に着せ、手に指輪をはめてやり、足に履物を履かせなさい。それから、肥えた子牛を連れて来て屠りなさい。

食べて祝おう。この息子は、死んでいたのに生き返り、いなくなっていたのに見つかったからだ。』そして、祝宴を始めた」（ルカ15・11～24）

この話の弟は、まさにどん底にあって、自分を捨て切り、完全他力で父のもとに帰ります。そして父は無条件で彼を受け入れます。ここで特に注目に値するのは、この息子が、「わたしは天に対しても、またお父さんに対しても罪を犯しました」と言っていることです。人間のレベルとそれを超える神的なレベルが、ともに意識されています。この息子には、倫理を超える宗教的な次元が、見えているのです。そしてもう一つ注目に値するのが、父親の態度です。おそらく、息子のいる地方での飢饉の噂を聞いて、大変心配していたのでしょう。きっと、今日帰るか、明日帰るかと、心にかけて、毎日広々とした畑の向こうの、水平線の彼方を見つめていたのでしょう。それで「まだ遠く離れていたのに、父親は息子を見つけて、憐れに思い、走り寄って首を抱き、接吻した」のでした。イエスはこの父親を通して、天の父の愛を告げたかったのに違いありません。

「ところで、兄の方は畑にいたが、家の近くに来ると、音楽や踊りのざわめきが聞こえてきた。そこで、僕の一人を呼んで、これはいったい何事かと尋ねた。僕は言った。『弟さんが帰って来られました。無事な姿で迎えたというので、お父上が肥えた子牛を屠られたのです。』兄は怒って家に入ろうとはせず、父親が出て来てなだめた。しかし、兄は父親に言った。『このとおり、わたしは何年もお父さんに仕えています。言いつけに背いたことは一度もありません。それなのに、わたしが友達と宴会をするために、子山羊一匹すらくれなかったではありませんか。ところが、あなたのあの息子が、娼婦どもと一緒にあなたの身上を食いつぶして帰って来ると、肥えた子牛を屠っておやりになる。』すると、父親は言った。『子よ、お前はいつもわたしと一緒にいる。わたしのものは全部お前のものだ。だが、お前のあの弟は死んでいたのに生き返った。いなくなっていたのに見つかったのだ。祝宴を開いて楽しみ喜ぶのは当たり前ではないか。』」（ルカ15・25〜32）

兄は善人ですが、悪人のどん底を理解できません。彼の父に対する奉仕には、自力の要素が多分に見られます。もし彼の善が、自分中心でなく、父に対する無償の愛であったならば、彼は弟の帰還を喜んだことでしょう。「わたしが友達と宴会をするために、子山羊一匹すらくれなかったではありませんか。ところが、あなたのあの息子が、娼婦どもと一緒にあなたの身上を食いつぶして帰って来ると、肥えた子牛を屠っておやりになる」というこの兄の訴えはよく理解できますが、彼には父と共にあり、共に働く喜びよりも、義務意識の方が強かったのでしょう。それで彼は、自分の功労を高く評価するあまり、妬みを乗り切れないでいるのです。それで、自分にはやがて父の全財産が与えられ、弟は一頭の牛を与えられただけ、という事実にも思い当たりません。

しかし、最終的に父親は、弟も兄も受け入れています。弟に対してばかりでなく、兄にも自ら歩み寄ります。それで、この喩えは、放蕩息子の喩えと言うより、憐れみ深い父親の喩え、と言った方が適切でしょう。主役は父親に象徴される神とその愛であると、言えるでしょう。この喩えを読むと、親鸞の思いがますます理解し易くなると思います。

3　神と人への愛

この愛こそが、神の国の内実であり、悔い改めの目指すものです。天に対しても、人に対しても、罪を犯す、というのは、この愛の正反対の立場です。愛と聞くと、何かロマンチックな雰囲気を思い起こしがちですが、聖書でアガペと言われる愛は、そんな生易しいものではありません。ロマンチックな愛が悪いというのではなく、アガペはそれをはるかに超えなければならない、ということです。いわゆる「惚れる」というような愛、つまり恋愛は、あまり苦労しなくとも、自然に湧き起こってくる感情ですが、それはまさに主観的な感情であって、かなり自分中心、さらには利己主義的でさえある場合が多々あります。お互いがそのような感情を持っていると、すぐには気がつかないのですが、一方的な場合では、この利己性がすぐに暴露されます。自分の欲望で、相手を自分のものにしたがっているのが、わかります。ひどい場合などは、暴力で自分のそういう欲望を満たしたがります。また、長らく共にいることによって、恋愛感情が冷めてきた場合にも、この自分中心な感情が露呈されます。自分に都合のよいように相手を描き、その描かれた絵が現実にぶつかって、自分の想定との違いが見えるようになると、そういう感情も消えていきます。また、やれ猫が可愛いなどといっても、猫が病気になった時に、面倒臭がって獣医さんのところに連れて行ってやらない、などというのも、真の愛ではないと言えるでしょう。アガペというのは、相手の善を望む、ということで、それが自分に好都合であるか不都合であるかに左右されません。自分に不都合であると思われる場合は、その感情や打算を乗り越えねばなりませんので、アガペというのは、心の一つの戦いであるとも言えます。また、アガペの見地から言えば、人に対して愛の感情がないからその人を愛していない、とは言えないわけです。自分を侮辱する者のために、自分の悪感情を乗り越えて祈ってあげる、というようなことは、立派なアガペであるわけです。もちろん幸いにして、感情とアガペの愛が共存することも可能です。多くの親の子供に対する愛が、それに当たるでしょう。「やれやれ世話をかけやがる」などと言ってぼやいているようでも、結局子供のために献身するのです。

神に対する愛も同じことです。自分にうまくいっている時のみ、「神様、神様」と言い、自分に不都合なことが起こると、「神も仏もあるもんか」というような態度は、幼い子供のような自己中心さを表しています。苦労を経験することによって、神様を捨てる者もあれば、苦労を通してますます神への信仰を深める人もあるわけです。

とにかくイエスが、愛を最も重要なこと、と考えていたことには、疑いがありません。それを如実に示すのが、次の律法学者との話し合いです。

彼らの議論を聞いていた一人の律法学者が進み出、イエスが立派にお答えになったのを見て、尋ねた。「あらゆる掟のうちで、どれが第一でしょうか。」イエスはお答えになった。「第一の掟は、これである。『イスラエルよ、聞け。わたしたちの神である主は、唯一の主である。心を尽くし、精神を尽くし、思いを尽くし、力を尽くして、あなたの神である主を愛しなさい。』第二の掟は、これである。『隣人を自分のように愛しなさい。』この二つにまさる掟はほかにない」（マルコ12・28〜31）

「心を尽くし、魂を尽くし、思いを尽くし、力を尽くして」ということは、「全身全霊をもって」ということで、人間存在の全てを尽くして愛しなさい、と言っていることになります。逆に言うと、あなたがたはむしろ、それに値しない、朽ち去るもののために全身全霊を捧げているのではないですか、と間接的に問いかけているわけでしょう。イエスは神と隣人への愛を全律法の中心とみなしていたのです。

「わたしが来たのは律法や預言者を廃止するためだ、と思ってはならない。廃止するためではなく、完成するためである」（マタイ5・17）

とイエスが言っているように、愛こそがその完成であり、中心であって、他の諸法は、すべてこの中心に従属すべきなのです。具体的にこの愛を明確にする有名な喩え話が、前述のルカの箇所に続いて挙げられているので、引用しておきたいと思います。

「ある人がエルサレムからエリコへ下って行く途中、追いはぎに襲われた。追いはぎはその人の服をはぎ取り、殴りつけ、半殺しにしたまま立ち去った。ある祭司がたまたまその道を下って来たが、その人を見ると、道の向こう側を通って行った。同じように、レビ人もその場所にやって来たが、その人を見ると、道の向こう側を通って行った。ところが、旅をしていたあるサマリア人は、そばに来ると、その人を見て憐れに思い、近寄って傷に油とぶどう酒を注ぎ、包帯をして、自分のろばに乗せ、宿屋に連れて行って介抱した。そして、翌日になると、デナリオン銀貨二枚を取り出し、宿屋の主人に渡して言った。『この人

を介抱してください。費用がもっとかかったら、帰りがけに払います。』」（ルカ10・30～35）

イエスが、ユダヤ人に向かって、よりによって、いわば敵対関係にあるサマリア人を、善人に仕立てていることは、すでに言及しましたが、もう一つ特別な設定があるのです。それは一般のユダヤ人を、サマリア人の悪い対抗馬としてあげていない、という点です。あげられているのは祭司とレビ人で、レビ人は神殿に仕える人たちでしたから、両方とも聖職者であったわけです。彼らの多くは、エリコに居をかまえていたそうですから、エルサレムとの間をしばしば行き来していたに違いありません。彼らは重傷を負ったサマリア人を見ても、見て見ぬふりをし、道の反対側を通って行ってしまいます。これには、彼らの役職の都合上、血を流しているものに触れて、律法に定められた清浄の掟に反しないようにした、という説もありますが、もしそうだとしても、律法の中核である人への愛を怠ったことになります。

またイエスは、私の隣人とは誰ですか、という律法学者の問いに対して、この喩えを語っているわけですから、敵と思われているようなサマリア人も、隣人としてみなさなければならない、と主張していることになります。そしてイエスは別の箇所、すなわち山上の説教において、明確に宣言します。

「あなたがたも聞いているとおり、『隣人を愛し、敵を憎め』と命じられている。しかし、わたしは言っておく。敵を愛し、自分を迫害する者のために祈りなさい。あなたがたの天の父の子となるためである。父は悪人にも善人にも太陽を昇らせ、正しい者にも正しくない者にも雨を降らせてくださるからである。

自分を愛してくれる人を愛したところで、あなたがたにどんな報いがあろうか。徴税人でも、同じことをしているではないか。自分の兄弟にだけ挨拶したところで、どんな優れたことをしたことになろうか。異邦人でさえ、同じことをしているではないか。だから、あなたがたの天の父が完全であられるように、あなたがたも完全な者となりなさい」（マタイ5・43～48）

この「隣人を愛し、敵を憎め」というのは、いわゆる旧約聖書や、ユダヤ人のもう一つの聖なる書であるタルムードには見当たらないようです。ですから、正式の教えというより、当時の指導者たちが口にしていたことなのでしょう。また、死海の近くで発見されたエッセネ派の著作の中にも、このような思想が見られます。少し余計なことになりますが、私は元来上杉謙信のファンなのですが、そのライバルである武田信玄のいわゆる武田節を合気道の催しの時などに歌います。それは、合気道が元をただすと、甲斐の武術であったと言われているからです。その時、「祖霊在します」で始まる第二句を外すことがあります。というのは、この句は、「情けは味方、仇は敵」で終わっているからです。こういう考え方は、今も昔も、人の社会ではかなり普通だったのでしょう。キリスト者の私には、どうしても引っかかります。

これはまさに画期的な教えです。悪または悪と思われることに、悪を持って答えるのではなく、そういう悪循環を愛によって討ち破れ、とイエスは言っているのです。「完全な者となりなさい」という言葉も、何もかもできる、また何事にも完璧な人間になることが求められているのではなく、愛において完全を追求しなさい、と勧めているのです。私が一四歳で洗礼を受けた最も大きな動機は、これでした。

もちろん、これならできるだろうと思ったからではなく、「敵をも愛するなんて、これ以上気高い教えはない」と感じたからです。

死の前夜にも、イエスが弟子たちにはっきりこの愛を新しい掟として託した、とヨハネ福音書には記述されています。ヨハネとその弟子たちにとって、いかにイエスの愛の教えが貴重なものであったかがわかります。

「あなたがたに新しい掟を与える。互いに愛し合いなさい。わたしがあなたがたを愛したように、あなたがたも互いに愛し合いなさい。互いに愛し合うならば、それによってあなたがたがわたしの弟子であることを、皆が知るようになる」（ヨハネ13・34〜35）

しかし、こういうイエスの説く愛は、それで何もかもが丸く平和裡に終わる、というものではありません。むしろ、そういう愛を、この罪深い世界で生き抜くとすれば、必ず反対に遭う、という現実的な見方を、イエスはしています。

「わたしが来たのは、地上に火を投ずるためである。その火が既に燃えていたらと、どんなに願っていることか。しかし、わたしには受けねばならない洗礼がある。それが終わるまで、わたしはどんなに苦しむことだろう。あなたがたは、わたしが地上に平和をもたらすために来たと思うのか。そうではない。言っておくが、むしろ分裂だ。今から後、一つの家に五人いるならば、三人は二人と、二人は三人と対立して分かれるからである。父は子と、子は父と、母は娘と、娘は母と、しゅうとめは嫁と、嫁はしゅうとめと、対立して分かれる」(ルカ12・49〜53)

4 罪と赦し

罪が愛の正反対であることは、すでに言及しました。しかしよく見ると、罪を犯す時、愛が全くないわけではありません。なぜなら、罪は自己本位であって、自分をある意味で異常に愛している、ということができます。ですから、正確に言えば、罪は「真の愛」の正反対である、と言えます。ですから、「自分を異常に愛する」ことも罪に属することになります。それは自分に対する真の愛ではないからです。それで昔のカトリックの祈祷書には、告白を準備する手引きとして、神と隣人に対する罪と並んで、自分に対する罪を反省するように、書かれていました。もう四九年も日本に住んでいないので、今の祈祷書にもそう書いてあるのか、知りません。自分の欲に流されてことをなした場合、それが必ずしも自分のためになるわけではありません。酒に溺れたり、好きなものばかり食べて、健康を害するようなことは、自分を愛していることにならないのは、すぐにわかります。

罪というと、掟に反すること、というふうに解釈されることが多いのですが、前述のように、掟の中心が愛であるならば、やはり愛に背くことが、罪であることになります。例えば、殺人を除くと、貞潔に背くことが最も重い罪であるかのごとく教える傾向が、我々の若い頃にはよくありましたが、これは掟の中心をしっかり見ていないからだと思います。イエスの教えは、そうではありません。貞潔に背く以上に、隣人愛に悖《もと》ることの方が、はるかに大きく取り上げられています。イエスの喩え話に則って、吟味していきましょう。

「ある金持ちがいた。いつも紫の衣や柔らかい麻布を着て、毎日ぜいたくに遊び暮らしていた。この金持ちの門前に、ラザロというできものだらけの貧しい人が横たわり、その食卓から落ちる物で腹を満たしたいものだと思っていた。犬もやって来ては、そのできものをなめた。やがて、この貧しい人は死んで、天使たちによって宴席にいるアブラハムのすぐそばに連れて行かれた。金持ちも死んで葬られた。そして、金持ちは陰府でさいなまれながら目を上げると、宴席でアブラハムとそのすぐそばにいるラザロとが、はるかかなたに見えた。そこで、大声で言った。『父アブラハムよ、わたしを憐れんでください。ラザロをよこして、指先を水に浸し、わたしの舌を冷やさせてください。わたしはこの炎の中でもだえ苦しんでいます。』しかし、アブラハムは言った。『子よ、思い出してみるがよい。お前は生きている間に良いものをもらっていたが、ラザロは反対に悪いものをもらっていた。今は、ここで彼は慰められ、お前はもだえ苦しむのだ。そればかりか、わたしたちとお前たちの間には大きな淵があって、ここからお前たちの方へ渡ろうとしてもできないし、そこからわたしたちの方に越えて来ることもできない。』金持ちは言った。『父よ、ではお願いです。わたしの父親の家にラザロを遣わしてください。わたしには兄弟が五人います。あの者たちまで、こんな苦しい場所に来ることのないように、よく言い聞かせてください。』しかし、アブラハムは言った。『お前の兄弟たちにはモーセと預言者がいる。彼らに耳を傾けるがよい。』金持ちは言った。『いいえ、父アブラハムよ、もし、死んだ者の中からだれかが兄弟のところに行ってやれば、悔い改めるでしょう。』アブラハムは言った。『もし、モーセと預言者に耳を傾けないのなら、たとえ死者の中か

ら生き返る者があっても、その言うことを聞き入れはしないだろう。』」（ルカ16・19～31）

これはかなり厳しい喩え話です。金持ちが、貧しいラザロを積極的に苦しめた、というようなことは、どこにも書いてありません。それにもかかわらず、金持ちの最終的な運命は悲惨そのものです。彼は、彼の門前で日々を過ごしていた貧しいラザロの苦しみを、全く無視していたようです。それをイエスは糾弾しているのです。

もう一つ厳しい話をあげておきます。

「しかし、わたしを信じるこれらの小さな者の一人をつまずかせる者は、大きな石臼を首に懸けられて、深い海に沈められる方がましである。世は人をつまずかせるから不幸だ。つまずきは避けられない。だが、つまずきをもたらす者は不幸である。もし片方の手か足があなたをつまずかせるなら、それを切って捨ててしまいなさい。両手両足がそろったまま永遠の火に投げ込まれるよりは、片手片足になっても命にあずかる方がよい。もし片方の目があなたをつまずかせるなら、えぐり出して捨ててしまいなさい。両方の目がそろったまま火の地獄に投げ込まれるよりは、一つの目になっても命にあずかる方がよい」（マタイ18・6～9）

ここで「小さな者」というのは、この前の文章から見て、子供であることがはっきりしています。隣人に対しての科、特に貧しい者や子供という、弱い立場にある人たちへの科が、厳しく糾弾されていることがわかります。

それでイエスは、弱い者や律法の知識に欠けた者たちに対して、権力を意のままに振るうサドカイ派やファリサイ派の指導者に、厳しい言葉を用いるのです。

それから、イエスは群衆と弟子たちにお話しになった。「律法学者たちやファリサイ派の人々は、モーセの座に着いている。だから、彼らが言うことは、すべて行い、また守りなさい。しかし、彼らの行いは、見倣ってはならない。言うだけで、実行しないからである。彼らは背負いきれない重荷をまとめ、人の肩に載せるが、自分ではそれを動かすために、指一本貸そうともしない」（マタイ23・1〜4）

これに対し、いわゆる貞潔に反する行いをした者に対して、イエスは寛大な反応を示しています。一番有名な箇所はヨハネ福音書八章の記述でしょう。

イエスはオリーブ山へ行かれた。朝早く、再び神殿の境内に入られると、民衆が皆、御自分のところにやって来たので、座って教え始められた。そこへ、律法学者たちやファリサイ派の人々が、姦通の現場で捕らえられた女を連れて来て、真ん中に立たせ、イエスに言った。「先生、この女は姦通をしているときに捕まりました。こういう女は石で打ち殺せと、モーセは律法の中で命じています。ところで、あなたはどうお考えになりますか。」イエスを試して、訴える口実を得るために、こう言ったのである。イエスはかがみ込み、指で地面に何か書き始められた。しかし、彼らがしつこく問い続けるので、イエスは身を起こして言われた。「あなたたちの中で罪を犯したことのない者が、まず、この女に石を投げなさい。」そしてまた、身をかがめて地面に書き続けられた。これを聞いた者は、年長者から始まって、一人また一人と、立ち去ってしまい、イエスひとりと、真ん中にいた女が残った。イエスは、身を起こして言われた。「婦人よ、あの人たちはどこにいるのか。だれもあなたを罪に定めなかったのか。」女が、「主よ、だれも」と言うと、イエスは言われた。「わたしもあなたを罪に定めない。行きなさい。これからは、もう罪を犯してはならない」（ヨハネ8・2～11）

ここでイエスの敵対者たちが切り出したのは、極めて巧妙な問いです。イエスが単に、石殺しをしてはならない、と言えば律法に背くことになり、しなさい、と言えば、それは彼の重大な主張である、愛の教えに反します。まさに絶体絶命の境地に立たされたわけです。「あなたたちの中で罪を犯したことのない者が、まず、この女に石を投げなさい」というイエスの答えは、律法と罪の本質に同時に触れています。律法の中心が愛であること、また神に背くことである罪は、すべての人間が背負う科であって、人は本来他者の科を裁く権利がないこと、が明らかにされます。別の箇所で、それがはっきりと述べられています。

「人を裁くな。あなたがたも裁かれないようにするためである。あなたがたは、自分の裁く裁きで裁かれ、自分の量る秤で量り与えられる。あなたは、兄弟の目にあるおが屑は見えるのに、なぜ自分の目の中の丸太に気づかないのか。兄弟に向かって、『あなたの目からおが屑を取らせてください』と、どうして言えようか。自分の目に丸太があるではないか。偽善者よ、まず自分の目から丸太を取り除け。そうすれば、はっきり見えるようになって、兄弟の目からおが屑を取り除くことができる」（マタイ7・1〜5）

これで、イエスが姦通の罪を犯した女性にしたように、赦しを強調するのは、当然の帰結です。罪なき者が罪人を赦すのであれば、罪ある者が罪人を赦すのは、当たり前のことでしょう。それでイエスは、はっきりと言います。

「人を裁くな。そうすれば、あなたがたも裁かれることがない。人を罪人だと決めるな。そうすれば、あなたがたも罪人だと決められることがない。赦しなさい。そうすれば、あなたがたも赦される」（ルカ6・37）

そして、さらなる次の二箇所を読めば、この赦しというテーマが、イエスにとって極めて重要であったことがわかります。

さて、あるファリサイ派の人が、一緒に食事をしてほしいと願ったので、イエスはその家に入って食事の席に着かれた。この町に一人の罪深い女がいた。イエスがファリサイ派の人の家に入って食事の席に着いておられるのを知り、香油の入った石膏の壺を持って来て、後ろからイエスの足もとに近寄り、泣きながらその足を涙でぬらし始め、自分の髪の毛でぬぐい、イエスの足に接吻して香油を塗った。イエスを招待したファリサイ派の人はこれを見て、「この人がもし預言者なら、自分に触れている女がだれで、どんな人か分かるはずだ。罪深い女なのに」と思った。そこで、イエスがその人に向かって、「シモン、あなたに言いたいことがある」と言われると、シモンは、「先生、おっしゃってください」と言った。イエスはお話しになった。「ある金貸しから、二人の人が金を借りていた。一人は五百デナリオン、もう一人は五十デナリオンである。二人には返す金がなかったので、金貸しは両方の借金を帳消しにしてやった。二人のうち、どちらが多くその金貸しを愛するだろうか。」シモンは、「帳消しにしてもらった額の多い方だと思います」と答えた。イエスは、「そのとおりだ」と言われた。そして、女の方を振り向いて、シモンに言われた。「この人を見ないか。わたしがあなたの家に入ったとき、あなたは足を洗う水もくれなかったが、この人は涙でわたしの足をぬらし、髪の毛でぬぐってくれた。あなたはわたしに接吻の挨拶もしなかったが、この人はわたしが入って来てから、わたしの足に接吻してやまなかった。あなたは頭にオリーブ油を塗ってくれなかったが、この人は足に香油を塗ってくれた。だから、言っておく。この人が多くの罪を赦されたことは、わたしに示した愛の大きさで分かる。赦されることの少ない者は、愛することも少ない。」そして、イエスは女に、「あなたの罪は赦された」と言われた。同席の人たちは、「罪まで赦すこの人は、いったい何者だろう」と考え始めた。イエスは女に、「あなたの信仰があなたを救った。安心して行きなさい」と言われた。（ルカ7・36〜50）

そのとき、ペトロがイエスのところに来て言った。「主よ、兄弟がわたしに対して罪を犯したなら、何回赦すべきでしょうか。七回までですか。」イエスは言われた。「あなたに言っておく。七回どころか七の七十倍までも赦しなさい。そこで、天の国は次のようにたとえられる。ある王が、家来たちに貸した金の決済をしようとした。決済し始めたところ、一万タラントン借金している家来が、王の前に連れて来られた。しかし、返済できなかったので、主君はこの家来に、自分も妻も子も、また持ち物も全部売って返済するように命じた。家来はひれ伏し、『どうか待ってください。きっと全部お返しします』としきりに願った。その家来の主君は憐れに思って、彼を赦し、その借金を帳消しにしてやった。ところが、この家来は外に出て、自分に百デナリオンの借金をしている仲間に出会うと、捕まえて首を絞め、『借金を返せ』と言った。仲間はひれ伏して、『どうか待ってくれ。返すから』としきりに頼んだ。しかし、承知せず、その仲間を引っぱって行き、借金を返すまでと牢に入れた。仲間たちは、事の次第を見て非常に心を痛め、主君の前に出て事件を残らず告げた。そこで、主君はその家来を呼びつけて言った。『不届きな家来だ。お前が頼んだから、借金を全部帳消しにしてやったのだ。わたしがお前を憐れんでやったように、お前も自分の仲間を憐れんでやるべきではなかったか。』そして、主君は怒って、借金をすっかり返済するまでと、家来を牢役人に引き渡した。あなたがたの一人一人が、心から兄弟を赦さないなら、わたしの天の父もあなたがたに同じようになさるであろう」（マタイ18・21～35）

こう見てくると、イエスが弟子たちに教えた唯一の短い祈り「天におられる私たちの父よ」の中で、「わたしたちの罪を赦してください、わたしたちも自分に負い目のある人を皆赦しますから」（ルカ11・4）という一項を加えている理由が、はっきり理解できます。

最近は心理学の立場からも、赦すことの重要性が度々言及されていますが、「赦せない」と言っている人は、なぜ赦さなければいけないのか、その理由がはっきりしないと、なかなか赦せるものではありません。そのほうが自分の心理にとって健康だから、というだけでは、たやすく納得いかないでしょう。しかし、神の前で自分も罪人だから、他の人の罪も赦さなければならない、という宗教的な動機が加わると、赦すことは、少なくともワンステップ易しくなるのではないでしょうか。また、ここで思い起こしておくべきことは、イエスは罪なき者として、この赦しを、自身の最大の困苦の中で実践した、という事実です。傍若無人に十字架に架けられた後、その言うに言えない苦しみの中で、「父よ、彼らをお赦しください。自分が何をしているのか知らないのです」（ルカ23・34）と言っているのです。

この句はいくつかの写本の中にないので、後世の付け足しではないか、と言われますが、最初の殉教者であるステファノをはじめ、その後のキリスト者たちがそれに従っているので、イエス自身の言葉と見てよいでしょう。

5　霊の救い

イエスの教えの大きな枠は、神の国である、と述べました。ということは、神を父として、人類の全員が大きな家族を形成しなければならない、人間は個別の存在ではない、ということになります。が、悔い改め、愛、赦しが、その枠の中の内容として重要なこともわかりました。そして、これらの要素を担うのは、全体ではなく個人です。人間は位格（ペルソナ）の持ち主ですから、全体と個の関わりも、荷物の全体と個の関わりとは、当然違ってきます。それは全体主義でも、個人主義でもあってはならないわけです。連帯主義とでも言えばよいでしょうか。個人個人が自己の自由と責任性を全うしつつ、連帯意識で全体に貢献する、という形でしょう。それで、神の国が実現される、という良い知らせがあっても、万人が自動的にそこに加入できる、ということではありません。それで、個人の救霊というテーマが、重要になってくるわけです。

イエスはさまざまの喩えで、このことに言及しています。例えば、良い僕《しもべ》と悪い僕。良い僕は、主人が留守の時も、目覚めてしっかりと家を管理し、自分の下にいる僕をよく扱う、悪い僕は、寝込んだり、酒を飲んだり、他の僕を手荒に扱ったりする。主人が突然帰ってきた時、彼らは相応の報いを得る（ルカ12・35〜48参照）。

これは主に、指導者たちに向かって言っていることで、当時のサドカイ派やファリサイ派を念頭に置いていたでしょうが、将来指導者となる弟子たちに対しての警告でもあったでしょう。もっとはっきり当時の指導者たちに向けた喩えは、次の箇所です。

イエスは民衆にこのたとえを話し始められた。「ある人がぶどう園を作り、これを農夫たちに貸して長い旅に出た。収穫の時になったので、ぶどう園の収穫を納めさせるために、僕を農夫たちのところへ送った。ところが、農夫たちはこの僕を袋だたきにして、何も持たせないで追い返した。そこでまた、ほかの僕を送ったが、農夫たちはこの僕をも袋だたきにし、侮辱して何も持たせないで追い返した。更に三人目の僕を送ったが、これにも傷を負わせてほうり出した。そこで、ぶどう園の主人は言った。『どうしようか。わたしの愛する息子を送ってみよう。この子ならたぶん敬ってくれるだろう。』農夫たちは息子を見て、互いに論じ合った。『これは跡取りだ。殺してしまおう。そうすれば、相続財産は我々のものになる。』そして、息子をぶどう園の外にほうり出して、殺してしまった。さて、ぶどう園の主人は農夫たちをどうするだろうか。戻って来て、この農夫たちを殺し、ぶどう園をほかの人たちに与えるにちがいない。」彼らはこれを聞いて、「そんなことがあってはなりません」と言った。イエスは彼らを見つめて言われた。「それでは、こう書いてあるのは、何の意味か。『家を建てる者の捨てた石、これが隅の親石となった。』その石の上に落ちる者はだれでも打ち砕かれ、その石がだれかの上に落ちれば、その人は押しつぶされてしまう。」そのとき、律法学者たちや祭司長たちは、イエスが自分たちに当てつけてこのたとえを話されたと気づいたので、イエスに手を下そうとしたが、民衆を恐れた。（ルカ20・9〜19）

ここで主人から送られる僕というのはイスラエルの歴史で、神から送られた預言者や義人などと見てよいでしょう。主人の息子は、神の子と自分を位置付けている、イエスのことです。こんなところにも、後ほど詳しく論じる、イエスの神としての自意識が垣間見られます。

しかし、警告を受けるのは、指導者層のみではありません。「救われる者は少ないのでしょうか」という問いに、イエスは次のように答えています。

「狭い戸口から入るように努めなさい。言っておくが、入ろうとしても入れない人が多いのだ。家の主人が立ち上がって、戸を閉めてしまってからでは、あなたがたが外に立って戸をたたき、『御主人様、開けてください』と言っても、『お前たちがどこの者か知らない』という答えが返ってくるだけである。そのとき、あなたがたは、『御一緒に食べたり飲んだりしましたし、また、わたしたちの広場でお教えを受けたのです』と言いだすだろう。しかし主人は、『お前たちがどこの者か知らない。不義を行う者ども、皆わたしから立ち去れ』と言うだろう。あなたがたは、アブラハム、イサク、ヤコブやすべての預言者たちが神の国に入っているのに、自分は外に投げ出されることになり、そこで泣きわめいて歯ぎしりする。そして人々は、東から西から、また南から北から来て、神の国で宴会の席に着く。そこでは、後の人で先になる者があり、先の人で後になる者もある」（ルカ13・24〜30）

義を行うこと、これはいつの時代、どこの民族でも、あるべきこととして認められています。各藩主が自分の藩の利益を求めて、血で血を洗うような争いに身を投じていた戦国の世でさえ、上杉謙信のように、義を第一として生きようとした人間もおります。その義をイエスは求めているのであり、それに悖る者の結末を述べているのです。

また別の、大宴会の喩えでは、次のように語られています。

「ある人が盛大な宴会を催そうとして、大勢の人を招き、宴会の時刻になったので、僕を送り、招いておいた人々に、『もう用意ができましたから、おいでください』と言わせた。すると皆、次々に断った。最初の人は、『畑を買ったので、見に行かねばなりません。どうか、失礼させてください』と言った。ほかの人は、『牛を二頭ずつ五組買ったので、それを調べに行くところです。どうか、失礼させてください』と言った。また別の人は、『妻を迎えたばかりなので、行くことができません』と言った。僕は帰って、このことを主人に報告した。すると、家の主人は怒って、僕に言った。『急いで町の広場や路地へ出て行き、貧しい人、体の不自由な人、目の見えない人、足の不自由な人をここに連れて来なさい。』やがて、僕が、『御主人様、仰せのとおりにいたしましたが、まだ席があります』と言うと、主人は言った。『通りや小道に出て行き、無理にでも人々を連れて来て、この家をいっぱいにしてくれ。言っておくが、あの招かれた人たちの中で、わたしの食事を味わう者は一人もいない。』」（ルカ14・16～24）

ここで語られている人たちは、積極的に不義を行っているわけではありません。しかし彼らは、日常の忙しさに囚われていて、より重要な事柄を無視しているのです。不義をしない代わりに、大義を見過ごしているのです。人生と世界の深みを求めず、ただ単に目前のことで大わらわなのです。この喩えの宴会への招待のように、深み、もしくは神的な次元へと誘うきっかけは誰にもあるのですが、日常性に飲み込まれて、そのきっかけをつかもうとはしないのです。こういう人たちには救いの道は開かれない、とイエスは警鐘を鳴らしているようです。

また、もう一つの例を挙げると、マタイ福音書には、結婚式の手助けをする一〇人の乙女の話があります。

「そこで、天の国は次のようにたとえられる。十人のおとめがそれぞれともし火を持って、花婿を迎えに出て行く。そのうちの五人は愚かで、五人は賢かった。愚かなおとめたちは、ともし火は持っていたが、油の用意をしていなかった。賢いおとめたちは、それぞれのともし火と一緒に、壺に油を入れて持っていた。ところが、花婿の来るのが遅れたので、皆眠気がさして眠り込んでしまった。真夜中に『花婿だ。迎えに出なさい』と叫ぶ声がした。そこで、おとめたちは皆起きて、それぞれのともし火を整えた。愚かなおとめたちは、賢いおとめたちに言った。『油を分けてください。わたしたちのともし火は消えそうです。』賢いおとめたちは答えた。『分けてあげるほどはありません。それより、店に行って、自分の分を買って来なさい。』愚かなおとめたちが買いに行っている間に、花婿が到着して、用意のできている五人は、花婿と一緒に婚宴の席に入り、戸が閉められた。その後で、ほかのおとめたちも来て、『御主人様、御主人様、開けてください』と言った。しかし主人は、『はっきり言っておく。わたしはお前たちを知らない』と答えた。だから、目を覚ましていなさい。あなたがたは、その日、その時を知らないのだから」（マタイ25・1～13）

当時のユダヤの慣習を知らないと、なぜ花婿が夜中に来るのだろうか、と思うでしょうから、少し説明します。当時は、結婚直前に両方の家族の間で、その条件についての、最後の詰めがあったのです。持参金などの問題です。時には話し合いや交渉が長引きました。それで花婿がやっと夜になって、花嫁のところに到着することがあったそうです。

この喩えの意義は、喩えの最後に記されています。「その日、その時」とは何を指すのか、各個人にとっては、それは死の時かもしれません。しかし、「花婿」は別の例でも見たように、イエス自身であり、またその到来は、彼の再臨すなわちこの世の終末が、暗示されていると思われます。

神の主催する宴に加わる、というのは、神を求める全ての人と結ばれて、神の霊と交わることと見てよいでしょう。次のイエスの言葉がそれを立証しています。

「わたしを信じる者は、聖書に書いてあるとおり、その人の内から生きた水が川となって流れ出るようになる。」イエスは、御自分を信じる人々が受けようとしている〝霊〟について言われたのである。（ヨハネ7・38〜39）

また、それはぶどう園の様子に喩えられています。

「わたしはまことのぶどうの木、わたしの父は農夫である。わたしにつながっていながら、実を結ばない枝はみな、父が取り除かれる。しかし、実を結ぶものはみな、いよいよ豊かに実を結ぶように手入れをなさる。……わたしにつながっていなさい。わたしもあなたがたにつながっている。ぶどうの枝が、木につながっていなければ、自分では実を結ぶことができないように、あなたがたも、わたしにつながっていなければ、実を結ぶことができない。わたしはぶどうの木、あなたがたはその枝である。人がわたしにつながっており、わたしもその人につながっていれば、その人は豊かに実を結ぶ。……あなたがたが豊かに実を結び、わたしの弟子となるなら、それによって、わたしの父は栄光をお受けになる。父がわたしを愛されたように、わたしもあなたがたを愛してきた。わたしの愛にとどまりなさい。わたしが父の掟を守り、その愛にとどまっているように、あなたがたも、わたしの掟を守るなら、わたしの愛にとどまっていることになる。これらのことを話したのは、わたしの喜びがあなたがたの内にあり、あなたがたの喜びが満たされるためである。わたしがあなたがたを愛したように、互いに愛し合いなさい。これがわたしの掟であ

る。（ヨハネ15・1～12）

もう数十年も前の話ですが、秋も暮れようとする頃、庭の木の余分な枝を切りました。忙しさにかまけて、その枝を片隅に転がしておきました。やがて厳しいドイツの冬（当時）が去って春が来ました。ふと見ると、例の小枝に蕾や薄緑の葉が出ているではありませんか。これには驚きました。いや、すごい生命力だなー、と思いましたが、それは束の間の出来事で、やがて小枝の生命は尽きました。神も仏も知るものか、という姿勢で人生を送って、元気そうな人はたくさんいますが、果たして彼らは、朽ちることのない生命に結びついているのだろうか、と考えさせられます。

6　祈り

キリスト教で救霊という場合、魂の平和といった、一般的なものにとどまりません。前に挙げた喩えでもわかるように、「家の主人」とか「招待する主人」とかに象徴されるように、位格としての父なる神が前提とされています。救霊とは、この神との一致であり、交わりです。それで、義と愛を実践するのみでなく、交流そのものとしての祈りが求められています。ロヨラのイグナチオの霊性を表す“in actione contemplativus”（行為の中に瞑想する）という言葉が示すように、元来行動と祈りは、一体でなければなりません。しかし、そういう一体性はだんだんに修練される必要があります。そうでないと、行動にばかり走ったり、行動を欠く静寂主義になったり、という極端に陥りがちになります。

この点に関しても、イエス自身が模範です。村から村へ歩き回って宣教し、多くの人々の心や体の病いを癒す多忙な公生活の中、「狐には穴があり、空の鳥には巣がある。だが、人の子には枕する所もない」というような状況の中でも、イエスは折に触れて、時には夜通し父なる神に祈っています（マタイ14・23、マルコ1・35、ルカ5・16、6・12等参照）。特に死の直前には、その祈りが濃密になります。ヨハネ福音書にある最後の晩餐での祈りは、その著者がイエスの意を汲んでまとめたもの、と見られていますが、一七章全体にわたる長い祈りとなっています。その後、ゲッセマネの園においても、十字架に架けられた後も、イエスの、父に対する切なる祈りが、記されています。後に詳しく検討するように、自らを神の子と位置付けるイエスでさえ、これほどに祈ったのですから、我々凡人が神との一致を強め、維持するために、祈らなければならないのは、当たり前でしょう。

では、祈りの内容はどうあるべきなのでしょうか。祈りは神との交流ですから、形としては、人間同士の交流と似ています。とにかく、交流することが第一で、霊の触れ合いがその本質でしょう。しかし、真の触れ合いが実現するためには、自己中心であってはいけません。祈りにおける神との交流に際しても、同じことが言えます。ですから一方的にお願い事ばかりするような祈りは、低い次元のものと言えます。しかし逆に、全然お願い事をしない、というのも感心しません。相手が私を愛してくれていれば、私が願い事をするのを喜びます。イエスも「やもめと裁判官の喩え」で、願うことを勧めています。

「ある町に、神を畏れず人を人とも思わない裁判官がいた。ところが、その町に一人のやもめがいて、裁判官のところに来ては、『相手を裁いて、わたしを守ってください』と言っていた。裁判官は、しばらくの間は取り合おうとしなかった。しかし、その後に考えた。『自分は神など畏れないし、人を人とも思わない。しかし、あのやもめは、うるさくてかなわないから、彼女のために裁判をしてやろう。さもないと、ひっきりなしにやって来て、わたしをさんざんな目に遭わすにちがいない。』」それから、主は言われた。「この不正な裁判官の言いぐさを聞きなさい。まして神は、昼も夜も叫び求めている選ばれた人たちのために裁きを行わずに、彼らをいつまでもほうっておかれることがあろうか。言っておくが、神は速やかに裁いてくださる。しかし、人の子が来るとき、果たして地上に信仰を見いだすだろうか」（ルカ18・2～8）

信頼を持って神に願うよう、イエスは教えています。有名な山上の説教でも、イエスは次のように述べています。

「求めなさい。そうすれば、与えられる。探しなさい。そうすれば、見つかる。門をたたきなさい。そうすれば、開かれる。だれでも、求める者は受け、探す者は見つけ、門をたたく者には開かれる。あなたがたのだれが、パンを欲しがる自分の子供に、石を与えるだろうか。魚を欲しがるのに、蛇を与えるだろうか。このように、あなたがたは悪い者でありながらも、自分の子供には良い物を与えることを知っている。まして、あなたがたの天の父は、求める者に良い物をくださるにちがいない。だから、人にしてもらいたいと思うことは何でも、あなたがたも人にしなさい。これこそ律法と預言者である」（マタイ7・7～12）

ここでは、信頼を持って願うことをすべきである一方、それが利己的になってはいけない、と教示されています。それで、理想的な祈りとして、「天におられる」の祈りをイエスは弟子たちに教えたのです。その前半は、自分たちのための願い事ではなく、神の栄光を求めるもので、後半が自分たちのための願いになっています。やはり「山上の説教」から、引用してみます。

「だから、こう祈りなさい。『天におられるわたしたちの父よ、御名が崇められますように。御国が来ますように。御心が行われますように、天におけるように地の上にも。わたしたちに必要な糧を今日与えてください。わたしたちの負い目を赦してください、わたしたちも自分に負い目のある人を赦しましたように。わたしたちを誘惑に遭わせず、悪い者から救ってください。』」（マタイ6・9〜13）

それで、ゲッセマネにおける苦痛の祈り、あの「イエスは苦しみもだえ、いよいよ切に祈られた。汗が血の滴るように地面に落ちた」（ルカ22・44）と言われるほどの祈りの中でも、イエスは次のように祈っています。「父よ、御心なら、この杯をわたしから取りのけてください。しかし、わたしの願いではなく、御心のままに行ってください」（ルカ22・42）。

7　喩えを通して説く

これまでの諸例を見てもわかるように、イエスはよく喩えをもって神の国を説こうとしたようです。そこで、この喩えで説くという形式について、少し反省してみましょう。

自然界の現象に喩える場合もあります。種が蒔かれると、いつの間にか、それが次第に成長し、やがて茎が伸び、穂が出、実が結ばれる。神の国も、人間の理解を超える形で成長し実を結ぶ、というわけです（マルコ4・26～29参照）。

当時の農民の日常的な労働を喩えにしている場合もあります。農民が、当時のユダヤのやり方で、土を耕す前に種を蒔く。すると種の一部は、道端に落ちてすぐに鳥についばまれる。また、石だらけで土の浅い場所に落ちた種は、根が張れないので、すぐ上に伸びるのだけれど、ちょっと日照りが続くと、すぐに枯れてしまう。いばらの中に落ちたりする種もある。せっかく伸びても、いばらに塞がれて、実を結ぶには至らない。もちろん良い農地に落ちる種もあって、これは三〇倍、六〇倍、または一〇〇倍の収穫をもたらす（マルコ4・1～9参照）。

こういう比喩は、すぐにわかりそうなものだけれども、イエスの聴衆は、弟子を含めて、なかなか聡く理解しない。そこで、イエスの説明が付きます。蒔く人は、神または神から遣わされた人（預言者やイエス自身）の象徴で、種は神の言葉、そして種が蒔かれる場所は、さまざまな受け方をする人間の心。この喩え話での道端は、いわば聞く準備がまるでない人たち。土の浅い土地は、受け入れる姿勢はあっても、浮わついていて、良いことが根付かない人たち。いばらは、欲情や人生のさまざまな配慮に悩まされ、神の良い種が、育ちきらない人たち。良い土地は、もうわかるでしょう。

別の喩えに移ります。どのようにしたら、良い預言者と偽の預言者を区別できるか、ということを示す喩えです。

「あなたがたは、その実で彼らを見分ける。茨からぶどうが、あざみからいちじくが採れるだろうか。

すべて良い木は良い実を結び、悪い木は悪い実を結ぶ」（マタイ7・16～17）

神の言葉を実行する大切さを説くのが、次の喩えです。

「わたしのこれらの言葉を聞いて行う者は皆、岩の上に自分の家を建てた賢い人に似ている。雨が降り、川があふれ、風が吹いてその家を襲っても、倒れなかった。岩を土台としていたからである。わたしのこれらの言葉を聞くだけで行わない者は皆、砂の上に家を建てた愚かな人に似ている。雨が降り、川があふれ、風が吹いてその家に襲いかかると、倒れて、その倒れ方がひどかった」（マタイ7・24～27）

そして天の国を求める大切さを教えるために、次のように話します。

「また、天の国は次のようにたとえられる。商人が良い真珠を探している。高価な真珠を一つ見つけると、出かけて行って持ち物をすっかり売り払い、それを買う」（マタイ13・45～46）

父である神が、道を誤ったり、忘れ去られたような人間に愛のまなこを注いでくれることを明らかにするのが、次の心温まる喩えです。

「ある人が羊を百匹持っていて、その一匹が迷い出たとすれば、九十九匹を山に残しておいて、迷い出た一匹を捜しに行かないだろうか。はっきり言っておくが、もし、それを見つけたら、迷わずにいた九十九匹より、その一匹のことを喜ぶだろう。そのように、これらの小さな者が一人でも滅びることは、あなたがたの天の父の御心ではない」（マタイ18・12～14）

喩えの例はこのくらいでよいでしょう。イエスの教えとの関連において、他の喩えにも言及することにし、ここで少し、なぜ自然や日常の出来事が、神に関わる事柄のシンボルとして役立つのか、考えてみましょう。それは単に、我々が日頃慣れ親しんだところから出発しているため、というだけではありません。人間は比較によって物事を理解する、という話はすでにしましたが、比較できる内容の共通性がなければ、喩えとして通用しません。もちろん、何事も存在しているという点で、共通なわけですが、それでは、あまりに漠然としています。私の考えでは、存在には、神にも神でない世界にも共通と言ってよい特質があるからではないか、ということです。それは知性的なものと、エネルギーの両面でしょう。後に詳しく検討したいと思いますが、知性的な面には、法則や人間の知性で理解できる物理とか生化学の現象も含まれています。そして、それが創造者である神の特徴でもあって、その神に対応して被造物にも、たとえその質は無限に劣るとしても、それに類似したものが備わっている、だから比較できる、ということだと思います。そう考えると、喩えは単なる思いつきではなく、構造的類似に基づいた、学問性を帯びたものであるということになります。

8　安息日

それではまたイエスの教えの内容に集中していきましょう。ファリサイ派との大きな争点の一つは、安息日というテーマでした。

釈迦の教えが、それまでのインド教（ヒンズー教）を前提としていたように、イエスの教えはユダヤ教を前提としています。両者に共通なのは、煩雑な教えを中心事項に集中させて、いわば簡素化させている点です。イエスの時代の一般的なユダヤ教解釈は、特にファリサイ派や、とりわけ律法学者によって、形骸化されていたようです。外的な法の遵守が強調され、法の心とも言える核心が忘れられていたのです。それが、安息日の掟や清浄の掟の解釈に現れており、イエスはそれに真っ向から反対します。その理由は、彼が安息日や清浄の掟そのものに反対だったからではありません。そうではなく、彼らがそういう掟をあまりに重んじ、やれ何をしてはいけない、これはだめ、というふうに細かい規定で人々をがんじがらめにし、肝心の神への愛、隣人への愛を、二の次にしてしまったからです。この愛こそが、神の国の基盤、中心事であるべきだったのです。前述の通り、神の国は大枠、愛はその内実なのです。

そもそも安息日というのは、創世記に記されている、神の世界創造の話にまつわって定められたものです。神が六日の間世界を徐々に創り、人間を造ったところで、七日目に休息したという寓話的な物語から来ています。また逆に、安息日を強調する意味で、この創造の話によって正当化した、と取れるかもしれません。それで人間も六日間働いたら、七日目に休むように定められたのです。主人筋のみにこの特権が与えられるのではなく、奴隷も家畜も皆休むようにという、大変社会的な掟で、土曜日がそれに当てられていました。休むと言っても、体だけ休ませて、楽しく飲み食いして終わり、ということではなく、神に感謝して、日常生活で忙《せわ》しない心も癒すように、という意味です。ですから、ユダヤ人はシナゴーグといわれる会堂に集まって、神を礼拝したのです。それがだんだん休息ということに焦点を置くことになり、さまざまな行動の禁止となったわけです。

安息日についての論争の例を二つあげましょう。イエスが弟子たちと歩いていて、空腹を覚えました。たまたま穀物の収穫時でしたので、弟子たちは畑に入って、穀物を集め、手で籾殻をとって食べ始めました。ところがその日は安息日で、運悪くと言いましょうか、あるいは初めから様子を窺われていたからでしょうか、それがファリサイ派の人々の目に留まったのです。彼らはさっそくイエスに向かって抗議します。「あなたの弟子たちは、安息日にしてはいけないことをしている」というのです。これに対してイエスは反論し、昔ダビデ王が行軍中に腹を空かし、他に何も食べるものがなかったので、神殿の中に入り、聖なる捧げ物のパンをとって、自分も食べ、部下たちにも食べさせた、という故事を話します（サムエル上21・4〜7およびマタイ12・3〜5参照）。さらに、安息日の規定は、それ自体良いものであっても、それは人間のためにあるので、肝心の人間が損なわれるような状況にあって、安息日の遵守に固執するのは間違いだ、という意味のことを言います。この時、「人間」とは言わず、「人の子」という表現を使っています。これは、一般的に人間という意味でも用いられる表現ですが、メシアを表す特別表現でもあるのです。旧約のダニエル書には世の終わりに「人の子」のような者が現れ、神を象徴する「年老いた者」によって、支配、尊厳そして王位を授けられる、と書いてあります（ダニエル7・13〜14参照）。ですから、「人の子は安息日の主である」とイエスが主張する時、人間一般がそうであると同時に、特別な意味での「人の子」であるイエスがそれにも増して安息日の上に立つ、とも解釈できるでしょう。

次の出来事に移ります。今度は初めから、人々はイエスが安息日に癒しの行いをするかどうか、注目していています。ルカ福音書によると、ファリサイ派が、虎視眈々と、イエスの落ち度を見つけようと、安息日に狙いを定めていたと描写されています。会堂に集まった人々の中に、手の萎えた人がいました。イエスは敵対者の思惑を知って、真っ向から彼らに対峙し、「安息日に律法で許されているのは、善を行うことか、悪を行うことか。命を救うことか、殺すことか」と、ユダヤ人の社会独特の白黒論法で、挑発します。人々が黙っているので、イエスは手の萎えた人に、「手を伸ばしなさい」と言って、癒します。イエスが明らかに良いことをしたので、誰も何も言えません。しかし彼らの心中穏やかならず、敵対心が育まれていくこととなりました（マルコ3・1〜6、ルカ6・6〜11参照）。

単に理論的に言えば、それほどまでにしなくとも、安息日が過ぎた次の日に治してあげればよかったじゃないか、というような言い分も可能でしょう。手が萎えている、ということは、昨日や今日に始まったことではないわけで、治すのが一日遅れても何ということもない、と言えないでしょうか。しかし、イエスにはそういう屁理屈は通じません。困った人がいれば、その出会いの時点で、即座に助けるのがイエスです。しかしここでは、間違った考え方をして、安息日の本当の意味を解さないファリサイ派に、真っ向から立ち向かい、その間違いを徹底的に正す、という意味合いもあったと思われます。

長い間、腰が曲がったままになっていた女性を安息日に癒した時、本当に前に挙げたような非難が来ました。

安息日に、イエスはある会堂で教えておられた。そこに、十八年間も病の霊に取りつかれている女がいた。腰が曲がったまま、どうしても伸ばすことができなかった。イエスはその女を見て呼び寄せ、「婦人よ、病気は治った」と言って、その上に手を置かれた。女は、たちどころに腰がまっすぐになり、神を賛美した。ところが会堂長は、イエスが安息日に病人をいやされたことに腹を立て、群衆に言った。「働くべき日は六日ある。その間に来て治してもらうがよい。安息日はいけない」（ルカ13・10〜14）

これに対して、イエスは次のように答えます。

「偽善者たちよ、あなたたちはだれでも、安息日にも牛やろばを飼い葉桶から解いて、水を飲ませに引いて行くではないか。この女はアブラハムの娘なのに、十八年もの間サタンに縛られていたのだ。安息日であっても、その束縛から解いてやるべきではなかったのか」（ルカ13・15〜16）

こうしてイエスは、はっきり、何がより重要なのかを宣言します。

9　清浄の掟

もう一つ論争の対象となったのが、清浄に関する掟です。清浄の掟というのは、食事の前に念入りに手を洗う、市場から帰った時は、身を清めてからでないと食事をしない、盃、鉢、器や寝台を洗うこと、などです。こういう煩瑣《はんさ》な外面的な事柄に重点を置き、心の清めに注意を施さず、淫らな思いや、悪意、妬み、傲慢さなどを改善しようとしない、そういうことをイエスは咎めるわけです。今日でも、外出から帰ったらよく手を洗いなさい、と言うわけですが、それは健康という善を前提とし、それが基本となっているわけです。コロナ蔓延の今は、とりわけ納得がいくことです。当時の律法学者たちは、それを自己目的の儀礼にしてしまったのです。一箇所だけ、論争の例を挙げておきます。

イエスはこのように話しておられたとき、ファリサイ派の人から食事の招待を受けたので、その家に入って食事の席に着かれた。ところがその人は、イエスが食事の前にまず身を清められなかったのを見て、不審に思った。主は言われた。「実に、あなたたちファリサイ派の人々は、杯や皿の外側はきれいにするが、自分の内側は強欲と悪意に満ちている。愚かな者たち、外側を造られた神は、内側もお造りになったではないか。ただ、器の中にある物を人に施せ。そうすれば、あなたたちにはすべてのものが清くなる」（ルカ11・37〜41）

ここでイエスが「器の中にあるもの」という時、それは単に物質的な中身にとどまらず、器を超えた、内面の器を意としていることが、すぐにわかります。そしてここでも、隣人愛の大切さが明言されています。

10　人々の反応と党派

さてこのあたりで、人々の反応に焦点を当ててみましょう。イエスの教えに対する反応は、実にさまざまなものとなりました。一般民衆が、イエスに好意的であったのに反し、あまり好意的でなかったのは、よりによって彼の家族や親戚でした。当時の家族というのは、大家族で、いとこであれ何であれ、皆兄弟姉妹と呼ばれていましたから、誰が反感を持っていたか、というようなことは不明です。ただ、母であるマリアでさえ、初めはイエスの使命を深く理解していなかったようで、イエスはどうかしてしまったのではないか、と考えたらしい節があります。わざわざナザレからカファルナウムまで、イエスを迎えに来たりしているからです。一般的に言って、イエスは血肉のつながりと心のつながりを区別して考え、後者をはるかに重要なものとみなしています。

イエスは、「わたしの母、わたしの兄弟とはだれか」と答え、周りに座っている人々を見回して言われた。「見なさい。ここにわたしの母、わたしの兄弟がいる。神の御心を行う人こそ、わたしの兄弟、姉妹、また母なのだ」（マルコ３・33〜35）

また、彼の故郷である、ナザレの人たちも、あまり好意的ではなかったようです。日本でも「出る杭（もしくは釘）は打たれる」ということわざがありますが、ナザレの人たちも、イエスが自分たちの中で普通に育ちながら、今、特別な者として登場することに、耐えられなかったようです。

会堂で教えておられると、人々は驚いて言った。「この人は、このような知恵と奇跡を行う力をどこから得たのだろう。この人は大工の息子ではないか。母親はマリアといい、兄弟はヤコブ、ヨセフ、シモン、ユダではないか。姉妹たちは皆、我々と一緒に住んでいるではないか。この人はこんなことをすべて、いったいどこから得たのだろう。」このように、人々はイエスにつまずいた。（マタイ13・54～57）

それでこの反応に対する、有名なイエスの言葉が、残されることとなりました。「預言者が敬われないのは、その故郷、家族の間だけである」（マタイ13・57）。ヨハネ福音書は、いわゆるイエスの兄弟とされていた人々の皮肉な言葉を伝えています。すでにユダヤを巡回することが、身の危険を感じさせるようになっていた時期のことです。

「ここを去ってユダヤに行き、あなたのしている業を弟子たちにも見せてやりなさい。公に知られようとしながら、ひそかに行動するような人はいない。こういうことをしているからには、自分を世にはっきり示しなさい」（ヨハネ7・3～4）

そして、「兄弟たちも、イエスを信じていなかったのである」（ヨハネ7・5）と付け加えています。

しかし、もっと大きな反抗はシナゴーグと呼ばれる会堂の長、またとりわけファリサイ派の人々や、律法学者から来ました。彼らは、モーセの律法に細かな規定や禁止事項をたくさん付け加え、十戒どころか六一三の法に膨らませ、それを文字通り遵守することを求めたのです。前に述べたように、特に安息日と清浄の規定に関して、厳格でした。

ちなみに、当時の支配勢力となっていたグループを大雑把に述べておきます。

支配者層のトップはサドカイ派でしょう。彼らはサンヘドリンと呼ばれる、いわば国家最高議会を牛耳っていました。サドカイ派の構成員は祭司団や貴族で、指導者はその年の大祭司です。そう聞くと、いかにも宗教的な響きがしますが、実際はかなり政治的で保守派、自分たちの利益を守ることに熱心だったようです。それで占領軍であるローマの指導者（例えばポンティオ・ピラト）とも、なるべく摩擦がないように、配慮していたようです。ただ、ローマの傀儡《かいらい》である王（ヘロデ）とは、しのぎを削っていたようで、敵対関係に近かったと思われます。イエスを責めることでは、利益が重なり、一致共同しました。

あまり政治的ではなく、宗教的な指導層は、ファリサイ派です。彼らはどちらかというと庶民的で、各自手工業などの一般的な職についていたようです。彼らは議会で二番目の勢力を持っていました。前述のごとく、この派にはたくさんの律法学者がおり、細かい法の解釈で、民を縛る傾向があったのですが、皆が皆そうであったわけではなく、ニコデモのようなイエス信奉者もいました（ヨハネ3・1〜21参照）。

純粋に宗教的であったのは、エッセネ派です。彼らの中心地は死海北西岸のクムランというところにあったようです。今は遺跡しかありませんが、一九四七年に、迷った羊を探していた羊飼いの少年が、一つの洞穴で、当時に遡るこの派の古文書を発見して、大変有名になりました。西暦六六年から七〇年にかけての、ローマ人に対するユダヤ人の反乱（第一次ユダヤ戦争）の折、修道生活にやや近い集合団体を形成していた彼らの本拠地も、破壊されました。エッセネ派の人々は、その前に重要な書類を瓶に入れて、洞窟に隠したようです。死海沿岸は、空気がとても乾いており、荒れ野ですので、うまく保存が効いたのでしょう。彼らは、洗礼者ヨハネが滞在していた荒野に近いところに生活していたため、ヨハネも彼らと関わりがあったかもしれませんが、証明はできません。また、エルサレムの南西の一画にも中心地があったようで、彼らの、光と闇の対比を強調する神学思想が、ヨハネ福音書に反映しているのではないか、と言われています。キリスト教徒もこの一画に住んでいた形跡があるためです。ただし、新約聖書に彼らの名前は言及されていません。

もう一つ、当時のユダヤで少なからぬ影響を持っていたのが、熱心党です。彼らの源流は、西暦前二世紀頃に遡るようで、ファリサイ派に近かったようですが、イエスの時代には急進化しており、武力で支配者であるローマ人に対抗しようとしていました。第一次ユダヤ戦争を引き起こしたのも、主に彼らです。はじめ彼らは、神殿の領域に立てこもっていたのですが、それが破壊されると、死海西岸、クムランの南のマサダという独立した岩山を砦として、数年ローマ人に抵抗しました。イエスとの接点は、少なくとも一人の弟子が、元熱心党に属していたらしい、ということだけで、彼の暴力反対の思想とは相容れません。シモンが熱心党を離れて、愛を説くイエスの弟子となった過程を辿ることができれば、大変興味深いことでしょう。

これらの党派の他に、ヘロデ党というグループがありました。名前の示す通り、ローマの傀儡王であったヘロデに追従する人々のことです。普段は、他のグループとは一線を画していたのですが、反イエスという点では、サドカイ派ともファリサイ派とも、手を結んだことが、福音書には記されています。

ここではまず、イエスの最大の敵対者となったファリサイ派との対立を見てみましょう。

西暦七〇年にローマ軍の手で神殿が破壊されて以来、祭司層は、その存在意義を失い、占領下のユダヤ人の宗教を担ったのは、ファリサイ派でした。それはすなわち、これ以後のユダヤ教を担い形成したのは、ファリサイ派であって、彼らは現在のユダヤ教の礎であったわけです。それで現代の宗教対話において、現在のユダヤ教徒に対する配慮から、当時のファリサイ派にも好意的な判断をする傾向が生じました。それは、今もって根強いナンセンスなアンチセミティズム（反ユダヤ主義）に対抗する意味では、納得がいきます。特にナチスのユダヤ人虐殺という不名誉な重荷を背負うドイツ人は、ユダヤ人やユダヤ教に対して、とかく遠慮がちになります。その心情は理解できますし、尊いことです。ただし、歴史的な側面は過去のこととして、なるべくそのまま受け止める必要があると思います。例えば、現在のイタリア人への配慮から、ポンティオ・ピラトには罪がなかった、というような論証は、あまりいただけないのと同様です。また、当時のファリサイ派の人々を弁護するということは、福音史家を断罪することになるのではないでしょうか。そもそも、当時のファリサイ派を批判するということは、反ユダヤ主義とは全く関係がありません。なぜなら、イエスも弟子たちも皆ユダヤ人だからです。結局のところ、当時の、反イエスを標榜した大多数のユダヤ人に同調するか、それともイエスを取り巻く少数のユダヤ人に同調するか、という二者択一ですが、どちらにしてもユダヤ人に肩を持つことに、変わりはありません。他者に対する配慮は重要ですが、結局は自分の信念をしっかり表現し、立場をはっきりさせることが大事でしょう。前述した通り、ファリサイ派の誰もがイエスに敵対したわけではありませんが、大勢はイエスに対して否定的な立場をとっていたと見てよいでしょう。

その対立の模様は、どの福音書にもはっきり、またかなり詳しく記されているのですが、マタイとルカの具体的な記述を見てみましょう。

「律法学者たちとファリサイ派の人々、あなたたち偽善者は不幸だ。白く塗った墓に似ているからだ。外側は美しく見えるが、内側は死者の骨やあらゆる汚れで満ちている。このようにあなたたちも、外側は人に正しいように見えながら、内側は偽善と不法で満ちている」（マタイ23・27～28）

ここで「不幸だ」という語は、「禍《わざわい》だ」という、やや強い嘆きの表現です。こういう一般的な批判を具体的に示すのが、次の箇所です。

自分は正しい人間だとうぬぼれて、他人を見下している人々に対しても、イエスは次のたとえを話された。「二人の人が祈るために神殿に上った。一人はファリサイ派の人で、もう一人は徴税人だった。ファリサイ派の人は立って、心の中でこのように祈った。『神様、わたしはほかの人たちのように、奪い取る者、不正な者、姦通を犯す者でなく、また、この徴税人のような者でもないことを感謝します。わたしは週に二度断食し、全収入の十分の一を献げています。』ところが、徴税人は遠くに立って、目を天に上げようともせず、胸を打ちながら言った。『神様、罪人のわたしを憐れんでください。』言っておくが、義とされて家に帰ったのは、この人であって、あのファリサイ派の人ではない。だれでも高ぶる者は低くされ、へりくだる者は高められる」（ルカ18・9～14）

このファリサイ人は、神に感謝をしているように見えますが、結局自分の功徳をいろいろ述べた自力派の人間です。ですから、例えば殺人者を見て、「間違えば自分もああなったかもしれない、そうならずに済むようにご加護くださって、ありがとうございます」というような感謝とは、全く違います。このファリサイ人は、罪人を見くびっているのです。高慢のあまり、自分の罪さえ見えないのです。

次にもう一組の敵対者、サドカイ派との対立を少し見てみましょう。彼らは、祭司団を中心としたグループですから、当然神殿と関わっています。それで、イエスがガリラヤあたりで宣教している分には、あまり紛争の種になるようなことはありませんでした。イエスがエルサレムを来訪し、そこで宣教し、神殿に関わり始めると、話は変わります。特にイエスがはっきりと神殿でのあり方を批判するようになると、彼らは黙っていられませんでした。マタイ、マルコ、ルカの共観福音書は、イエスが神殿での商売を激しく攻撃する場面を、逮捕の直前に据えていますが、これは前述のごとく、これらの福音書が、イエスの活動を、ガリラヤからエルサレムに至る過程として一括して記述しているので、エルサレムでの出来事が、最後に来るのは当然です。それで、祭司長や律法学者の反応も、直接イエスの死を求めるものとなっています。ヨハネ福音書では、この出来事を公の宣教のかなりはじめに位置付けています。既述のごとく、イエスが公の活動期間に、少なくとも三回エルサレムに上っている、としているので、この話を最後に持って来る必要はないわけです。しかしヨハネが歴史に忠実な設定をしているのか、神学的な考慮から祭司団との対決を、冒頭に持ってきているのか、はっきりとは言えません。ここでは、ヨハネ福音書の記述を引用しておきます。

ユダヤ人の過越祭が近づいたので、イエスはエルサレムへ上って行かれた。そして、神殿の境内で牛や羊や鳩を売っている者たちと、座って両替をしている者たちを御覧になった。イエスは縄で鞭を作り、羊や牛をすべて境内から追い出し、両替人の金をまき散らし、その台を倒し、鳩を売る者たちに言われた。「このような物はここから運び出せ。わたしの父の家を商売の家としてはならない。」弟子たちは、「あなたの家を思う熱意がわたしを食い尽くす」と書いてあるのを思い出した。ユダヤ人たちはイエスに、「あなたは、こんなことをするからには、どんなしるしをわたしたちに見せるつもりか」と言った。イエスは答えて言われた。「この神殿を壊してみよ。三日で建て直してみせる。」それでユダヤ人たちは、「この神殿は建てるのに四十六年もかかったのに、あなたは三日で建て直すのか」と言った。イエスの言われる神殿とは、御自分の体のことだったのである。イエスが死者の中から復活されたとき、弟子たちは、イエスがこう言われたのを思い出し、聖書とイエスの語られた言葉とを信じた。（ヨハネ2・13～22）

ここで敵対者として、共観福音書では、はっきり祭司長が名指しされていますが、ヨハネでは「ユダヤ人」と一般化されています。しかし、ヨハネが「ユダヤ人」と言う時には、ユダヤ人全体が意図されているのではなく、敵対者としてのユダヤ人を目論んでいます。ですから、結果的にはやはりユダヤ人の指導者たちのことと理解してよいでしょう。

ここで述べられる商売は、お土産などを売る一般の商売のことではありません。羊、牛、鳩の動物たちは、神殿で捧げる生贄です。それを巡礼者たちが買って、祭司に渡すわけです。また両替も、普通の通貨を神殿専用の金銭に替える、ということです。もちろんこれが、祭司団のよい収入源になっていたことは、否めないでしょう。彼らの利益を害するイエスの行為が、紛争のもととなったのは、たやすく理解できます。

これまでは、ユダヤ国内でのユダヤ人自身の反応を見たわけですが、それでは外国の、もしくは異邦の人々は、イエスをどう見ていたのでしょうか。ユダヤ人に関しては、いわゆる選民思想が有名ですが、非ユダヤ人の間でも、またイエスの時代のユダヤ人の間でも、多くの誤解があったようです。選びの根源と見られているのは、前述したアブラハムの召命です。すでに引用したように、創世記一二章には「地上の氏族はすべてあなたによって祝福に入る」と書かれています。これを排他的なものと解釈するのは、人間の狭量以外の何物でもありません。

イエス自身は、ちょうどアブラハムという個人がまず選ばれ、彼と彼の一族を通して全ての民族が祝福を受けるように、彼自身はイスラエルの一つの民に遣わされた者であり、このイスラエルを通して全人類が救われると、理解していたようです。娘の病気を治してくれるように叫びながら付いてきたカナンの女に対し、「わたしは、イスラエルの家の失われた羊のところにしか遣わされていない」（マタイ15・24）、と答えています。こういうところが、彼の人間としての具体性を示しています。イエスがいつも強調するように、具体的な隣人愛を通して全ての人を愛するのであって、単に抽象的な「博愛」ではない、ということでしょう。しかしイエスは教条主義者ではありません。自分の立場を明示した後、結局その娘を癒します。この話は、面白いことに、ユダヤ人向けに書かれたマタイ福音書にしか載っていません。ユダヤ人と異邦人の神の前での関わりを、意識的に記していると見てよいでしょう。

この話でまず主導的に動くのは、イエスではなく、カナンの女です。イエスの上記の、またそれに続く否定的な返事にもかかわらず、女は怯まず願います。

しかし、女は来て、イエスの前にひれ伏し、「主よ、どうかお助けください」と言った。イエスが、「子供たちのパンを取って小犬にやってはいけない」とお答えになると、女は言った。「主よ、ごもっともです。しかし、小犬も主人の食卓から落ちるパン屑はいただくのです」（マタイ15・25〜27）

この感動的な返事を聞いて、イエスは心打たれます。

そこで、イエスはお答えになった。「婦人よ、あなたの信仰は立派だ。あなたの願いどおりになるように。」そのとき、娘の病気はいやされた。（マタイ15・28）

神の救いは、民族の壁を超えて、働くのです。この異邦人の女性はイスラエル領の外にあったフェニキア地方の人でしたが、イスラエル領内に住んでいたローマの百人隊長に関しても、似たような話があります。

さて、イエスがカファルナウムに入られると、一人の百人隊長が近づいて来て懇願し、「主よ、わたしの僕《しもべ》が中風で家に寝込んで、ひどく苦しんでいます」と言った。そこでイエスは、「わたしが行って、いやしてあげよう」と言われた。すると、百人隊長は答えた。「主よ、わたしはあなたを自分の屋根の下にお迎えできるような者ではありません。ただ、ひと言おっしゃってください。そうすれば、わたしの僕はいやされます。わたしも権威の下にある者ですが、わたしの下には兵隊がおり、一人に『行け』と言えば行きますし、他の一人に『来い』と言えば来ます。また、部下に『これをしろ』と言えば、そのとおりにします。」イエスはこれを聞いて感心し、従っていた人々に言われた。「はっきり言っておく。イスラエルの中でさえ、わたしはこれほどの信仰を見たことがない。言っておくが、いつか、東や西から大勢の人が来て、天の国でアブラハム、イサク、ヤコブと共に宴会の席に着く。だが、御国の子らは、外の暗闇に追い出される。そこで泣きわめいて歯ぎしりするだろう。」そして、百人隊長に言われた。「帰りなさい。あなたが信じたとおりになるように。」ちょうどそのとき、僕の病気はいやされた。（マタイ8・5～13）

ここでは、著者ははっきり、選民としての間違った誇りを抱くユダヤ人に、異邦人の信仰を掲げて警告しています。この二つの話ですぐ目に留まるのが、カナンの女と百人隊長の信仰もさることながら、同時にその謙虚さです。カナンの女は、自分を小犬と比較されて、それを謙虚に受け止めています。また百人隊長は、イエスを自分の家に迎えるにふさわしいと思っていません。彼は単なる一兵卒ではなく、百人隊長ですから、それなりの住居に住んでいたと思われるので、彼が意図したのは外形ではなく、心のへりくだりと見てよいでしょう。そしてこの話はルカ福音書にもあり、そこでは百人隊長が自分でイエスに会いに行くことを敢えてせず、ユダヤ人の長老たちに、取り次ぎを願っています。

そこで、こういう謙虚さに関するイエスの教えを続けて見ていきましょう。

11　謙虚の勧め

弟子たちが、互いに競い合って、他の者よりも上に立とうとしていたことは、すでに述べました。イエスの生き方、そして勧めは正反対です。「いちばん先になりたい者は、すべての人の後になり、すべての人に仕える者になりなさい」（マルコ9・35）とイエスは言います。そして弟子たちの真ん中で、一人の子を抱き上げ、こういう子供を受け入れるような姿勢が大事であると諭します。一番後になる、ということは、一番後にある者を理解し、大切にすることにつながります。ですから、弱いものをつまずかせる、すなわち神から遠ざけることは大きな過ちとみなされます。それで、そういうことをする者は、「大きな石臼を首に懸けられて、海に投げ込まれてしまう方がはるかによい」（マルコ9・42）というような激しい言葉がイエスの口から漏れるのです。弱い者、小さな者へのイエスの切なる連帯の心がそう言わせるのです。それで、子供たちがイエスにまとい付くのを妨げようとした弟子たちは、彼の叱責を受けることになります（マルコ10・13〜16参照）。イエスと子供との関わりは、福音書の数か所に挙げられていますので、たまたま、といったようなことではなく、顕著に弟子たちの目に映った出来事だったのでしょう。ここでは、もう一箇所だけ引用しておきます。

そのとき、弟子たちがイエスのところに来て、「いったいだれが、天の国でいちばん偉いのでしょうか」と言った。そこで、イエスは一人の子供を呼び寄せ、彼らの中に立たせて、言われた。「はっきり言っておく。心を入れ替えて子供のようにならなければ、決して天の国に入ることはできない。自分を低くして、この子供のようになる人が、天の国でいちばん偉いのだ。わたしの名のためにこのような一人の子供を受

け入れる者は、わたしを受け入れるのである」（マタイ18・1〜5）

なぜイエスは、こういう考え方をするのでしょうか。我々の経験から言うと、そういう態度では、この世の厳しい競争には勝てず、またともすれば片隅に追いやられ、人に馬鹿にされるのではないでしょうか。機会があれば自分を良く見せよう、また自分の権威をひけらかそうとするのが、我々の社会のやり方でしょう。イエスはそれに真っ向から反対しているのです。それでは、我々に負け犬になれ、と言っているのと同じではないでしょうか。しかし、イエスからそのような雰囲気はまるで感じられません。彼からは、毅然とした態度が読み取れますが、最後の十字架刑が象徴するように、彼は文字通り死に切っていました。へつらいも媚びもせず、また臆することもなく死に切れるということは、大変な強さです。そして自信です。それがどうして可能になったかというと、やはり世界の根源であり父である神への絶対的信頼があったからでしょう。このことに関しては、イエスの死と復活を述べる時に、詳しく述べてみたいと思います。

12　清貧の勧め

謙虚は精神面でのあり方を直接に言及しているわけですが、イエスは外的、身体的にも同じような姿勢が必要である、と説いています。富に価値をおかず、むしろ貧しく生きなさい、と主張しています。厩《うまや》の中で生まれ、ごく平均的な大工仕事をして青年期を過ごした経験も、一役買っているのでしょう。有名な「山上の説教」においても、マタイはイエスが開口一番「心の貧しい人々は、幸いである」（マタイ5・3）と述べていますが、どうやらこの「心の」という部分は、誤解を招かないように、マタイが付け加えたらしく、ルカは端的に「貧しい人々は、幸いである」（ルカ6・20）と記しています。

もちろんイエスは極貧を推奨しているわけではありません。富に心を囚われてはいけない、と言っているのです。体も神の賜物ですが、人間の中心はあくまでも精神であり、心であって富やその他の目に見えるものによって、その中心をないがしろにし、さらには自己を滅ぼすようなことがあってはいけない、と言っているのです。それでイエスは、「だれも、二人の主人に仕えることはできない。一方を憎んで他方を愛するか、一方に親しんで他方を軽んじるか、どちらかである。あなたがたは、神と富とに仕えることはできない」（マタイ6・24）とはっきり述べています。そして具体的に、貪欲にならないように警告しています。

そして、一同に言われた。「どんな貪欲にも注意を払い、用心しなさい。有り余るほど物を持っていても、人の命は財産によってどうすることもできないからである。」それから、イエスはたとえを話された。「ある金持ちの畑が豊作だった。金持ちは、『どうしよう。作物をしまっておく場所がない』と思い巡らしたが、やがて言った。『こうしよう。倉を壊して、もっと大きいのを建て、そこに穀物や財産をみなしまい、こう自分に言ってやるのだ。「さあ、これから先何年も生きて行くだけの蓄えができたぞ。ひと休みして、食べたり飲んだりして楽しめ」と。』しかし神は、『愚かな者よ、今夜、お前の命は取り上げられる。お前が用意した物は、いったいだれのものになるのか』と言われた。（ルカ12・15〜20）

ましてや、直接イエスの弟子になろうとするような者には、かなりハイレベルの要求がなされました。金持ちの男の話をここで取り上げてみましょう。

一人の男がイエスのもとにひざまずいて、永遠の命を得るには、どうしたらよいでしょうか、と尋ねます。イエスはまず、十戒に記されている、普通の条件を満たすように、勧めます。「殺すな、姦淫するな、盗むな、偽証するな、奪い取るな、父母を敬え」というものです。尋ねた人は、敬虔なユダヤ人であったらしく、そういうことでしたら子供の頃からきちんと実行しています、と答えます。イエスはこの人に好感を持ち、慈しみの眼差しで彼を見つめた、と書いてあります。ところが、ここで話は急展開します。イエスが驚くべきことを言ったのです。「あなたに欠けているものが一つある。行って持っている物を売り払い、貧しい人々に施しなさい。そうすれば、天に富を積むことになる。それから、わたしに従いなさい」。真面目なこの男性は、このイエスの返事にびっくりし、悲しんで去って行ったのです。彼は財産家だったのです。そしてイエスのコメントは、この返事よりもさらにびっくりさせる内容でした。「子たちよ、神の国に入るのは、なんと難しいことか。金持ちが神の国に入るよりも、らくだが針の穴を通る方がまだ易しい」というものでした（マルコ10・17～27参照）。

もちろんここにも、当時のオリエント特有の型破りな言い回しがあります。また、それでは一体救われる者などいるのだろうか、という意味の弟子たちの問いに対して、イエスは、「人間にできることではないが、神にはできる」と答えています。考慮に入れておくべき点は、ほかの弟子たちに対してと同じように、「わたしに従いなさい」と、イエスが言っていることです。それはある意味で、歴史上の一回性を前提としています。誰もが、直接イエスに従えるわけではなく、特別な状況における、特別な要請であったと思われます。つまり一般化して、キリストを信じる者は皆、財産放棄しなければならない、とは結論できない、ということになります。ただ、自分がそういう一回性に立たされた時、そしてそう感じた時、「はい」と言えるかどうか、という問題でしょう。

とにかく、彼が大変な財産家であったということが、彼の霊性に重要な妨げになっていた、ということは想像できます。概して、桁外れの財産を蓄積するというのは、その由来から見ても、その結果を考慮しても、大きな問題を抱えています。貧しい人々を目の当たりにしながら、自分の莫大な財産に固執するのは、明らかに隣人愛に悖《もと》ります。神の国の内容が、神からの愛に啓発された、神と隣人への愛なのですから、それに悖ることは、神の国への資格を失うことです。

ただし、財産家はみんな救いを得られない、ということではありません。「神にはできる」からです。先日麻布のクラブで店主をしておられる女性についてのyoutubeを見て、心打たれました。その方は、昔小さな赤ちゃんを抱いて、ビルの屋上から飛び降りようとしたそうです。働いても働いてもお金が足りず、絶望した、とのことでした。運良く踏み台が古くて、乗った時に壊れ、近くにいたおばさんに助けられたとのことでした。その後事業に成功して、今や業界でもトップに属するクラブの所有者となったのでした。億を超える豪華なマンションに住んでおられる様子が画面に映されましたが、私が感心したのは、そういうシンデレラ的な社会的上昇ではなく、その女性が昔の辛い時代を忘れず、社会奉仕を実践しておられる、という点です。それも莫大な財産の中から、相当額を寄付しておられる、といったことではありません。彼女がご自分で、障害者の方の車椅子を押して街中を歩いておられる姿に感動したのです。内容はだいぶ異なりますが、私はルカ福音書に出てくる、徴税人ザアカイの話を思い起こしました。

イエスはエリコに入り、町を通っておられた。そこにザアカイという人がいた。この人は徴税人の頭で、金持ちであった。イエスがどんな人か見ようとしたが、背が低かったので、群衆に遮られて見ることができなかった。それで、イエスを見るために、走って先回りし、いちじく桑の木に登った。そこを通り過ぎようとしておられたからである。イエスはその場所に来ると、上を見上げて言われた。「ザアカイ、急いで降りて来なさい。今日は、ぜひあなたの家に泊まりたい。」ザアカイは急いで降りて来て、喜んでイエスを迎えた。これを見た人たちは皆つぶやいた。「あの人は罪深い男のところに行って宿をとった。」しかし、ザアカイは立ち上がって、主に言った。「主よ、わたしは財産の半分を貧しい人々に施します。また、だれかから何かだまし取っていたら、それを四倍にして返します。」イエスは言われた。「今日、救いがこの家を訪れた。この人もアブラハムの子なのだから。人の子は、失われたものを捜して救うために来たのである」（ルカ19・1～10）

すでに言及しましたが、徴税人というのは、ローマ人のいわば手先です。また、折々必要以上の税を取っていたらしく、いわゆる売春婦などと同じ線上で、公の罪人とみなされていたのです。「真面目派」の憶測などまるでおかまいなく、そういう「罪人」に近づくイエスの生き様も注目に値しますが、ここでは金持ちの、思い切った社会奉仕に注目したいと思います。逆に金持ち批判に精を出しても、自分は社会奉仕に貢献しない人もかなりいるのではないでしょうか。

しかし、福音書が強調するのは、何と言ってもやはり清貧に生きることです。それで、外的にも内的にも矜持の高い律法学者と対比させて、貧しくとも寛大な心で献金するやもめを、イエスはほめたたえます。

イエスは教えの中でこう言われた。「律法学者に気をつけなさい。彼らは、長い衣をまとって歩き回ることや、広場で挨拶されること、会堂では上席、宴会では上座に座ることを望み、また、やもめの家を食い物にし、見せかけの長い祈りをする。このような者たちは、人一倍厳しい裁きを受けることになる」(マルコ12・38～40)

イエスは賽銭箱の向かいに座って、群衆がそれに金を入れる様子を見ておられた。大勢の金持ちがたくさん入れていた。ところが、一人の貧しいやもめが来て、レプトン銅貨二枚、すなわち一クァドランスを入れた。イエスは、弟子たちを呼び寄せて言われた。「はっきり言っておく。この貧しいやもめは、賽銭箱に入れている人の中で、だれよりもたくさん入れた。皆は有り余る中から入れたが、この人は、乏しい中から自分の持っている物をすべて、生活費を全部入れたからである」(マルコ12・41～44)

ここでレプトンというのは、一番小さなギリシア硬貨で、クァドランスは一番小さなローマの硬貨ですから、今の日本であれば、せいぜい数十円くらいだったのでしょう。

こういう清貧に生きることのできる前提となっているのは、やはり神への絶対的な信頼です。

それから、イエスは弟子たちに言われた。「だから、言っておく。命のことで何を食べようか、体のことで何を着ようかと思い悩むな。命は食べ物よりも大切であり、体は衣服よりも大切だ。烏のことを考えてみなさい。種も蒔かず、刈り入れもせず、納屋も倉も持たない。だが、神は烏を養ってくださる。あなたがたは、鳥よりもどれほど価値があることか。あなたがたのうちのだれが、思い悩んだからといって、寿命をわずかでも延ばすことができようか。こんなごく小さな事さえできないのに、なぜ、ほかの事まで思い悩むのか。野原の花がどのように育つかを考えてみなさい。働きもせず紡ぎもしない。しかし、言っておく。栄華を極めたソロモンでさえ、この花の一つほどにも着飾ってはいなかった。今日は野にあって、明日は炉に投げ込まれる草でさえ、神はこのように装ってくださる。まして、あなたがたにはなおさらのことである。信仰の薄い者たちよ。あなたがたも、何を食べようか、何を飲もうかと考えてはならない。また、思い悩むな。それはみな、世の異邦人が切に求めているものだ。あなたがたの父は、これらのものがあなたがたに必要なことをご存じである。ただ、神の国を求めなさい。そうすれば、これらのものは加えて与えられる。小さな群れよ、恐れるな。あなたがたの父は喜んで神の国をくださる。自分の持ち物を売り払って施しなさい。擦り切れることのない財布を作り、尽きることのない富を天に積みなさい。そこは、盗人も近寄らず、虫も食い荒らさない。あなたがたの富のあるところに、あなたがたの心もあるのだ」（ルカ12・22〜34）

こういう話を聞くと、現代人はむしろ、そういう生き方は無責任だ、と思うかもしれません。何でもかでも自力で、また地上の富を蓄えることに執心する生き方を取る人間には全く理解のできないことでしょう。私事にわたって恐縮ですが、私がイエズス会を退会してまもなくの頃、数時間のみの宗教の授業を受け持ち、家内もまだ教職見習いの過程で、あまりお金もなかった頃の話です。毎月二〇日頃になると、お金がほとんどなくなり、節約したり借金をしたりしていたのですが、ケチをしてもしょうがないと思って、わずかながらできる範囲で、社会奉仕の寄付などしていたのです。そんな時に限って、予期もしなかったまとまったお金が送られてきたのです。そして、この話には続きがあります。この経験に勇気づけられて、クリスマス前の学校での授業の時、ちょうど中三の授業だったと思いますが、もう少しでクリスマスだから、少し思い切って寄付してみたら、と語ったのです。心配しなくても戻ってくるよ、といった内容も付け加えました。それから数か月後、保護者会の晩に、例の中三のクラスの一少年のお母さんがやって来ました。そのお母さんのお話によると、私の話を聞いた少年が家でそれに言及し、クリスマス前に、家族四人で（彼には妹が一人いました）寄付用にお金を集めたそうです。その当時そのご家庭の状況ではやや高額の五〇〇マルクが集まったそうです。それを寄付して数日後、お父さんが退社しようとしている時に、社長さんが彼に近づき、「君はずいぶん頑張ってくれたね、これは少ないけど」と言って、小さな封筒を彼の胸ポケットに入れたそうです。家に帰ってから、皆が集まっている時に、お父さんが封筒を開けると、ちょうど五〇〇マルク入っていた、というのです。これには私もびっくりしましたし、いつもそういうふうに「元が取れる」わけではありません。また、そういうことを期待して寄付すべきでもありません。ここでは、「ただ、神の国を求めなさい」というイエスの言あの当時と比べると、ずっと生活の安定した現在、果たしてあの時のような意気込みがあるのだろうか、としばしば反省します。

葉が、鍵でしょう。あとはどうにでもなる、なるようになる、という姿勢が求められるのでしょう。

13　断食について

このように清貧を推奨し、また自分でも巡回宣教師として、簡素な生活を送っていたイエスのことですから、修行者によく見られる苦行や断食も実行していたのではないか、と推測してよいでしょう。公の宣教を開始する前には、四〇日の断食を実行しています。また当時のファリサイ派の人々は、週に二回の断食を誇らしく実行していたのですから、イエスもある程度の断食の習慣はあったものと予測されます。しかし、断食に対するイエスの考えは、決して極端なものではありません。その辺が例えば洗礼者ヨハネなどとは異なります。イエスは、この世での生活や日常でのあり方に対して、寛大であり、肯定的です。例えばガリラヤのカナで、結婚式があり、イエスとその弟子たちも招かれたわけですが、一週間も続く宴会の途中で、ワインが切れてしまいます。新郎新婦、また彼らの両親にとって、大変なスキャンダルであり、恥辱です。母マリアがそれに気づき、イエスにそっと耳打ちします。するとイエスは、身を清める用途の石甕に、何と合計六〇〇リットルもの水を満たさせ、それをぶどう酒に変えたというのです。こういう祝い事には、村の全員、また村以外に住む親族や友人、さらには旅人も招待されて、大判振る舞いがあったようですから、子供を除いても、数日続く宴会での一人当たりの分量としては、極度に多いわけではありませんが、イエスの祝祭に対する肯定的な姿勢は、はっきりと見て取れます。この話は、すでにイエスの行為を先取りして述べられたことになりますが、彼の話の中にも、断食を相対化させた箇所があります。それはマルコ福音書の二章一八節以下に記されています。「ヨハネの弟子たちとファリサイ派の弟子たちは断食しているのに、なぜ、あなたの弟子たちは断食しないのですか」という問いに対して、イエスは次のように答えています。「花婿が一緒にいるのに、婚礼の客は断食できるだろうか。花婿が一緒にいるかぎり、断食はできない。しかし、花婿が奪い取られる時が来る。その日には、彼らは断食することになる」（マルコ2・19～20）。

この答えは、断食一般の否定ではもちろんないわけです。ある特別の状況が述べられています。それは、花婿の時です。花婿が誰かは、文脈でわかります。それはイエス自身のことで、後に述べる彼の自意識を垣間見させます。また、それは彼の福音と密接に関わっています。旧約のコヘレトの書にもあるように、「何事にも時があり、天の下の出来事にはすべて定められた時がある」（3・1）、そして「泣く時、笑う時／嘆く時、踊る時」（3・4）があるということでしょう。修行の手段としての断食を絶対視してはいけないのです。断食は目的ではなく、手段です。肉とその欲望に偏りがちで、精神を窒息させることのないように、前者を制御するのが断食です。目的は肉体の断食ではなく、精神の活性化です。そして活性化された精神は、肉体をも生き生きとさせるのです。断食に関しても、本末転倒させてはならないということでしょう。

ですから、断食をこれ見よがしに他人に示すようなことは、極力避けねばなりません。それでは修行にならず、自分の虚栄心に支配されることになってしまいます。

「断食するときには、あなたがたは偽善者のように沈んだ顔つきをしてはならない。偽善者は、断食しているのを人に見てもらおうと、顔を見苦しくする。はっきり言っておく。彼らは既に報いを受けている。あなたは、断食するとき、頭に油をつけ、顔を洗いなさい。それは、あなたの断食が人に気づかれず、隠れたところにおられるあなたの父に見ていただくためである。そうすれば、隠れたことを見ておられるあなたの父が報いてくださる」（マタイ6・16〜18）

精神修行ということ、それは最終的に精神の根源である神に向かうことであり、認められようとして人である他者に向かうことではありません。

14　この世の権威に対して

我々の時代では、特別な暴君や独裁者の場合でもない限り、国への個人の関わりは、普通あまり大きな問題になりません。それでもドイツなどでは、国が軍事費をあまりにたくさん取ること、また軍事費そのものに反対して、それに当たるパーセンテージの税金を福祉に回すよう求めるような運動がありました。

イエスの時代のユダヤでは、特別な事情がありました。ユダヤはローマの支配下にあり、当然ローマの貨幣が通用していました。硬貨の表には、皇帝の顔が鋳造されていました。これがユダヤ人には、大きな問題だったのです。なぜなら、こういう形で、皇帝は人々が自分を神として認めるよう、望んでいたからです。こんなことは、唯一の神ヤーヴェを信奉するユダヤ人にとって、とても受け入れられることではありません。
イエスのミスを虎視眈々と見極めようとするファリサイ派や、反対派の人たちは、一つの難問を放って、イエスを窮地に陥しいれようとします。彼らは、「皇帝に税金を納めるのは、律法に適っているでしょうか、適っていないでしょうか。納めるべきでしょうか、納めてはならないのでしょうか」と尋ねます。一見すると、二者択一しかないように見受けられます。納めなさい、といえば律法に反し、ユダヤの民はイエスから離れるばかりでなく、唯一神に反するものとして、彼に死刑を求めるでしょう。また逆に、納めてはいけない、と言えば、皇帝への反逆の罪に問われ、民への宣教どころではなくなるでしょう。皆、イエスの答えを緊迫した表情で、待っています。イエスの答えは、次の通りです。

「なぜ、わたしを試そうとするのか。デナリオン銀貨を持って来て見せなさい。」彼らがそれを持って来ると、イエスは、「これは、だれの肖像と銘か」と言われた。彼らが、「皇帝のものです」と言うと、イエスは言われた。「皇帝のものは皇帝に、神のものは神に返しなさい」（マルコ12・15～17）

これには聴衆も感嘆せずにはいられませんでした（マルコ12・13～17参照）。イエスは、一方で宗教と政治とをはっきり区別し、また両方の基本的な正当性を認めたのです。

15　予言の言葉

イエスは、神の言葉を預かるという意味での、一般的な預言ではなく、将来のことを前もって告げる、という特殊な意味での予言もしています。世の終わりに関する言葉も、予言的要素が濃厚なのですが、そこでは預言の面が主だっていると言えます。それは、神に基づいた生を送り、救いを得なさい、という教訓的な面が強いからです。

それに対し、ユダの裏切りとペトロの否認に関しては、具体的な予言がなされています。両方とも、最後の晩餐の席でなされました。前後関係から、イエスが間近な死を予測していたことがわかります。その緊迫した中での予言ですから、深い悲しみを伴った言葉であったに違いありません。裏切りと否認の内容については、後ほど詳しく見ていくことにします。

イエスは自分の死と復活についても三度予言しています。

第一回目は、よりによって、ペトロが「あなたはメシアです」と信仰告白した直後です。

それからイエスは、人の子は必ず多くの苦しみを受け、長老、祭司長、律法学者たちから排斥されて殺され、三日の後に復活することになっている、と弟子たちに教え始められた。（マルコ8・31）

と書いてある通りです。イエスはペトロの信仰がまだまだ本物でないことを見抜いて、修正しようとしたのです。案の定、ペトロはイエスを諌め始めます。栄光のメシアを夢見ていたペトロは、そんなバカなことがあってはたまらない、と考えたようです。これに対してイエスははっきりと答えます。

イエスは振り返って、弟子たちを見ながら、ペトロを叱って言われた。「サタン、引き下がれ。あなた

は神のことを思わず、人間のことを思っている」(マルコ8・33)

これは誠に厳しい言葉です。しかし、自分を犠牲にするこの神の、またイエスの側からの神への愛の決定的側面がわからない限り、物事の本質を捉えることができないのです。

それから、群衆を弟子たちと共に呼び寄せて言われた。「わたしの後に従いたい者は、自分を捨て、自分の十字架を背負って、わたしに従いなさい。自分の命を救いたいと思う者は、それを失うが、わたしのため、また福音のために命を失う者は、それを救うのである。人は、たとえ全世界を手に入れても、自分の命を失ったら、何の得があろうか。自分の命を買い戻すのに、どんな代価を支払えようか」(マルコ8・34～37)

と、イエスは、彼の教えと存在の核心を述べるのです。

第二の死と復活の予告は、イエスがガリラヤのある山の頂で、光り輝く姿となり、モーセとエリヤが出現するという、栄光の出来事の直後になされます(マルコ9・2～13参照)。またそれに引き続き、イエスが悪霊に取りつかれた子供を癒したすぐ後にも言及されました(マルコ9・14～32参照)。

第三の予告は、イエスが最後にエルサレムに向かう時になされました。ガリラヤでは、人々が全般的に彼を認め、好感を持って受け入れていたのですが、エルサレムの状況は、全く別のものでした。イエスの敵対者である、サドカイ派やファリサイ派の権力者が支配するこの大都会では、危機感が募りました。そして弟子たちも不安に満たされていました。その状況に直面して、イエスは彼の宿命をはっきりと伝えます。その時になって、弟子たちがうろたえないように、という配慮からでしょう。

「今、わたしたちはエルサレムへ上って行く。人の子は祭司長たちや律法学者たちに引き渡される。彼らは死刑を宣告して異邦人に引き渡す。異邦人は人の子を侮辱し、唾をかけ、鞭打ったうえで殺す。そして、人の子は三日の後に復活する」（マルコ10・33～34）

こう見てくると、一方でイエスの神的な力が顕示され、他方で彼の犠牲の事実と宿命が示され、最後に復活の約束がなされることになります。イエスの力を見て、弟子たちが有頂天にならないよう、また彼の本来の使命を理解するように仕向けているようです。それは人間の苦しみの宿命を背負う救世主の姿なのですが、弟子たちが今度は落ち込まないように、復活の栄光が最後に宣言されるのです。ただし弟子たちは、復活への理解が全くなかったようで、むしろ悲観の中に閉じ込められたままだったようです。彼らが、人が変わったように生き生きと信仰に打ち込むことができたのは、イエスが本当に復活して、彼らに現れた後でした。

16　死後の世界

今日、死後の世界について討議すると、次のような諸々の意見が出てきます。

・死んだら、すべて終わりで、人間は物質の世界に溶け込む、そして魂とか霊とか呼ばれるものは無に帰す。
・死んだら、身体は物質の世界に溶け込むが、霊魂はその後も存続する。
・死後は遅かれ早かれ、また別の人間か、別の存在となって生まれ変わる。（輪廻）
・死ぬと、霊魂は無意識の状態に陥るが、いつの日か人間は新しい肉体と共に復活する。（ドイツでは、多くのプロテスタント神学者の立場）
・死んでも、霊魂は意識を保ち、いつの日か人間は新しい肉体と共に復活する。（カトリックの立場）

イエスの時代にも、さまざまな意見があったようです。例えば、祭司階級であったサドカイ派は、復活はないと主張していたようです。彼らが、霊魂の死後の存続を信じていたかどうか、はっきりしませんが、おそらくそれは肯定していたのでしょう。なぜなら、シェオルと呼ばれる死後の黄泉の世界は一般的に認められていたようだからです。イエスの立場は、細かい論議抜きで、簡明に述べられています。

「死者が復活することについては、モーセの書の『柴』の個所で、神がモーセにどう言われたか、読んだことがないのか。『わたしはアブラハムの神、イサクの神、ヤコブの神である』とあるではないか。神は死んだ者の神ではなく、生きている者の神なのだ」（マルコ12・26〜27）

結局イエスが説く復活は、肉体を伴うものであって、プラトンなども主張しているような、死後における霊の存続に尽きるものではありません。現代の我々には、肉体の復活などというのは、かなり唐突な、また神話的なものと感ぜられます。しかしここでも、世界観全体がかかっているのです。本当に神の絶対的な霊が根源にあって、被造界の全て、すなわち精神と肉体を無から生じさせたのか、ということです。もしそれが肯定されるのであれば、その絶対霊である神が、肉体を含めた人間全体を新たな生命に復活させる、ということも、あながち不自然ではなくなってきます。

しかしこれだけではあまりに理論的すぎて、弟子たちもそうであったように、我々もなかなか「はいそうですね」とは言えないでしょう。決定打は、弟子たちがイエスの復活を実体験したと主張し、その証言のゆえに殉教までしていることです。しかも団体で同時殉教という、心理学的に反論の出そうな殉教の仕方ではなく、それぞれが別の場所で別の時間に、信念を通したのです。もちろん、それを信じるかどうかは、ひとえに我々にかかっています。

17　世の終わり（終末）について

イエスの終末についての言葉を聞く前に、終末という言葉の意味を、大雑把に理解しておく方がよいと思われます。神学で終末論という時は、個々の人間の終末、つまり死がまず挙げられます。そしてその後、他のいろいろな宗教も主張しているように、死後の審判と言われるものがあります。人間は霊として体の死後も存続することが前提となっているのですが、この世において霊的な存在として、責任性を持って生きてきたわけですから、その帰結が神の前で明らかにされるのが、審判です。因果応報というと、何となく自然法則のような雰囲気になりますが、因果応報というのは、精神的な面での行為とその帰結ですから、杓子定規で何もかもきっちり決まっているわけではありません。罪を悔いる可能性についてはすでに述べましたが、神の寛大な恩恵と赦し、という側面は特に大事です。

次に終末として考えられるのが、この世の終末です。もちろん、どういう形でこの世が終わるのか、それはまた別問題です。この世が完全に滅びて、新しい世が造られるのか、今のこの世がそのまま新たにされるのか、それはよくわかりません。イエスの考えでは、いずれにせよ、この世の終わりに公の審判があると、述べられています。人間は一人で神に対して生きているわけではなく、人類共同体として生きるのですから、神と共同体の前で、裁きがあると考えるのは、納得がいくと思います。ここではまずこの世の終わりについて、イエスがどう考えていたのか、見ていきたいと思います。

イエスが強い終末の意識を持っていたことは、ほとんど疑う余地がありません。マルコ福音書は、全部で一六章ある中の、まるまる一章（第一三章）をこのテーマに捧げています。後になって書かれた、ヨハネの黙示録に、最終末が来る前に、千年間のキリストの統治がある、と書かれているのを、ナイーブに文字通り解釈して、西暦一〇〇〇年に世の終わりが来るという風潮が、ヨーロッパ中に広まり、それが実現しなかったことで、人々はかなり落胆し、その結果そういう日時の選定に用心深くなりました。それで、終末論は長らく敬遠されてきたのですが、二〇世紀後半になって、やはり終末論はイエスの教えの大事な部分に属する、という意識が戻ってきました。何しろ、「神の国は近づいた」というのが、彼の説教の基になっていたのですから。これには、将来の階級なしの世界を夢見たマルクス主義の影響も多々あるでしょう。

それでは、マルコ第一三章に注目してみましょう。特に注意を払わなければならないのは、間近に起こる神殿の破壊から話が始まって、それが直接将来の終末の出来事につながっていることです。それで、イエスは終末の出来事も、間近に迫っている、と考えていた、と主張されることがあります。しかし、同じ章の後の方に、イエスの言葉として言及されているように、「その日、その時は、だれも知らない。天使たちも子も知らない。父だけがご存じである。気をつけて、目を覚ましていなさい」（マルコ13・32〜33）ということです。イエスは、世の終わりがもう目前に迫っている、明日にでも来る、と決め込んでいたわけではなく、その期間については、幅を持たせています。しかし、それは無期限のことである、とは言っていません。近いのです。どういう意味で近いのかを後に神学的に吟味する前に、第一三章の内容を箇条書き的に見ることにしましょう。

- まず、イエスの名を語るものたちが、大勢現れる。
- 戦争の騒ぎや噂、また戦争自体が起こる。
- 民は民に、国は国に敵対して、立ち上がる。
- 方々に地震や飢饉が起こる。

——しかし、これらは産みの苦しみの始まりである。

- 弟子たちは地方の法廷に引き渡され、シナゴーグ（会堂）で打ち叩かれる。
- 支配者の前に立たされて、そこでイエスのために証言する。
- 福音がすべての民に告げられる。

——逮捕されたら、どう話せばよいかなどと、心配しない。聖霊が適切な言葉を与えてくれる。

・兄弟は兄弟を、父は子を死に追いやり、子は親に反抗して殺す。
・イエスのために弟子たちは、すべての人に憎まれる。

――しかし、最後まで耐え忍ぶ者は、救われる。
・憎むべき破壊者が、立ってはならない所に立つ。そして、まだあったこともない大きな苦難が訪れる。

――ユダヤにいる人は山に逃げろ。屋上にいる者は、下に降りてはならない。家にあるものを取り出そうとして、中に入ってはいけない。畑にいる者は、上着を取りに帰ってはいけない。この苦難が、冬に起こらないように祈れ。この苦難の期間が短くされなければ、誰も救われない。だが、神はそれを短くしてくれる。
・偽メシアや預言者が現れて、不思議な業を行い、できれば選ばれた者をも惑わそうとする。

――見よ、ここにメシアがいる、などという者がいても、信じてはならない。
・その後、太陽は暗くなり、月は光を放たない。
・星は空から落ち、天体は揺さぶられる。
・人の子が大いなる力と栄光を帯びて、雲に乗って来る。
・人の子は、天使たちを遣わし、地の果て、天の果てから選ばれた者を呼び集める。

これらのことを予兆として、注意を払い、次の喩えから学ぶべき。
。いちじくの葉が伸びると、夏が近づくのがわかる。
。主人に留守を任された僕のように、彼の帰りを忠実に、また目覚めて待つべき。

こう見て来ると、何が起こるかという記述（黒い点で示されている）と、それにどう対処すべきかという内容が、組み合わされているのがわかります。起こるべきことの内容を見ると、人為的なものと自然現象とが重なり合っているのがわかります。これは元来別々であるわけではなく、自然界の中に知性を持って現れた人間がいる、ということですから、世の終わりも、この両者に関わるのは、当然でしょう。

民が民に対し、国が国に対し、また親と子が互いに争う、というような記述は、今の世界の状況にぴったり、というような感じもありますが、ここでは解説をひかえて、聖書の読者各自の判断に任せることとします。

「憎むべき破壊者」が、どういう人物なのか、はっきりとわかりません。ヨハネの黙示録に出てくる、六六六という名前の象徴的意味なども噛み合わせて、それはヒットラーだったのではないか、とかいう憶測もなされてきましたが、あまり即急に、史実と重ね合わせることは禁物です。聖書はオカルトではありませんからね。破壊者が個人ではなく、一つの世相である、という解釈もありますし。

最終的に、「人の子が来る」という宣言こそが絶対的なものと言えましょう。ただし、それまでボケーっとして待っていたのでは、「遅すぎる」ことになるのかもしれません。面白いことに、仏教でも弥勒菩薩という未来志向の仏に対する信仰があります。時には、五六億七千万年後に現れると言われ、また時には今すぐに現れる、と言われていますが、どちらにしても、たくさんの人を救いに導くという点では、変わりがありません。

次に公の裁判ですが、これはマタイ福音書にはっきりと記されています。

「人の子は、栄光に輝いて天使たちを皆従えて来るとき、その栄光の座に着く。そして、すべての国の民がその前に集められると、羊飼いが羊と山羊を分けるように、彼らをより分け、羊を右に、山羊を左に置く。そこで、王は右側にいる人たちに言う。『さあ、わたしの父に祝福された人たち、天地創造の時からお前たちのために用意されている国を受け継ぎなさい。お前たちは、わたしが飢えていたときに食べさせ、のどが渇いていたときに飲ませ、旅をしていたときに宿を貸し、裸のときに着せ、病気のときに見舞い、牢にいたときに訪ねてくれたからだ。』すると、正しい人たちが王に答える。『主よ、いつわたしたちは、飢えておられるのを見て食べ物を差し上げ、のどが渇いておられるのを見て飲み物を差し上げたでしょうか。いつ、旅をしておられるのを見てお宿を貸し、裸でおられるのを見てお着せしたでしょうか。いつ、病気をなさったり、牢におられたりするのを見て、お訪ねしたでしょうか。』そこで、王は答える。『はっきり言っておく。わたしの兄弟であるこの最も小さい者の一人にしたのは、わたしにしてくれたことなのである。』それから、王は左側にいる人たちにも言う。『呪われた者ども、わたしから離れ去り、悪魔とその手下のために用意してある永遠の火に入れ。お前たちは、わたしが飢えていたときに食べさせず、のどが渇いたときに飲ませず、旅をしていたときに宿を貸さず、裸のときに着せず、病気のとき、牢にいたときに、訪ねてくれなかったからだ。』すると、彼らも答える。『主よ、いつわたしたちは、あなたが飢えたり、渇いたり、旅をしたり、裸であったり、病気であったり、牢におられたりするのを見て、お世話をしなかったでしょうか。』そこで、王は答える。『はっきり言っておく。この最も小さい者の一人にしなかったのは、わたしにしてくれなかったことなのである。』こうして、この者どもは永遠の罰を受け、正しい人たちは永遠の命にあずかるのである」（マタイ25・31～46）

これはもう解釈の余地もほとんどないでしょう。他の因果応報論と異なるのは、ここで王として形容されている神が、人間、特に困窮の中の人間のうちにいて、人間と一体化して考えられている、という点でしょう。

この「永遠の火」については、たくさん議論があるのですが、それは神学的な考察を扱う時に、詳しく見ていきたいと思います。

イエスには、この他にもたくさんの言葉による教えがあるのですが、すでに言及したように、イエスの教えと行為は、密接に関わり合っているので、このあたりで彼の行為を見ていくことにします。

（三）イエスの行為

イエスはよく救世主と呼ばれますが、それにはいくつかの意味合いが含まれています。根本的な意味合いは、彼が天の神と人間の関わりを新たにし、人間に神の無限の生命を受けることを可能にした、ということでしょう。ただし救世主であって、救人主とは言われません。彼は人間のみでなく、世を救う者です。世界が彼によって救われる、ということになります。それで彼の行為も、物質に対して、人間の体や精神や霊に対して、また、悪霊に対して、とさまざまな形態をとっています。

しかし、なぜこの世は救われねばならないのでしょうか。神がこの世の創造主であるならば、この世は神の御手の中にあるはずです。では、どこで調子が狂ってしまったのでしょうか。もし全てが神の意のままに進んでいたら、そして神が善であることが前提されるならば、この世も善にとどまったでしょう。すでに述べたように、創世記には繰り返し、「神はこれを見て、良しとされた」(創世記1・10、12、18、21、25)とあり、最後には、「神はお造りになったすべてのものを御覧になった。見よ、それは極めて良かった」(創世記1・31)と、ことさら強調されています。しかし、聖書の著者の世界において、全てがよいわけではないことは、わかりきった現実でした。創世記の書かれた順序から見ますと、第三章において人間の罪の現実が、はっきりとテーマに挙げられているわけですが、この記述の方が、前にあげた第一章の記述よりも数百年古いのです。第一章の記述は、むしろ第三章の罪についての記述を補うような形で、付け加えられた、と見ることができます。神が悪の起源ではないのですよ、と教えているようです。それではどうして悪が良き神の創造された世界に蔓延するようになったのでしょうか。その原因が、悪意を持つことの不可能な自然の中にあるとすれば、悪は結局、その自然を造った神から来ている、ということになってしまいます。この著作の第一部の一(人間を考察する)ですでに触れたように、悪は結局責任を担える自由からきていると言えるでしょう。ですから、自由を有する人間だとか、純粋な霊的存在である被造物が、悪の原因となります。

ではなぜ神は、自分に与えられた賜物を悪用できるような、自由存在を造ったのでしょうか。これはそう簡単な問題ではなく、後ほど詳しく検討したいと思いますが、ここでは、自由を有する存在がなければ、神と本当に面と向き合い、神との精神的交流をなし得る可能性は、被造界に与えられなかった、と述べるにとどめたいと思います。

とにかく、そういうわけですから、創世記第三章では、悪と罪の根源として、悪霊と人間が挙げられているのだと思います。となると、イエスの行為の対象がとりわけ人間と悪霊に集中されていることが理解できます。イエスは神と人との交流を、再び改善、回復させたかったのだと思います。それがどれだけ霊に対しても当てはまるか、それは確かには言えません。我々人間は、霊の世界のことに疎いからです。

しかし、人間と霊は被造界全体の中にあるのであって、独立孤立しているわけではありません。それはちょうど、人間の精神が体の中にあって、体から独立しているわけでないことと並べて考えられるでしょう。ですからイエスも、人間や霊に限らず、被造物全体の中で、また被造物全体に関わる形で行動したわけです。

事実上、イエスの言葉と行動は切り離せない、とすでに述べました。例えば宣教の旅をするのも、行動です。言葉の力で人間を癒すのも、行動です。しかしすでに言葉の側面にとりわけ注意を払ってきましたので、これから、彼の行動、行為に焦点を当ててみたいと思います。

1　自然との関わり

イエスの喩えを扱った時に言及しましたように、彼は信仰に関わる事柄を、自然になぞらえて語っています。無機物で言えば、塩や光や真珠や風が題材となり、生物としては、木や、花や、種、また魚や鳥や羊や狼などが、登場します。こういう、自然との交流が、喩え話の前提になっており、彼の生き様をうかがわせます。

そしてイエスは折に触れて、その霊力を自然の上に働かせます。弟子たちに大漁を可能にしたと思われる箇所などは、いわば序の口ですが、引用してみましょう。

話し終わったとき、シモンに、「沖に漕ぎ出して網を降ろし、漁をしなさい」と言われた。シモンは、「先生、わたしたちは、夜通し苦労しましたが、何もとれませんでした。しかし、お言葉ですから、網を降ろしてみましょう」と答えた。そして、漁師たちがそのとおりにすると、おびただしい魚がかかり、網が破れそうになった。そこで、もう一そうの舟にいる仲間に合図して、来て手を貸してくれるように頼んだ。彼らは来て、二そうの舟を魚でいっぱいにしたので、舟は沈みそうになった。これを見たシモン・ペトロは、イエスの足もとにひれ伏して、「主よ、わたしから離れてください。わたしは罪深い者なのです」と言った。とれた魚にシモンも一緒にいた者も皆驚いたからである。（ルカ5・4～9）

この話にはいろいろ解釈があって、例えば、船の上からでは反射でよく見えなかったが、岸から見た時に、魚がよく見えた、などというもっともらしい説明もあります。しかし、ここでしっかり見るべきなのは、どういう文脈でこの出来事が起きたか、という点です。この出来事が、ペトロの信仰につながり、彼が自分の罪深さを認識した、という点です。

イエスの奇跡と言われるものは、信仰を促す象徴とでも言われる面が濃厚で、単に珍しい、普通にはあり得ない出来事、というだけではないのです。それは説明不可能なもの、自然法則に反するもの、というふうに取られてはならないのです。今の自然科学で説明できなくとも、後世の研究で解明できるかもしれません。すると奇跡と思われていたものも、奇跡でなくなってしまうでしょう。ここで何よりも忘れてならないのは、神の霊力を計算に入れた時には、そういう不思議な出来事も、全く法則にかなう、自然の出来事ではないのか、という点です。本当の問題は、我々人間が、そういう神の霊力を見ることのできない、能力欠如にあるのではないでしょうか。次の聖書箇所に移ります。

ある日のこと、イエスが弟子たちと一緒に舟に乗り、「湖の向こう岸に渡ろう」と言われたので、船出した。渡って行くうちに、イエスは眠ってしまわれた。突風が湖に吹き降ろして来て、彼らは水をかぶり、危なくなった。弟子たちは近寄ってイエスを起こし、「先生、先生、おぼれそうです」と言った。イエスが起き上がって、風と荒波とをお叱りになると、静まって凪になった。イエスは、「あなたがたの信仰はどこにあるのか」と言われた。弟子たちは恐れ驚いて、「いったい、この方はどなたなのだろう。命じれば風も波も従うではないか」と互いに言った。（ルカ8・22～25）

この話も、好奇心をそそるような出来事として語られているのではなく、信仰を促すために書かれて

の状況におかまいなく、深い眠りに落ちています。何の不安もないようです。これに対して、弟子たちは恐怖に支配されて、内心大騒ぎのようです。これを読んで、次のエピソードを思い出しました。

ある日、合気道の有名な先生がドイツに来られて、セミナー指導をされたのですが、町から町への移動の時、私のドイツの知人があのアウトバーンと呼ばれる高速道路を走りました。先生は助手席、もう一人ドイツ人の高段者が後ろの席に座っていたそうです。ご存知と思いますが、ドイツのアウトバーンは、これまでのところ、多くの区域で速度制限がないのです。私の友人は速い車に乗っていましたし、私も何度か同乗したことがありますが、かなりのスピードを出すのです。その時も、おそらく時速二〇〇キロくらいは出していたのでしょう。後ろの席の高段者が、先生が心配するからあまり飛ばさないように、と注意したそうです。しかし、私の友人の話では、この時先生は助手席で眠っておられたそうです。怖かったのは、後ろの高段者だったのでしょう。

イエスの場合、父なる神への絶対的な信頼が、このシーンでも現れていたのです。しかし自分だけ安堵しているのではなく、弟子たちを安心させるため、彼は暴風雨を静めたわけです。ですから、格好よいデモンストレーションではなく、弟子を思いやるイエスの、状況に応じた霊力の発露と言えましょう。

次の箇所も似たような構造になっています。宣教に出かけた弟子たちが疲れて帰ってきたので、人里離れたところで休むようにイエスが勧めたのですが、それを知った民衆が彼らを追ってやって来ます。イエスはその群衆を見て、飼い主のいない羊のような有様を深く憐れみ、いろいろと教え始められた。そのうち、時もだいぶたったので、弟子たちがイエスのそばに来て言った。「ここは人里離れた所で、時間もだいぶたちました。人々を解散させてください。そうすれば、自分で周りの里や村へ、何か食べる物を買いに行くでしょう。」これに対してイエスは、「あなたがたが彼らに食べ物を与えなさい」とお答えになった。弟子たちは、「わたしたちが二百デナリオンものパンを買って来て、みんなに食べさせるのですか」と言った。イエスは言われた。「パンは幾つあるのか。見て来なさい。」弟子たちは確かめて来て、言った。「五つあります。それに魚が二匹です。」そこで、イエスは弟子たちに、皆を組に分けて、青草の上に座らせるようにお命じになった。人々は、百人、五十人ずつまとまって腰を下ろした。イエスは五つのパンと二匹の魚を取り、天を仰いで賛美の祈りを唱え、パンを裂いて、弟子たちに渡しては配らせ、二匹の魚も皆に分配された。すべての人が食べて満腹した。そして、パンの屑と魚の残りを集めると、十二の籠にいっぱいになった。パンを食べた人は男が五千人であった。（マルコ６・34～44）

やはり困難な状況にある人々のために、パンを増やす、という奇跡が生じます。次にやや突拍子もない印象を受けるのは、イエスが湖の上を歩く、という箇所です。しかし、よく見ると前に挙げたいくつかの例と同じことがわかります。

それからすぐ、イエスは弟子たちを強いて舟に乗せ、向こう岸のベトサイダへ先に行かせ、その間に御自分は群衆を解散させられた。群衆と別れてから、祈るために山へ行かれた。夕方になると、舟は湖の真ん中に出ていたが、イエスだけは陸地におられた。ところが、逆風のために弟子たちが漕ぎ悩んでいるのを見て、夜が明けるころ、湖の上を歩いて弟子たちのところに行き、そばを通り過ぎようとされた。弟子たちは、イエスが湖上を歩いておられるのを見て、幽霊だと思い、大声で叫んだ。皆はイエスを見ておびえたのである。しかし、イエスはすぐ彼らと話し始めて、「安心しなさい。わたしだ。恐れることはない」と言われた。イエスが舟に乗り込まれると、風は静まり、弟子たちは心の中で非常に驚いた。パンの出来事を理解せず、心が鈍くなっていたからである。（マルコ6・45～52）

ここでも弟子たちは「逆風のために漕ぎ悩んでいた」わけです。ただ、「そばを通り過ぎようとされた」というところだけが、解釈の仕方によっては、やや芝居じみている、と見られるかもしれませんが、この箇所に関してマタイがはっきり書いているように、それは弟子たちの信仰を試し、また強めるためだったのです（マタイ14・22～33参照）。また、注目しておくべき点は、イエスが一人で熱心に祈っていた、という記述です。彼はこの時、とりわけ霊力に満たされていた、と見ることができるでしょう。

2　病気や身体障害の癒し

病気や人間の身体障害を癒す話は、福音書のここかしこに記されています。ヨハネから洗礼を受けた後、ガリラヤに戻ってすぐ、ペトロの姑の病気を癒した話が出てきますが、その後に出てくるもっと大きな癒しの話を読むと、この姑の癒しは、ほんの手始めに、といった感を受けます。大群衆がイエスのもとに集まった背景には、癒しの奇跡が大きな役割を果たしていたようです。

こうして、一行は湖を渡り、ゲネサレトという土地に着いて舟をつないだ。一行が舟から上がると、すぐに人々はイエスと知って、その地方をくまなく走り回り、どこでもイエスがおられると聞けば、そこへ病人を床に乗せて運び始めた。村でも町でも里でも、イエスが入って行かれると、病人を広場に置き、せめてその服のすそにでも触れさせてほしいと願った。触れた者は皆いやされた。（マルコ６・53～56）

マタイやルカの関連箇所（マタイ４・23～25、ルカ６・17～19）を見ると、こういう癒しの出来事は、ゲネサレトに限らず、全ガリラヤでなされた、とあります。そして人々はガリラヤ以外の方々の地域からも押し寄せたようです。特に、「群衆は皆、何とかしてイエスに触れようとした。イエスから力が出て、すべての人の病気をいやしていたからである」（ルカ６・19）という記述は印象的です。

イエスの癒しは、いわゆる病気に関わるものと、生まれつきの身体障害に関わるものとがあります。まず、病気の癒しの例をいくつか挙げておきましょう。

さて、重い皮膚病を患っている人が、イエスのところに来てひざまずいて願い、「御心ならば、わたしを清くすることがおできになります」と言った。イエスが深く憐れんで、手を差し伸べてその人に触れ、「よろしい。清くなれ」と言われると、たちまち重い皮膚病は去り、その人は清くなった。（マルコ１・40～42）

ここで、「重い皮膚病」と言われているのは、以前は文字通りに「らい病」と訳されていました。しかし、当時の病気の記述は、今日の医学の命名のように正確なものでないため、「重い皮膚病」と一般的な形で訳されているわけです。

数日後、イエスが再びカファルナウムに来られると、家におられることが知れ渡り、大勢の人が集まったので、戸口の辺りまですきまもないほどになった。イエスが御言葉を語っておられると、四人の男が中風の人を運んで来た。しかし、群衆に阻まれて、イエスのもとに連れて行くことができなかったので、イエスがおられる辺りの屋根をはがして穴をあけ、病人の寝ている床をつり降ろした。イエスはその人たちの信仰を見て、中風の人に、「子よ、あなたの罪は赦される」と言われた。ところが、そこに律法学者が数人座っていて、心の中であれこれと考えた。「この人は、なぜこういうことを口にするのか。神を冒瀆している。神おひとりのほかに、いったいだれが、罪を赦すことができるだろうか。」イエスは、彼らが心の中で考えていることを、御自分の霊の力ですぐに知って言われた。「なぜ、そんな考えを心に抱くのか。中風の人に『あなたの罪は赦される』と言うのと、『起きて、床を担いで歩け』と言うのと、どちらが易しいか。人の子が地上で罪を赦す権威を持っていることを知らせよう。」そして、中風の人に言われた。「わたしはあなたに言う。起き上がり、床を担いで家に帰りなさい。」その人は起き上がり、すぐに床を担いで、皆の見ている前を出て行った。人々は皆驚き、「このようなことは、今まで見たことがない」と言って、神を賛美した。（マルコ２・１～12）

この話は、当時ユダヤ地方でしばしば見られた家屋の屋根の造りを知らないと、何と大げさな作り話だと思われるでしょう。考古学的な発掘で明らかになったように、家の外側にしっかりした階段があり、屋根は簡単な造りで、割に簡単にはがせるようになっていました。

この話で注目に値するのは、まず、イエスの「霊の力」が人の心中を見抜くことができ、また病気を癒すこともできる、という二つの作用を持っていることでしょう。そしてもう一つの点は、病気治癒の力が罪を赦す権能と絡み合わされていることです。ただ口先で、「あなたの罪は赦された」というだけなら、それは確かに不遜なことではあっても、誰にでもできるわけです。それでイエスは、その権能を本当に有していることのシンボルとして、癒しの力を示したのです。癒しの力は、罪を赦すという神的権能の証明ではありませんが、それを示唆するものと言えます。他の「奇跡」も全てそのような示唆なのですが、ここではそれが明確に語られています。

イエスの癒しは、必ずしも病人がその場にいなければならないわけではなかったようです。すでに異邦人との関わりで引用した百人隊長の僕《しもべ》を癒す場面は、百人隊長が謙虚に、イエスを受け入れるに値しないので、ひと言言っていただければ、僕は治ります、と言った結果、遠くで寝込んでいた僕が癒された、という内容でした。

また、イエスが癒そうと意識しないのに、癒しが起こることもあったと福音書は述べています。特に印象的なのは、長年の出血に苦しんでいた女性の治癒です。

　さて、ここに十二年間も出血の止まらない女がいた。多くの医者にかかって、ひどく苦しめられ、全財産を使い果たしても何の役にも立たず、ますます悪くなるだけであった。イエスのことを聞いて、群衆の中に紛れ込み、後ろからイエスの服に触れた。「この方の服にでも触れればいやしていただける」と思ったからである。すると、すぐ出血が全く止まって病気がいやされたことを体に感じた。イエスは、自分の内から力が出て行ったことに気づいて、群衆の中で振り返り、「わたしの服に触れたのはだれか」と言われた。そこで、弟子たちは言った。「群衆があなたに押し迫っているのがお分かりでしょう。それなのに、『だれがわたしに触れたのか』とおっしゃるのですか。」しかし、イエスは、触れた者を見つけようと、辺りを見回しておられた。女は自分の身に起こったことを知って恐ろしくなり、震えながら進み出てひれ伏し、すべてをありのまま話した。イエスは言われた。「娘よ、あなたの信仰があなたを救った。安心して行きなさい。もうその病気にかからず、元気に暮らしなさい」（マルコ5・25〜34）

よく意図的に気の働きなどによって、病人を癒す能力のある人の話は聞きますが、意図せずに治す力のある人についてはあまり聞きません。イエスの中に霊力が満ち満ちていて、服に触れた女性に流れ、その難しい病気を治したと見てよいと思います。やはり相当の力です。

ことのついでに言及しますが、イエスはそういう能力を自分のみで所有していたのではなく、弟子たちにも分け与えることができたようです。「行って、『天の国は近づいた』と宣べ伝えなさい。病人をいやし、死者を生き返らせ、重い皮膚病を患っている人を清くし、悪霊を追い払いなさい。ただで受けたのだから、ただで与えなさい」（マタイ10・7〜8）と述べられていますが、事実弟子たちは、大きな成果を上げて、喜んで帰って来たと、ルカの一〇章一七節に記されています。

次に身体の障害を背負った人々の治癒を概観してみましょう。

まず、盲人を癒す話がいくつかあります。ガリラヤ湖畔のベトサイダでは、癒すのに唾を用い、また手で触れています。はじめ、あまりはっきりと見えなかったので、イエスは再度盲人の目に両手を当てています（マルコ8・22～26参照）。別の箇所（マタイ9・27～31および20・29～34）では、手で目に触れてはいますが、癒しの行為を繰り返したとは書いてありません。大変劇的なのは、ヨハネ福音書に出てくる、盲人治癒の話です。この話は、ヨハネ九章全部に渡るため、全部引用すると長すぎるので、ここでは抜粋箇所のみ記します。

さて、イエスは通りすがりに、生まれつき目の見えない人を見かけられた。弟子たちがイエスに尋ねた。「ラビ、この人が生まれつき目が見えないのは、だれが罪を犯したからですか。本人ですか。それとも、両親ですか。」イエスはお答えになった。「本人が罪を犯したからでも、両親が罪を犯したからでもない。神の業がこの人に現れるためである。……イエスは地面に唾をし、唾で土をこねてその人の目にお塗りになった。そして、「シロアム――『遣わされた者』という意味――の池に行って洗いなさい」と言われた。そこで、彼は行って洗い、目が見えるようになって、帰って来た。……そこで人々が、「では、お前の目はどのようにして開いたのか」と言うと、彼は答えた。「イエスという方が、土をこねてわたしの目に塗り、『シロアムに行って洗いなさい』と言われました。そこで、行って洗ったら、見えるようになったのです。」……

イエスが土をこねてその目を開けられたのは、安息日のことであった。そこで、ファリサイ派の人々も、どうして見えるようになったのかと尋ねた。彼は言った。「あの方が、わたしの目にこねた土を塗りました。

そして、わたしが洗うと、見えるようになったのです。」ファリサイ派の人々の中には、「その人は、安息日を守らないから、神のもとから来た者ではない」と言う者もいれば、「どうして罪のある人間が、こんなしるしを行うことができるだろうか」と言う者もいた。こうして、彼らの間で意見が分かれた。そこで、人々は盲人であった人に再び言った。「目を開けてくれたということだが、いったい、お前はあの人をどう思うのか。」彼は「あの方は預言者です」と言った。それでも、ユダヤ人たちはこの人について、盲人であったのに目が見えるようになったということを信じなかった。

ここでファリサイ派の人々は、盲人であった人の両親を呼んで聞きただしますが、彼らはファリサイ派を恐れていたので、息子に直に訊いてくれ、と言い逃れをします。彼らが、イエスをメシアであると公に言い表す者がいれば会堂から追放する、と決めていたからです。ファリサイ人たちは、さらに当人を詮索します。

彼は答えた。「もうお話ししたのに、聞いてくださいませんでした。なぜまた、聞こうとなさるのですか。あなたがたもあの方の弟子になりたいのですか。」そこで、彼らはののしって言った。「お前はあの者の弟子だが、我々はモーセの弟子だ。我々は、神がモーセに語られたことは知っているが、あの者がどこから来たのかは知らない。」彼は答えて言った。「あの方がどこから来られたか、あなたがたがご存じないとは、実に不思議です。あの方は、わたしの目を開けてくださったのに。神は罪人の言うことはお聞きにならないと、わたしたちは承知しています。しかし、神をあがめ、その御心を行う人の言うことは、お聞きになります。生まれつき目が見えなかった者の目を開けた人がいるということなど、これまで一度も聞いたことがありません。あの方が神のもとから来られたのでなければ、何もおできにならなかったはずです。」彼らは、「お前は全く罪の中に生まれたのに、我々に教えようというのか」と言い返し、彼を外に追い出した。

イエスは彼が外に追い出されたことをお聞きになった。そして彼に出会うと、「あなたは人の子を信じるか」と言われた。彼は答えて言った。「主よ、その方はどんな人ですか。その方を信じたいのですが。」イエスは言われた。「あなたは、もうその人を見ている。あなたと話しているのが、その人だ。」彼が、「主よ、信じます」と言って、ひざまずくと、イエスは言われた。「わたしがこの世に来たのは、裁くためである。こうして、見えない者は見えるようになり、見える者は見えないようになる。」イエスと一緒に居合わせたファリサイ派の人々は、これらのことを聞いて、「我々も見えないということか」と言った。イエスは言われた。「見えなかったのであれば、罪はなかったであろう。しかし、今、『見える』とあなたたちは言っている。だから、あなたたちの罪は残る」（ヨハネ9章抜粋）

ここで「ラビ」というのは、「先生」とか「師」と訳すことができます。正式なラビの資格もあるのですが、イエスがそういう制度に則ったラビであったかどうかわかりません。しかしヨゼフ・ブリンツラーも指摘しているように、マルコ福音書六章二節やヨハネ福音書七章一五節に記述されている人々の反応を見ると、どうやらイエスはラビの学校で学んだわけではないようです(9)。日本語でも、学校の先生もいれば、その他一般の、指導的な立場に立つ先生もいるのと、似たようなものでしょう。歌手の美空ひばりさんも、お付きの人たちから、先生と呼ばれていた、とどこかで読んだ覚えがあります。

そして、ここでも治癒の手段として唾が用いられていますが、その理由はともあれ、もっと重要なのは、身体的な視力の欠如と、精神的なそれとが重ね合わされていることです。この場面でも、安息日の癒しが伏線になっています。杓子定規に、安息日での治癒の行為を否定するファリサイ派の多くの者にとっては、イエスは罪人ということになります。また、盲目で生まれた人間も、罪人と規定されます。身体的な欠陥のみを取り上げて論じ、しかもそれを罪の結果とみなす人々に対して、イエスは本当のもっと決定的な罪が、どこにあるかを示しています。

目ではなく、他の身体の障害も癒されました。手の萎えた人の話や腰の曲がった女性のことは、すでに安息日をテーマにした時に言及しました。この他にも、口のきけない人、耳の聞こえない人の治癒の話も共観福音書には述べられています（マルコ7・31～37、マタイ9・32～33参照）。

（9）『イエスの時代』教文館、一九八三年第四版、一五八頁参照。

3　死者を復活させる

自然や人に対する力ある行いの頂点をなすのは、イエスが為した死者の復活でしょう。福音書には、全部で三度の復活の業が記されています。一つは、長年出血に苦しんだ女性を癒した話と組みになって述べられています。

イエスがこのようなことを話しておられると、ある指導者がそばに来て、ひれ伏して言った。「わたしの娘がたったいま死にました。でも、おいでになって手を置いてやってください。そうすれば、生き返るでしょう。」そこで、イエスは立ち上がり、彼について行かれた。弟子たちも一緒だった。(マタイ9・18〜19)

イエスは指導者の家に行き、笛を吹く者たちや騒いでいる群衆を御覧になって、言われた。「あちらへ行きなさい。少女は死んだのではない。眠っているのだ。」人々はイエスをあざ笑った。群衆を外に出すと、イエスは家の中に入り、少女の手をお取りになった。すると、少女は起き上がった。このうわさはその地方一帯に広まった。(マタイ9・23〜26)

もう一つの話は、やはりガリラヤのナインという町での出来事です。ナインはナザレの南東八キロくらいに位置する小さな町です。私が一九七四年に訪れた時は、むしろ村といった方がよいような所でした。現在の国道六五号を離れて南東に向かう一本道を一キロ弱歩くとナインの街中に着きます。イエスが村々を歩いて宣教した、という福音書の記述が彷彿とされるような情景なので、今でも割にはっきり覚えています。

それから間もなく、イエスはナインという町に行かれた。弟子たちや大勢の群衆も一緒であった。イエスが町の門に近づかれると、ちょうど、ある母親の一人息子が死んで、棺が担ぎ出されるところだった。その母親はやもめであって、町の人が大勢そばに付き添っていた。主はこの母親を見て、憐れに思い、「もう泣かなくともよい」と言われた。そして、近づいて棺に手を触れられると、担いでいる人たちは立ち止まった。イエスは、「若者よ、あなたに言う。起きなさい」と言われた。すると、死人は起き上がってものを言い始めた。イエスは息子をその母親にお返しになった。人々は皆恐れを抱き、神を賛美して、「大預言者が我々の間に現れた」と言い、また、「神はその民を心にかけてくださった」と言った。イエスについてのこの話は、ユダヤの全土と周りの地方一帯に広まった。（ルカ7・11〜17）

復活の事実もさることながら、「主はこの母親を見て、憐れに思い、『もう泣かなくともよい』と言われた」というこの一文が、この話の深層にあると、私は思います。イエスの霊力は、この深い愛からほとばしると言えましょう。

三つ目は、あの有名なラザロの復活で、ヨハネ福音書の一一章に詳しく述べられています。あまり長くなりすぎるので、ここでは全部を引用することは避けます。ご自分でゆっくり読んでください。

エルサレムから東南東、死海の方に向かって三キロほど行ったところに、ベタニアという町がありました。ここにラザロとその姉妹であるマルタとマリアが住んでおり、イエスとのつながりも濃厚であったようです。それでイエスはよくこのラザロの家の客になっていたと思われます。エルサレムが近いので、昼間そこで宣教したり神殿を訪れたりすると、夕方ベタニアに戻り、そこで宿泊していたのでしょう。イエスとこの三人兄弟姉妹《きょうだい》が、どういう経緯で近づきになったのか、福音書には述べられていません。このマリアと、マグダラのマリアが同じ人物であると予測する人たちは、この三人は金持ちで、マグダラにもベタニアにも家があったなどと、さらなる推測を重ねているようですが、あまり根拠はありません。むしろ、ベタニアを訳すと、「貧しい家」ということなので、逆にエルサレムに住むことのできない貧しい人たちが作った村、という推測さえ可能です。イエスや弟子たちが客として来ていた時に、マルタはもてなしに追われ、イエスの話に聞き入っているマリアを咎めたりしていますから、侍女などがいた様子もなく、むしろ貧しい方であったかもしれません。

さて、イエスの最後のエルサレム訪問の直前、彼がまだヨルダン川の向こう側に宣教の旅に出ている時、ラザロが重い病気にかかります。マルタとマリアは、イエスのもとに人を送って、「あなたの愛しておられる者が病気なのです」と知らせます。これを聞いたイエスは、わざと二日間同じ所に留まっていました。彼がベタニアに来てみると、ラザロはすでに死んで岩の洞穴の墓に葬られていました。感動的なのは、マルタもマリアも、イエスに会うと、「もしここにいてくださいましたら、わたしの兄弟は死ななかったでしょうに」と同じ言葉で反応している点です。イエスの霊力への深い信頼がほとばしっています。しかしさすがの彼らも、イエスが兄弟を死者から復活させるなどとは思ってもいませんでした。それで、イエスが、深い悲しみに暮れる人々を見て心を激しく動かされ、涙まで流して墓に赴き、大きな円盤のような入り口の蓋を取り除くように言うと、マルタは「四日もたっていますから、もうにおいます」、と答えています。ラザロは、イエスへの使者が出かけてからまもなく逝去したのでしょう。それに答えてイエスは、

「もし信じるなら、神の栄光が見られると、言っておいたではないか」と言われた。人々が石を取りのけると、イエスは天を仰いで言われた。「父よ、わたしの願いを聞き入れてくださって感謝します。わたしの願いをいつも聞いてくださることを、わたしは知っています。しかし、わたしがこう言うのは、周り

にいる群衆のためです。あなたがわたしをお遣わしになったことを、彼らに信じさせるためです。」こう言ってから、「ラザロ、出て来なさい」と大声で叫ばれた。すると、死んでいた人が、手と足を布で巻かれたまま出て来た。顔は覆いで包まれていた。イエスは人々に、「ほどいてやって、行かせなさい」と言われた。マリアのところに来て、イエスのなさったことを目撃したユダヤ人の多くは、イエスを信じた。
（ヨハネ11・40～45）

すでにユダヤ人の指導者の間には、イエスを抹殺してしまおうという動きがはっきりしており、エルサレムに近いベタニアに来ることを、弟子たちは恐れていたのですが、この劇的な出来事を見た指導者たちは、群衆が完全にイエスに傾倒し、彼ら自身が置いてきぼりになるのを恐れ、イエスを早く殺してしまおうと思うようになったようです。

4　悪霊を追い出す

さて、イエスの行為は、目に見える世界に限られていません。これは霊の存在を意識する時、当然の成り行きと言わざるを得ません。そもそも世界の根源が霊である神なのですから、神の被造物の中に、物質のみの存在や、物質と霊との混合体である人間の存在が可能になるのみでなく、いわば純粋霊としての被造物があっても、何もおかしくないわけです。そして、霊は人間を例にとってみればわかるように、自由意志を持っているはずですから、やはり人間と同じように善悪の可能性と選択能力を持っているでしょう。ということは、霊が善である場合もあれば、霊が悪に陥る、神とその愛に反する、自己を中心に据えるようになって、極端に言えば自己を神より上に位置付ける、ということも、可能なわけです。聖書の世界では、いわゆる天使といわれる善霊のみでなく、そういう悪霊の存在が前提とされています。しかも、そういう悪霊が人間に対して否定的な結果を引き起こさせ、その上、人間の最終的な救いを妨げようとしている、と見られています。自分を存在の中心とみなし、神の上に位置付けようとする悪霊が、神や神に従おうとする人間を忌み嫌うことは、当然考えられます。そして、人間の救いを志すイエスが、そういう悪霊に立ち向かう、というのも、また当然の帰結でしょう。

最近では、悪霊などいない、という意見が、神学者の間でさえも折々見られるようですが、そういう決めつけは、あまりの早計であると、私は思います。結局は、目に見えないから存在しない、というような前提で論じているのではないでしょうか。『星の王子様』の作者であるサン・テグジュペリも書いているように「本質的なことは目には見えない」わけで、目に見えない世界をそう簡単に否定してはならないでしょう。

もちろん、聖書の記述の中には、時代的制約もあって、自然的に説明できる事柄でも、霊に起因させる傾向はあるでしょう。ただし、霊は霊、体は体、というふうに分離させるのも、考えものです。心身医学で、体と心理との密接な関わりが認められていますが、体と霊についても、同じことが言えるでしょう。事実上、どこまでが霊の働きで、どこから純粋に体の働きか、というふうには分けられないのです。それでここでは、福音書の主張をそのまま取り上げて、いくつかの例を扱うことにします。

一行はカファルナウムに着いた。イエスは、安息日に会堂に入って教え始められた。人々はその教えに非常に驚いた。律法学者のようにではなく、権威ある者としてお教えになったからである。そのとき、この会堂に汚れた霊に取りつかれた男がいて叫んだ。「ナザレのイエス、かまわないでくれ。我々を滅ぼしに来たのか。正体は分かっている。神の聖者だ。」イエスが、「黙れ。この人から出て行け」とお叱りになると、汚れた霊はその人にけいれんを起こさせ、大声をあげて出て行った。人々は皆驚いて、論じ合った。「これはいったいどういうことなのだ。権威ある新しい教えだ。この人が汚れた霊に命じると、その言うことを聴く。」イエスの評判は、たちまちガリラヤ地方の隅々にまで広まった。（マルコ1・21～28）

この話で顕著なのは、イエスが権威あるものとして教えた、というだけでなく、悪霊をも追い出す権威を持っていた、という点でしょう。

もっとドラマチックなのは次の箇所です。

一行は、湖の向こう岸にあるゲラサ人の地方に着いた。イエスが舟から上がられるとすぐに、汚れた霊に取りつかれた人が墓場からやって来た。この人は墓場を住まいとしており、もはやだれも、鎖を用いてさえつなぎとめておくことはできなかった。これまでにも度々足枷や鎖で縛られたが、鎖は引きちぎり足枷は砕いてしまい、だれも彼を縛っておくことはできなかったのである。彼は昼も夜も墓場や山で叫んだり、石で自分を打ちたたいたりしていた。イエスを遠くから見ると、走り寄ってひれ伏し、大声で叫んだ。「いと高き神の子イエス、かまわないでくれ。後生だから、苦しめないでほしい。」イエスが、「汚れた霊、この人から出て行け」と言われたからである。そこで、イエスが、「名は何というのか」とお尋ねになると、

「名はレギオン。大勢だから」と言った。そして、自分たちをこの地方から追い出さないようにと、イエスにしきりに願った。ところで、その辺りの山で豚の大群がえさをあさっていた。汚れた霊どもはイエスに、「豚の中に送り込み、乗り移らせてくれ」と願った。イエスがお許しになったので、汚れた霊どもは出て、豚の中に入った。すると、二千匹ほどの豚の群れが崖を下って湖になだれ込み、湖の中で次々とおぼれ死んだ。豚飼いたちは逃げ出し、町や村にこのことを知らせた。人々は何が起こったのかと見に来た。彼らはイエスのところに来ると、レギオンに取りつかれていた人が服を着、正気になって座っているのを見て、恐ろしくなった。成り行きを見ていた人たちは、悪霊に取りつかれた人の身に起こったことと豚のことを人々に語った。そこで、人々はイエスにその地方から出て行ってもらいたいと言いだした。イエスが舟に乗られると、悪霊に取りつかれていた人が、一緒に行きたいと願った。イエスはそれを許さないで、こう言われた。「自分の家に帰りなさい。そして身内の人に、主があなたを憐れみ、あなたにしてくださったことをことごとく知らせなさい。」その人は立ち去り、イエスが自分にしてくださったことをことごとくデカポリス地方に言い広め始めた。人々は皆驚いた。（マルコ５・１〜20）

レギオンというのは、ローマの軍の単位のことで、三千から六千の歩兵と、一二〇人ほどの騎兵からなっていたそうです。そうなると、だいぶたくさんの悪霊がこの人に住み着いていたようです。ユダヤ人は豚を汚れたものとして見ていましたから、豚の大群がいたということは、この地方が異邦人の居住していた地域であることがわかります。ガリラヤ湖の東側でデカポリス（一〇の町）と言われていました。私もこの湖を西から東に船で横切り、急な上りを大汗かきながら、せっせと登ったことがありますが、湖から登り口までは平坦になっており、一五〇メートルくらいは、幅があったように記憶しています。すると、駆け下りた豚たちは、直接湖に落ちたことにはなりませんが、別の場所では、あるいはその同じ場所でも二千年の昔は、湖が崖っぷちまで迫ってきていたのかもしれません。私の住む村の近くにも、養豚場があり、風向きによっては、嫌な匂いのすることがありますが、聖書の豚たちと違って外を歩き回るような贅沢はできません。同じ大量飼育とは言え、だいぶ待遇が違っていますね。

次の話に移ります。

「先生、息子をおそばに連れて参りました。この子は霊に取りつかれて、ものが言えません。霊がこの子に取りつくと、所かまわず地面に引き倒すのです。すると、この子は口から泡を出し、歯ぎしりして体をこわばらせてしまいます。この霊を追い出してくださるようにお弟子たちに申しましたが、できませんでした。」イエスはお答えになった。「なんと信仰のない時代なのか。いつまでわたしはあなたがたと共にいられようか。いつまで、あなたがたに我慢しなければならないのか。その子をわたしのところに連れて来なさい。」人々は息子をイエスのところに連れて来た。霊は、イエスを見ると、すぐにその子を引きつけさせた。その子は地面に倒れ、転び回って泡を吹いた。イエスは父親に、「このようになったのは、いつごろからか」とお尋ねになった。父親は言った。「幼い時からです。霊は息子を殺そうとして、もう何度も火の中や水の中に投げ込みました。おできになるなら、わたしどもを憐れんでお助けください。」イエスは言われた。「『できれば』と言うか。信じる者には何でもできる。」その子の父親はすぐに叫んだ。「信じます。信仰のないわたしをお助けください。」イエスは、群衆が走り寄って来るのを見ると、汚れた霊をお叱りになった。「ものも言わせず、耳も聞こえさせない霊、わたしの命令だ。この子から出て行け。二度とこの子の中に入るな。」すると、霊は叫び声をあげ、ひどく引きつけさせて出て行った。その子は死んだようになったので、多くの者が、「死んでしまった」と言った。しかし、イエスが手を取って起こされると、立ち上がった。イエスが家の中に入られると、弟子たちはひそかに、「なぜ、わたしたちはあの霊を追い出せなかったのでしょうか」と尋ねた。イエスは、「この種のものは、祈りによらなければ決して追い出すことはできないのだ」と言われた。（マルコ9・17〜29）

この子供の症状は一種の発作現象ですが、これと全く同じような場面に、私も何度か出くわしました。それはアルコール依存症の女性でしたが、聖書にも記述されているように、あまりに激しい症状なので経験したことのない人は、ショックを受けてしまいます。今日では、こういう現象は、完全に身体面のみで解釈されます。前述したように、どの程度そこに霊的な要素が絡んでいるのか、ここでは問題にしなくてもよいでしょう。要は、イエスの霊の力が、そういう現象をも治癒できた、ということです。

こういうイエスの力に対して、賛成者や支持者のみでなく、懐疑を抱く者や敵対者もいました。最もひどい反論は、イエスが悪霊の長であるベルゼブルの力を借りて、悪霊を追い出している、というものです。ここではマタイの福音書から引用します。

そのとき、悪霊に取りつかれて目が見えず口の利けない人が、イエスのところに連れられて来て、イエスがいやされると、ものが言え、目が見えるようになった。群衆は皆驚いて、「この人はダビデの子ではないだろうか」と言った。しかし、ファリサイ派の人々はこれを聞き、「悪霊の頭ベルゼブルの力によらなければ、この者は悪霊を追い出せはしない」と言った。イエスは、彼らの考えを見抜いて言われた。「どんな国でも内輪で争えば、荒れ果ててしまい、どんな町でも家でも、内輪で争えば成り立って行かない。サタンがサタンを追い出せば、それは内輪もめだ。そんなふうでは、どうしてその国が成り立って行くだろうか。わたしがベルゼブルの力で悪霊を追い出すのなら、あなたたちの仲間は何の力で追い出すのか。だから、彼ら自身があなたたちを裁く者となる。しかし、わたしが神の霊で悪霊を追い出しているのであれば、神の国はあなたたちのところに来ているのだ。また、まず強い人を縛り上げなければ、どうしてその家に押し入って、家財道具を奪い取ることができるだろうか。まず縛ってから、その家を略奪するものだ。わたしに味方しない者はわたしに敵対し、わたしと一緒に集めない者は散らしている。だから、言っておく。人が犯す罪や冒瀆は、どんなものでも赦されるが、〝霊〟に対する冒瀆は赦されない。人の子に言い逆らう者は赦される。しかし、聖霊に言い逆らう者は、この世でも後の世でも赦されることがない」（マタイ12・22〜32）

イエスは神の霊で人間を癒し、ファリサイ派の人々はそれを悪霊の頭の仕業としているわけで、全くの正反対の主張です。順を追って見ていきましょう。まず群衆の反応ですが、「この人はダビデの子ではないだろうか」ということの意味は、「この人はメシアではないか」というのと同義ですから、極めて肯定的な解釈です。ところがよりによって、律法に詳しいファリサイ派の人々は、全く逆の解釈をします。それに対してイエスは、まずわかりやすい論法で、サタンも馬鹿じゃないのだから、自分で自分の首を絞めるようなことをするはずがない、と説明するのですが、元来何が良く何が悪いかは、すぐに判断できなければならないのです。それで前の箇所に続けて、次のように述べるのです。

「木が良ければその実も良いとし、木が悪ければその実も悪いとしなさい。木の良し悪しは、その結ぶ実で分かる。蝮の子らよ、あなたたちは悪い人間であるのに、どうして良いことが言えようか。人の口からは、心にあふれていることが出て来るのである。善い人は、良いものを入れた倉から良いものを取り出し、悪い人は、悪いものを入れた倉から悪いものを取り出してくる」（マタイ12・33～35）

それで、ファリサイ派へのイエスの厳しい判断が降るわけです。彼らの態度は、「自分は弱いので、自分にはなかなか良いことができない」というのとは、全く違っています。良いものを良いと認めない、むしろ悪と悪の根源であるサタンに帰する、これは重大な罪です。こういう態度を取っていると、だんだんと心が頑なになり、回心が難しくなってしまうのでしょう。それで、そういう罪は永遠に赦されない、という帰結になってしまう、と解釈してよいでしょう。

こういうわけで、創造者の霊を持つイエスは、霊を含めた一切の被造物に対して優越した権限を持っていたと、帰結してよいでしょう。それで、やたらに悪魔、悪魔と恐怖をそそるような言い方をするのは基本的に間違いですが、悪魔などはいないのだ、などと無理に主張する必要もないのです。

5　奇跡と信仰

これまで、イエスの行為を見てきたわけですが、福音書が強調するのは、彼の霊力です。イエスは、普通の人間にはできない、霊からの行為を示したのです。それは、これ見よがしのデモンストレーションではなく、人間の弱さや窮状に際して、愛の神を体現するイエスが、救いの手を差し伸べた結果である、と言えましょう。

ですから、奇跡は第一に、神の愛に応じる信仰と深く関わりあっています。それはこれまでに引用した福音書の箇所でも、はっきりと見受けられました。

ナインの若者の復活のように、イエスの憐れみの心が前面に立って、若者の母親である未亡人の希望や信仰は主題化されず、イエスが奇跡を行う場面ももちろんありますが、多くの場合、イエスの奇跡を見ることによって、人々の心に彼への信仰が生まれたようです。典型的な例は、イエスに盲目から癒された人の信仰でしょう。この人は、信仰の前提なく、安息日にイエスに癒されましたが、それを良しとしないファリサイ派の人々との論争の中で、良いことがなされる根源が神であることを認識し、「主よ、信じます」（ヨハネ9・38）と、イエスへの信仰を告白するに至ります。

しかし多くの奇跡の記述を見ると、受ける側の信仰が前提とされています。四人の人たちが中風の人間を連れてきた話では、彼らの信仰が特に取り上げられています。「イエスはその人たちの信仰を見て、中風の人に、『子よ、あなたの罪は赦される』と言われた」（マルコ2・5）。そしてこの後、中風の男性は癒されます。

長年の出血から癒された女性は、「この方の服にでも触れればいやしていただける」（マルコ5・28）

と信じてイエスの服に触れ、癒されました。イエスも彼女の信仰を見て、「娘よ、あなたの信仰があなたを救った。安心して行きなさい。もうその病気にかからず、元気に暮らしなさい」と公言しています。

また、発作を起こした子供の父親からは、信仰を持つことが求められます。「おできになるなら、わたしどもを憐れんでお助けください」（マルコ9・22）という父親に対して、イエスは「『できれば』と言うか。信じる者には何でもできる」（9・23）と答え、父親がすぐに叫んで、「信じます。信仰のないわたしをお助けください」（9・24）と言うと、子供はすぐに癒されました。

ここで信仰というのは、神の霊とその力を肯定し、受け入れる姿勢と言えます。ですから、そういう姿勢がない時は、奇跡の実現が妨げられる可能性が出てくるわけです。

第一の可能性は、神を体現するイエスを否定することから起きます。ナザレの人々の反応がそれでした。「この人は、このようなことをどこから得たのだろう。この人が授かった知恵と、その手で行われるこのような奇跡はいったい何か。この人は、大工ではないか。マリアの息子で、ヤコブ、ヨセ、ユダ、シモンの兄弟ではないか。姉妹たちは、ここで我々と一緒に住んでいるではないか」（マルコ6・2～3）。このように、彼らはイエスを平凡化し、そのうちに宿る神の霊に心を開くことをしなかったのです。それで、「そこでは、ごくわずかの病人に手を置いていやされただけで、そのほかは何も奇跡を行うことがおできにならなかった。そして、人々の不信仰に驚かれた」（マルコ6・5～6）ということになりました。また、イエスを試そうとするような態度も、これに似ています。「ファリサイ派の人々が来て、イエスを試そうとして、天からのしるしを求め、議論をしかけた。イエスは、心の中で深く嘆いて言われた。『どうして、今の時代の者たちはしるしを欲しがるのだろう。はっきり言っておく。今の時代の者たちには、決してしるしは与えられない。』そして、彼らをそのままにして、また舟に乗って向こう岸へ行かれた」（マルコ8・11〜13）とあります。

イエスが奇跡を行うことができない、というのはなぜでしょうか。前述したように、人々がイエスの霊力を受け入れる心を閉ざしてしまったからです。神は全能である、とよく言われますが、それと同時に明確にしておかねばならないのは、神は人間の自由を尊重するので、無理強いはしない、ということです。

奇跡の実現を妨げる第二の可能性は、奇跡の真の意味、すなわちそれが神から差し出された救いの手であるということを解せず、パンを食したりする物質的な欲望や、自分の好奇心を満たそうとする態度から来ています。それで先取りすることになりますが、ヘロデ王がイエスを捕らえた時の様子が次のように記されています。「彼はイエスを見ると、非常に喜んだ。というのは、イエスのうわさを聞いて、ずっと以前から会いたいと思っていたし、イエスが何かしるしを行うのを見たいと望んでいたからである。それで、いろいろと尋問したが、イエスは何もお答えにならなかった」（ルカ23・8〜9）。

このように、奇跡に対する解釈や期待は、受ける側によってかなり違ったようですが、イエスが奇跡を行うという事実自体は、敵対者にも認められていたことがわかります。

(四) イエスの神的な自意識

イエスの言葉と行いについて、これまでまとめてきましたが、いよいよ彼のエルサレムにおける最後の日々について語る前に、彼の自意識に焦点を当てて論じていきましょう。というのは、まさにその自意識が、エルサレムの宗教指導者との主な紛争の種となったからです。またこれこそが、キリスト教の中核に触れるからです。その自意識は、単に人間としての自意識のみでなく、それをはるかに超える、神としての自意識であったと思われます。

ここで一般論として前提にしておきたいのは、もし神が人間となった、と主張するなら、この「なった」という言葉を無視して通り過ぎてはいけない、ということです。そうでないと、イエスは人間の外形のみで、実は神として留まっていた、ということになってしまいます。ですから、イエスの人間としての理性や知性の発達を、まともに受け止めなければなりません。ということは、イエスは神だから初めから何でも知っていた、というのではなく、彼の認識一般も神であることの認識も、その成長に従って発展していったと見るべきでしょう。それでは、イエスの神意識がうかがえる箇所を見ていきましょう。

すでに触れたように、ルカ福音書によれば、一二歳のイエスが、神殿を自分の父の家と言っています。自分が特別な意味で、神の子である、という認識に目覚めてきたと言えるのではないでしょうか。また、イエスが公の場面に登場し始める、ヨルダン川での洗礼の場面で、マルコは次のように述べています。

そのころ、イエスはガリラヤのナザレから来て、ヨルダン川でヨハネから洗礼を受けられた。水の中から上がるとすぐ、天が裂けて〝霊〟が鳩のように御自分に降って来るのを、御覧になった。すると、「あ

なたはわたしの愛する子、わたしの心に適う者」という声が、天から聞こえた。（マルコ1・9〜11）

すでに記述したように、この場面で聖霊が初めてイエスに降ったというわけではないのですが、ここではその上、「あなたは私の愛する子」という表現が付け加えられています。ここで、霊が降ってくるのを見るのも、天の声を聞くのも、イエス自身と考えられますから、彼の心の中に、神と少なくとも特別な関係にある、という意識は生じたに違いありません。

またすでに引用したように、信仰を持って近づく病人に「子よ、あなたの罪は赦される」というような、大胆な言葉を述べています。罪を赦す資格は神にしかない、というのが当時の（そして今日の）ユダヤ人の通念でしたので、律法学者たちの不興を買い、大変な騒ぎに進展していくことになるのです。

これまで、マルコの福音書から主に引用してきましたので、ここでは、ルカとヨハネの福音書から、重点的にこのテーマを扱っていきたいと思います。まずルカですが、マタイと並んで、共観福音書に属するわけですから、マルコから引用したのと共通の箇所があります。四人の友人が中風の人を担架に乗せて屋根から吊り降ろした話もそれです（ルカ5・17〜26参照）。

また、罪深い女性が、涙ながらに高価な油をイエスの足に注いで、罪の赦しを得た話は、すでに引用しました（ルカ7・36〜50参照）。

そして、変容と言われるエピソードがあります。

イエスは、ペトロ、ヨハネ、およびヤコブを連れて、祈るために山に登られた。祈っておられるうちに、イエスの顔の様子が変わり、服は真っ白に輝いた。見ると、二人の人がイエスと語り合っていた。モーセとエリヤである。二人は栄光に包まれて現れ、イエスがエルサレムで遂げようとしておられる最期について話していた。ペトロと仲間は、ひどく眠かったが、じっとこらえていると、栄光に輝くイエスと、そばに立っている二人の人が見えた。その二人がイエスから離れようとしたとき、ペトロがイエスに言った。「先生、わたしたちがここにいるのは、すばらしいことです。仮小屋を三つ建てましょう。一つはあなたのため、一つはモーセのため、もう一つはエリヤのためです。」ペトロは、自分でも何を言っているのか、分からなかったのである。ペトロがこう言っていると、雲が現れて彼らを覆った。彼らが雲の中に包まれていくので、弟子たちは恐れた。すると、「これはわたしの子、選ばれた者。これに聞け」と言う声が雲の中から聞こえた。その声がしたとき、そこにはイエスだけがおられた。弟子たちは沈黙を守り、見たことを当時だれにも話さなかった。（ルカ9・28～36）

ガリラヤの山の上での、イエスのいわゆる変容の出来事は、それだけを取ってみると、不思議な出来事ではありますが、一つの神機発動として捉えることが可能なので、イエスが神の子である、とか解釈する必要はないのですが、三人の弟子たちが聞いた天からの声「これはわたしの子、選ばれた者。これに聞け」は、イエスがヨハネから洗礼を受けた時に聞いた天からの声「あなたはわたしの愛する子、わたしの心に適う者」（ルカ3・22）に対応しています。人間一人ひとりが神の愛する子である、と主張することも可能なので、この声だけではイエスが他の人間とは次元の違う神の子であるとは、主張できないのですが、こういう出来事の特別な状況を考えると、それがイエスの神としての自意識に大きく貢献した、と言うことは可能でしょう。
もっとずっとはっきりイエスの自意識を記している箇所があります。イエスの七二人の弟子たちが、彼から霊の権能を受けて遣わされ、悪霊を追い出すような成果を持って帰ってきた時、イエスは喜びに満ちて天の父に向かって祈ります。

そのとき、イエスは聖霊によって喜びにあふれて言われた。「天地の主である父よ、あなたをほめたたえます。これらのことを知恵ある者や賢い者には隠して、幼子のような者にお示しになりました。そうです、父よ、これは御心に適うことでした。すべてのことは、父からわたしに任せられています。父のほかに、子がどういう者であるかを知る者はなく、父がどういう方であるかを知る者は、子と、子が示そうと思う者のほかには、だれもいません。」それから、イエスは弟子たちの方を振り向いて、彼らだけに言われた。「あなたがたの見ているものを見る目は幸いだ。言っておくが、多くの預言者や王たちは、あなたがたが見ているものを見たかったが、見ることができず、あなたがたが聞いているものを聞きたかったが、聞けなかったのである」（ルカ10・21～24）

すでに引用した（149頁）ぶどう園の喩え話の中でも、イエスはその特別な自意識を披瀝しています。この喩え話は、少し旧約聖書を知っている者なら、イエスが何を言おうとしているかすぐわかるので、律法学者たちや祭司長たちには、当然すぐ察することができたのです。三人の僕は、神から遣わされた預言者たちで、彼らがよく扱われなかったことが、前提となっています。そして物語のクライマックスとして、ぶどう園の主人は、自分の息子を農夫たちのもとに送ります。しかし彼らは、この主人の息子さえも受け入れないばかりか、彼を殺してしまいます。イエスが自分に迫った状況を察して、自分のことを述べているのがわかります。「家を建てる者」とは、イスラエルの民を導いて、神の国を建てる任務を負った祭司や律法学者に他ならず、「捨てた石」とは、イエスのことですが、それが「隅の親石」になったと言うのですから、その親石を基礎として、新たな神の国が建てられるという内容です。すると、神の子という面と、神の国の基礎という二重の意味で、イエスの自意識がはっきり読み取れます。

それでは、ヨハネ福音書に移行します。この福音書は、既述の通り、三つの共観福音書と比較して、神学的な考察が一歩も二歩も先に進んでいて、その神学的な立場から、イエスの言動が、福音史家自身の言葉によって表現されている、すなわち歴史的な正確さに欠けがちである、と言われますが、すでに言及したように、よく見ると、証人自身でなければ知り得ないような正確さもあり、一概には言えません。また、たとえイエスの言葉が福音史家（ヨハネ）の言葉によって表現されているとしても、彼がイエスの意を深く汲んで書いている、という見方もできます。ですから、ここでは表現が歴史的にどれだけ正確であるかないかの問いを別にして、その内容を汲んで該当箇所をいくつか挙げ、必要に応じて論じていくことにします。

子の権威

そこで、イエスは彼らに言われた。「はっきり言っておく。子は、父のなさることを見なければ、自分からは何事もできない。父がなさることはなんでも、子もそのとおりにする。父は子を愛して、御自分のなさることをすべて子に示されるからである。また、これらのことよりも大きな業を子にお示しになって、あなたたちが驚くことになる。すなわち、父が死者を復活させて命をお与えになるように、子も、与えたいと思う者に命を与える。また、父はだれをも裁かず、裁きは一切子に任せておられる。すべての人が、父を敬うように、子をも敬うようになるためである。子を敬わない者は、子をお遣わしになった父をも敬わない。はっきり言っておく。わたしの言葉を聞いて、わたしをお遣わしになった方を信じる者は、永遠の命を得、また、裁かれることなく、死から命へと移っている。（ヨハネ5・19〜24）

死者の復活、裁きの権威、父と同等の敬意を受ける要求、イエスを信じることによる永遠の救いの保証、とこれだけ揃うと、神としての自意識が明確になります。

そして自分の行うさまざまな奇跡やしるしが、父なる神の証しであると主張します（ヨハネ5・31〜40参照）。また、自分が神を知っている、そして自分はアブラハムより以前にすでに存在する、と主張します。

イエスはお答えになった。「わたしが自分自身のために栄光を求めようとしているのであれば、わたしの栄光はむなしい。わたしに栄光を与えてくださるのはわたしの父であって、あなたたちはこの方について、『我々の神だ』と言っている。あなたたちはその方を知らないが、わたしは知っている。わたしがその方を知らないと言えば、あなたたちと同じくわたしも偽り者になる。しかし、わたしはその方を知っており、その言葉を守っている。あなたたちの父アブラハムは、わたしの日を見るのを楽しみにしていた。そして、それを見て、喜んだのである。」ユダヤ人たちが、「あなたは、まだ五十歳にもならないのに、アブラハムを見たのか」と言うと、イエスは言われた。「はっきり言っておく。アブラハムが生まれる前から、『わたしはある。』」（ヨハネ8・54〜58）

「アブラハムが生まれる前から、『わたしはある。』」という表現は、イエスの神としての意識をはっきりと示しています。それは単に、「わたしはすでにあった」という表現を超えるものです。なぜかというと、この「わたしはある」という言い方は、モーセに自己開示をしたヤーヴェ、すなわち「わたしはある」、になぞらえられていることが明らかだからです。この言葉は、単に存在そのものを指すのではなく、「いつでもあなたのそばにいるよ」という能動的な意味合いが含まれているのですが、イエスはまさに、神の臨在の具体化であると言うことができます。少なくとも、この福音書の著者は、そのようにイエスの自意識を捉えていた、と言うことができそうです。

イエスは、この父との一体性を単にそれだけの事実として捉えるのではなく、我々人間の救いのために命を捧げる、羊に対する羊飼いとして説明しています。父なる神が我々を愛するように、父と一体であるイエスも、そうする、ということでしょう。

わたしは良い羊飼いである。良い羊飼いは羊のために命を捨てる。羊飼いでなく、自分の羊を持たない雇い人は、狼が来るのを見ると、羊を置き去りにして逃げる。――狼は羊を奪い、また追い散らす。――

彼は雇い人で、羊のことを心にかけていないからである。わたしは良い羊飼いである。わたしは自分の羊を知っており、羊もわたしを知っている。それは、父がわたしを知っておられ、わたしが父を知っているのと同じである。わたしは羊のために命を捨てる。（ヨハネ10・11〜15）

ここで「知る」という言葉は、平凡に聞こえますが、ヘブライ語の「知る」は、単に認識の分野にとどまるものではありません。対象の本質を体験的に理解する、という意味合いを持っているのです。ですから、父とイエスとの、いわば同等の立場での「相互の知り合い」は、父とイエスとの一体性を示すのみでなく、イエスが神の本性を父と共有している、ということになります。

また、ラザロを復活させる前に、その姉妹であるマルタに対して、「わたしは復活であり、命である。わたしを信じる者は、死んでも生きる」（ヨハネ11・25）と宣言しています。ここで言う命というのは、肉体的な命を指すのではなく、いわゆる永遠の生命ということです。仏教でもダルマ（ダンマ）をポジティブな表現で表す時は、やはり生命という言葉を使うようです。玉城康四郎さん、もしくは木村清孝さんの言葉を借りれば、「ブッダ自身もダンマについて何の説明もつけていない。説明のしようがないからである。強いて説明しようとすれば、いまいうように形なきいのちそのものという外ない」[9]。また「ダンマは過去から現在にかけて、永遠のいのちとしてはたらきつづけていたことがしられる」[10]というわけです。

（10）玉城康四郎、木村清孝『仏陀の世界』一九九三年、四四頁。傍線は筆者。

（11）同上、五三頁。傍線は筆者。

イエスは、自分がこの（神的な）生命そのものである、と言っているのです。少なくとも福音書を書いた弟子は、そのように受け止めていたわけです。いわば極め付けとして、次の言葉がイエスの口から出ました。

「わたしは道であり、真理であり、命である。わたしを通らなければ、だれも父のもとに行くことができない」（ヨハネ14・6）

これは、神としての自意識の頂点と言えましょう。もちろん、「わたしを通らなければ」という表現は、単に認識上のことではないでしょう。イエスをそれと認識するだけで、行いが伴わなければ、父の元へは行けないでしょうし、歴史的または状況的制約によって、イエスを認識しなくとも、それに見合った生き方をする人、特に愛を実践する人は、イエスを通して救われる、ということでしょう。それでイエスは次のような、とてつもない約束ができるのです。

「わたしは父にお願いしよう。父は別の弁護者を遣わして、永遠にあなたがたと一緒にいるようにしてくださる。この方は、真理の霊である。世は、この霊を見ようとも知ろうともしないので、受け入れることができない。しかし、あなたがたはこの霊を知っている。この霊があなたがたと共におり、これからも、あなたがたの内にいるからである。わたしは、あなたがたをみなしごにはしておかない。あなたがたのところに戻って来る。しばらくすると、世はもうわたしを見なくなるが、あなたがたはわたしを見る。わたしが生きているので、あなたがたも生きることになる。かの日には、わたしが父の内におり、あなたがたがわたしの内におり、わたしもあなたがたの内にいることが、あなたがたに分かる」（ヨハネ14・16～20）

こういう自意識は、元来イエス自身にはなく、弟子たちが後から考え出したのだ、というような意見が時として聞かれますが、どうもそうではないようです。というのは、彼の敵対者がそれを明瞭に感じ取り、それがイエスの処刑へとつながっていったからです。

するとイエスは言われた。「わたしは、父が与えてくださった多くの善い業をあなたたちに示した。その中のどの業のために、石で打ち殺そうとするのか。」ユダヤ人たちは答えた。「善い業のことで、石で打ち殺すのではない。神を冒瀆したからだ。あなたは、人間なのに、自分を神としているからだ」（ヨハネ10・32～33）

こういうふうに、イエスの神としての自意識に対する反応はさまざまです。イエスの弟子たちや、その後継者である信徒たちは、それを肯定し、当時のサドカイ派やファリサイ派の多くの人たちは、真っ向から否定しました。

「わたしは神の子である」という主張は、基本的に誰にでもできます。間違いのないようにここで記しておきますが、今我々が問題にしているのは、一般的な意味での「神の子」ではありません。そうであったなら、ファリサイ派の人々も、何も文句は言わなかったでしょう。我々人間は、根源的に神から来ているので、皆「神の子」だからです。イエスの意識はそれにとどまらず、突き詰めれば、自分が神自体である、という内容です。もちろん自分が父なる神である、とは言っておらず、むしろ父と自分とを明確に区別してはいますが、この父と一体となった父の子である、そういう意味で特別な「神の子」である、と主張しているのです。

しかし事実上、さまざまな時代のいろいろな人たちが、こういう特別な意味で、「自分は神の子である」と主張してきました。単に統計的に見るのであれば、イエスもその中の一人に過ぎません。そして客観的に見ると、そういう主張は嘘であるかもしれず、ナイーブな思い過ごし、また傲慢な思い上がりかもしれませんが、ひょっとしたら本当かもしれません。

それに答えるのは、福音を読んだり聞いたりした人が、自分で判断するしかありません。例えば、フェルディナンド・エーブナーは、福音の言葉を真摯に読めば、それが真実であることがわかるので、イエスにまつわる出来事が歴史的に証明できる事実かどうかなど、問う必要もない、といった意味のことを書いていますが、それも一つの見解です。こういう意見はあまりに主観的だ、と言われるかもしれませんが、ことの中枢を突いていると言えます。つまり、福音との真摯な対決なくしては、イエスの神性など全く論じ得ないのです。人がどこまで深く福音を読み取り、自分の人生経験と照らし合わせ、また理性と知性を駆使して考察するかに、全てがかかっていると言えましょう。もし本当に神が自分の子をこの世に送り、我々に語りかけたとしたら、それを素通りしたり無視したりして、どっちみち神様は私を救ってくれるだろう、などと軽々しく言えないでしょう。言ってはいけないでしょう。

イエスが特別な意味で「神の子」である、という内容を論じるのが、「キリスト論」ですが、それは組織神学としての、この本の続編を書くことができれば、そちらに回すこととし、ここでは福音書に従って、イエスの最後の日々について見ていきましょう。

（五）イエスの最後の日々

すでに言及した通り、ユダヤの指導層との対決は、イエスの神としての自意識を最大の理由として、ますます激しくなり、彼らはイエスを殺そうと目論み、それがイエス自身にも、弟子たちにもひしひしと感じられるようになりました。そしていよいよ最後にエルサレムに向かうわけですが、そんな危機の中でも、イエスは自分の信条を変えることはありません。エルサレムがあと数キロに近づいたベタニアでの出来事を引用し、イエスの最後の日々の記述の発端とします。

イエスがベタニアで重い皮膚病の人シモンの家にいて、食事の席に着いておられたとき、一人の女が、純粋で非常に高価なナルドの香油の入った石膏の壺を持って来て、それを壊し、香油をイエスの頭に注ぎかけた。そこにいた人の何人かが、憤慨して互いに言った。「なぜ、こんなに香油を無駄遣いしたのか。この香油は三百デナリオン以上に売って、貧しい人々に施すことができたのに。」そして、彼女を厳しくとがめた。イエスは言われた。「するままにさせておきなさい。なぜ、この人を困らせるのか。わたしに良いことをしてくれたのだ。貧しい人々はいつもあなたがたと一緒にいるから、したいときに良いことをしてやれる。しかし、わたしはいつも一緒にいるわけではない。この人はできるかぎりのことをした。つまり、前もってわたしの体に香油を注ぎ、埋葬の準備をしてくれた。はっきり言っておく。世界中どこでも、福音が宣べ伝えられる所では、この人のしたことも記念として語り伝えられるだろう」（マルコ14・3〜9）

別の箇所に出てくる喩え話で、日雇い労働者の日給が一デナリオンとありますから、三〇〇デナリオンの値が察せられます。

これもまた実は、相当の自意識の表明です。それまで一貫して貧しい人たちの側に立って論じてきたイエスが、ここではある意味で彼らを相対化し、自分を絶対化しているのです。

この後イエスは、以前のように、このベタニアを宿泊所として、エルサレムに行き来したようです。イエスには弟子たちのみでなく、たくさんの信奉者たちが従っていたようで、彼を亡き者にしようと、虎視眈々と狙っていた祭司長やファリサイ派の人々も、全く手を出すことができませんでした。ひと時は、エルサレムの住民がこぞって、イエスを熱狂的に迎えました。それは、次のような記述によってわかります。

二人〔の弟子〕が子ろばを連れてイエスのところに戻って来て、その上に自分の服をかけると、イエスはそれにお乗りになった。多くの人が自分の服を道に敷き、また、ほかの人々は野原から葉の付いた枝を切って来て道に敷いた。そして、前を行く者も後に従う者も叫んだ。「ホサナ。主の名によって来られる方に、祝福があるように。我らの父ダビデの来るべき国に、祝福があるように。いと高きところにホサナ。」こうして、イエスはエルサレムに着いて、神殿の境内に入り、辺りの様子を見て回った後、もはや夕方になったので、十二人を連れてベタニアへ出て行かれた。（マルコ11・7〜11）

ホサナ、ホサンナ（アラマイ語）またはホシアンナ（ヘブライ語）は、元来「どうか助けてください」というような、願いの表現であったのですが、神は必ず助けてくれる、という信頼から、神への賛美の掛け声となっていたようです。

1　ユダの裏切り

ところが、ここに敵対者にとってよい機会が訪れました。何と十二弟子の一人であるユダが、イエスを引き渡すというのです。彼らは大いに喜び、ユダに金を与える約束をします。それは銀貨三〇枚。それは奴隷が殺された時に、奴隷の持ち主に払う値であったようですから、イエスもユダも、かなり見くびられた、と言えましょう。マタイ福音書には、「あの男をあなたたちに引き渡せば、幾らくれますか」（マタイ26・15）と言ったと書いてありますから、ユダの金銭欲が主な動機であったように見えます。ヨハネ福音書もまた、ベタニアでの香油の出来事で、ユダがこの「浪費」を批判したとき、「彼がこう言ったのは、貧しい人々のことを心にかけていたからではない。彼は盗人であって、金入れを預かっていながら、その中身をごまかしていたからである」（ヨハネ12・6）と主張しています。

確かに、グループのお金を預かっていて、常にお金の出し入れの任務を負っていると、だんだんお金に執着してくる危険はあります。ただし、銀貨三〇枚という安い値段を考えると、果たしてそれが本当の理由であったのだろうか、と考えてしまいます。それで、次のような別の説が広まっています。

ユダは、暴力でパレスチナをローマの支配から解放しようとしていた熱心党のシンパであった、というものです。「イエスは、人々が来て、自分を王にするために連れて行こうとしているのを知り、ひとりでまた山に退かれた」（ヨハネ6・15）という記述もありますから、奇跡を行うイエスを人々が、ローマの傀儡であるヘロデ王に対抗する自分たちの王として、政治的に利用しようとした、ということは、十分に考えられます。そして、そういう動きの先端にあったのが熱心党です。

そして、ローマとの対決を好まないイエスに失望したユダが、彼を裏切ったというものです（本書119頁参照）。

ただし、この説は小説的には面白いかもしれませんが、史的根拠があまりありません。むしろ、自分はお金を預かるような大切な役目を受け持っているのに、ペトロやヨハネばかりが重要視されることへの妬みであったかもしれません。とにかく、最終的な答えは出せない、と言ってよいでしょう。

とにかくユダは、じっとイエスを引き渡す機会を見つけようと窺い始めました。そして程なく、過越祭というユダヤの大祭がやってきました。この祭りの前には、酵母を入れないパンに苦菜を添えて食べる（出エジプト12・8参照）、除酵祭という晩餐が執り行われます（もともと除酵祭は、過越祭の後の一週間であったようですが、かなり早い時期に統一されたようです。除酵祭が過越祭を包み込む形になったように見受けられます。例えば、ルカ22・7参照）。イエスも弟子たちとともに、知人の広間を借りて、この晩餐会を行いました。いわゆる「最後の晩餐」です。

2　最後の晩餐

この最後の晩餐の席の途中で、ユダはイエスを祭司長たちに引き渡そうとして、仲間を残して夕闇の中に去って行くのですが、福音書の記述に基づいて、少し解説してみたいと思います。三つの共観福音書は、かなり短くまとめていますが、ヨハネ書にはイエスのいわば「別れの言葉」が、とても詳しく述べられています。これはヨハネの福音史家が、イエスの意を汲んで詳しく述べ、彼の神学的な立場を披瀝している典型的な箇所である、と言われますが、その聖書学的な論議には触れず、事の起こりの正確な順序なども考慮外に置いて、共観福音書とヨハネ福音書の両方から、その内容を見ていきましょう。

まず、前提として言えることは、イエスが自分の最後の時が近づいているのを、かなり明確に意識していたことです。

　イエスは言われた。「苦しみを受ける前に、あなたがたと共にこの過越の食事をしたいと、わたしは切に願っていた。言っておくが、神の国で過越が成し遂げられるまで、わたしは決してこの過越の食事をとることはない」（ルカ22・15〜16）

とルカは記しています。それで、彼の行為も言葉も格別な重みをなしています。

弟子たちの足を洗う

イエスは最後にあたって、真の愛の奉仕とは何であるか、を弟子たちに示そうとして、当時奴隷の仕事であった、洗足を実行します。これには弟子たちも当惑し、ペトロなどは最初、イエスが彼の足を洗うのを拒否します。しかしイエスは、「もしわたしがあなたを洗わないなら、あなたはわたしと何のかかわりもないことになる」（ヨハネ13・8）と答えられた。

これは、極めて重要な教えであると、私は思います。ペトロの拒否は、一見謙虚な態度のように思えます。しかし正確に見ると、それは自分の立場を神のそれよりも上に置くことで、無知から来る思い上がりでしょう。「ありがとうございます」と言って、謙虚に受け入れる姿勢がないのです。日常の経験でも、「いやいや、いやいや」と言って、こちらの好意や善意を全く受け入れない人が、少なからずあります。こういう場合、受け入れる側の自尊心や誇りが絶対化されていることが多いのではないでしょうか。イエスの行為に関していえば、自らへりくだって最大の愛を示す神を、ペトロは理解しなかったと言えます。それで、「あなたはわたしと何のかかわりもないことになる」、という結果になります。自分がそういう神のへりくだった愛を受けなければ救われないのだ、ということがまるでわかっていなかったのです。

裏切りを予告する

この晩餐の雰囲気は、イエスが裏切りを再度予告することによって、ますます緊張したものとなります。

一同が席に着いて食事をしているとき、イエスは言われた。「はっきり言っておくが、あなたがたのうちの一人で、わたしと一緒に食事をしている者が、わたしを裏切ろうとしている。」弟子たちは心を痛めて、「まさかわたしのことでは」と代わる代わる言い始めた。イエスは言われた。「十二人のうちの一人で、わたしと一緒に鉢に食べ物を浸している者がそれだ。人の子は、聖書に書いてあるとおりに、去って行く。だが、人の子を裏切るその者は不幸だ。生まれなかった方が、その者のためによかった」（マルコ14・18〜21）

これはもう、それ以上はないというほどに、深刻な言葉です。ユダは単なる遠い取り巻きの一人として、イエスを裏切ったのではありません。最もイエスに近く、グループのお金を預かるほどに信頼され、イエスと「一緒に鉢に食べ物を浸している」ほどに近しい者であったのです。日本でも、「同じ釜の飯を食った仲間」という表現がありますが、当時のユダヤでは、共に食事をすることは、血と肉を分かち合うほどの親近さを意味したようです。それで、罪人と一緒には食事しない、というような発想が生まれたのです。そういうわけで、同じ鉢にパンをつけ浸して共に食事をした人間が裏切った、それも神から遣わされた独り子を裏切ったということで、「人の子を裏切るその者は不幸だ。生まれなかった方が、その者のためによかった」ということになってしまったのです。これはまさに究極の悲劇と言えましょう。

私がまだ若い頃、電車の中でたまたま座り合わせた会社の重役風の方が、「まさにユダのような人間が救われないのではダメだ」という趣旨のことを言われました。私は、「ユダが地獄に落ちたとは断定できない」という神学的な答えを出したのは覚えていますが、もしかしたら、ユダほどイエスに近くて、裏切った人間は、心を改めることもなかったのかもしれません。むしろ彼には絶望しかなかったようで、マタイ福音書には次のようなあとがきが見られます。

　そのころ、イエスを裏切ったユダは、イエスに有罪の判決が下ったのを知って後悔し、銀貨三十枚を祭司長たちや長老たちに返そうとして、「わたしは罪のない人の血を売り渡し、罪を犯しました」と言った。しかし彼らは、「我々の知ったことではない。お前の問題だ」と言った。そこで、ユダは銀貨を神殿に投げ込んで立ち去り、首をつって死んだ。（マタイ27・3～5）

それで、「生まれなかった方が、その者のためによかった」という結末になってしまったのでしょうか。可哀想なことになりました。

イエスはユダについてばかりでなく、ペトロも彼を否定することを予言します。

　はっきり言っておくが、あなたは、今日、今夜、鶏が二度鳴く前に、三度わたしのことを知らないと言うだろう。（マルコ14・30）

というイエスの有名な言葉が残されています。ユダの裏切りとの決定的な違いは、ペトロの方は、ユダのような積極的な裏切りではなく、恐怖と弱さのためにイエスを否定してしまったわけで、ユダと違って、単に後悔したのみでなく、罪を悔い改めてイエスに立ち戻っています。

別れの言葉

共観福音書には、あまりたくさん書かれていませんが、自分の間近な死を予測したイエスが、弟子たちに遺言のような形で、いろいろ話して聞かせただろうと、考えてよいでしょう。ヨハネの一三章から一七章に渡る長い話が、どれだけ史実に基づくものか、あるいは福音史家の神学的考察の反映であるのか、はっきりしないとしても、その中核がイエスの話の内容であったことは、十分考えられます。いくつかの点をまとめてみましょう。

・イエスはこれから受ける苦難で、弟子たちがあまりの打撃を受けないように配慮しています。それでこの苦難は最終的な破局ではなく、やがて栄光に導くものである、と述べます。彼自身の予言から推測すれば、その栄光が死からの復活という道を取る、と考えていたようですが、たとえそう具体的ではないにせよ、天の父への絶対的信頼で、死では終わらないと確信していた、と見てよいでしょう。イエスには、天の父の栄光を求めて生きてきた、という確信があり、それに伴って、天の父もまた彼に栄光を与える、という信念があったのです。イエスが自己を無にして父の栄光を求めたように、父も自分の身を引いて、子を前面に出すような形で、彼に栄光を与えてくれる、と悟っていたのです。それが父と子との無私の愛の絶対的なつながりであったに違いありません。

・そしてイエスは、この愛のうちに、弟子たち、また我々人間すべてを引き入れようと願ったのです。ですから、彼を通して我々も父に到ることができる、と主張するとともに、我々もお互い同士、無私の愛で結ばれなければならない、と諭します。

・そして、父と子の愛は、単に感情や情緒的なものではなく、生きた愛の結晶としてのペルソナ（位格)、すなわち聖霊であり、この聖霊が、イエスが去った後も弟子たちや我々に伴い、我々を包み込む、と約束します。これによって、父と子と聖霊という、いわゆる三位一体の奥義が啓示されたのです。

・この聖霊とのつながりによって、イエスと我々も結ばれます。それをよく表すのが、すでに引用したヨハネ一五章の、ぶどうの木の喩えです。

わたしはぶどうの木、あなたがたはその枝である。人がわたしにつながっており、わたしもその人につながっていれば、その人は豊かに実を結ぶ。わたしを離れては、あなたがたは何もできないからである。(ヨハネ15・5)

ぶどうの木の生命力に喩えられた聖霊によって、イエスと我々は、同じ生命を共有するわけです。ここで面白いのは、イエスは木の幹で我々は枝、というのではなく、イエスが木全体であって、我々はその全体の中に生きている枝である、という考えです。イエスと我々との一致がより鮮明に示されていると、思われます。

・イエスはしかし、弟子たちの行く末が、そう安易なものではないことを予知していました。それで、来るべき迫害にも言及していますが、彼自身が父に守られて栄光に導かれるように、弟子たちにも同じ将来が待ち受けていることを約束します。

晩餐の頂点

しかし、この晩餐の頂点となるのは、何と言っても、イエスが自分の体と血を、パンとぶどう酒として与える、という出来事でしょう。これは三つの共観福音書に述べられています。ここではマタイの箇所を引用します。

一同が食事をしているとき、イエスはパンを取り、賛美の祈りを唱えて、それを裂き、弟子たちに与えながら言われた。「取って食べなさい。これはわたしの体である。」また、杯を取り、感謝の祈りを唱え、彼らに渡して言われた。「皆、この杯から飲みなさい。これは、罪が赦されるように、多くの人のために流されるわたしの血、契約の血である」（マタイ26・26〜28）

ヨハネにはそれに関する言及は、この最後の晩餐の記述にはありませんが、第六章に似た内容が詳しく述べられています。五千人にパンを増やして与えるという奇跡と、湖の上を歩いて、船の上で暴風に苦しむ弟子たちの助けに急ぐ、という奇跡の後で、自分が天から降ったパンであり、このパンを食べることによって、人は神の命を受ける、という内容です。すでに引用した箇所（本書126頁）と一部重複しますが、この別の文脈に照らして、もう一度読んでみましょう。

イエスは言われた。「はっきり言っておく。人の子の肉を食べ、その血を飲まなければ、あなたたちの内に命はない。わたしの肉を食べ、わたしの血を飲む者は、永遠の命を得、わたしはその人を終わりの日に復活させる。わたしの肉はまことの食べ物、わたしの血はまことの飲み物だからである。わたしの肉を食べ、わたしの血を飲む者は、いつもわたしの内におり、わたしもまたいつもその人の内にいる。生きておられる父がわたしをお遣わしになり、またわたしが父によって生きるように、わたしを食べる者もわたしによって生きる。これは天から降って来たパンである。先祖が食べたのに死んでしまったようなものとは違う。このパンを食べる者は永遠に生きる」（ヨハネ6・53～58）

現代ばかりでなく、当時も、「そんなことはとても信じられない」という意見がかなり強かったようです。「弟子たちの多くの者はこれを聞いて言った。『実にひどい話だ。だれが、こんな話を聞いていられようか。』」（ヨハネ6・60）。そして彼らは、イエスのもとから去ったのです。

大事な箇所ですので、内容を少し吟味してみたいと思います。

一、まず第一に言えることとは、これまで度々言及したように、霊が物質の起源であって、逆ではなく、霊から物質が派生するわけですから、霊には物質に対する「力」がある、ということです。

二、しかし、それは必ずしも、物質の内容や構成を変える、ということにはなりません。物質は物質でそのまま残り、そこに霊の内在が強まる、もしくは深まる、濃厚になる、という形も考えられるわけです。日本の神道や仏教においても、山や木や岩などの自然現象、また経典などが特別に神や仏を宿すものとして敬われてきたのも、同じような発想からきていると思います。

三、パンとぶどう酒がキリストの体と血に変わる、いわゆる聖変化の場合、この第二のケースが当てはまる、と言えましょう。それで、聖変化後のパンを科学的に分析して、前とまるで違わないではないか、などというのは、当を得ていません。物質的な変化とは次元の違う霊の変化が主張されているわけです。ですからあまりリアルに、人間の肉を食べ、血を飲む、というような人食い人種やドラキュラ的な想像をする必要はありません。そうではなく、パンとぶどう酒の中に、霊としてのキリストの実在が実現される、と見るべきでしょう。それで、ヨハネの後続箇所には、「命を与えるのは〝霊〟である。肉は何の役にも立たない。わたしがあなたがたに話した言葉は霊であり、命である」（ヨハネ6・63）と付け加えられています。

四、パンとぶどう酒が、どのようにキリストの体と血になるのか、ということに関しては、多くの議論があります。大雑把にいうと、カトリックの側はこのイエスの言葉をかなりまともに受け、プロテスタント側は象徴として解釈する、と言えますが、プロテスタントでもルター派は、カトリックに近い見解で、スイス発祥の改革派は、象徴としてのみ理解しています。ドイツ南部では、両者が入り混じっていますから、聖変化後のキリスト実在の解釈も、さまざまです。これに関しては、イエスの時代から十数世紀も二〇世紀も隔たった我々がどうこう言うよりも、弟子たちがイエスの言葉をどう受けたか、ということに注目すべきでしょう。大きな示唆となるのは、おそらくマタイやルカの福音書よりも前に書かれたとみなされる、コリントの信徒への第一の手紙にあるパウロの言葉です。

わたしがあなたがたに伝えたことは、わたし自身、主から受けたものです。すなわち、主イエスは、引き渡される夜、パンを取り、感謝の祈りをささげてそれを裂き、「これは、あなたがたのためのわたしの体である。わたしの記念としてこのように行いなさい」と言われました。また、食事の後で、杯も同じようにして、「この杯は、わたしの血によって立てられる新しい契約である。飲む度に、わたしの記念としてこのように行いなさい」と言われました。だから、あなたがたは、このパンを食べこの杯を飲むごとに、主が来られるときまで、主の死を告げ知らせるのです。従って、ふさわしくないままで主のパンを食べたり、その杯を飲んだりする者は、主の体と血に対して罪を犯すことになります。だれでも、自分をよく確かめたうえで、そのパンを食べ、その杯から飲むべきです。主の体のことをわきまえずに飲み食いする者は、自分自身に対する裁きを飲み食いしているのです。そのため、あなたがたの間に弱い者や病人がたくさんおり、多くの者が死んだのです。わたしたちは、自分をわきまえていれば、裁かれはしません。（一コリント11・22〜31）

パウロはイエスが、この世で活動していた時の弟子ではなく、キリスト教を迫害している最中に、ダマスコの近くでイエスの出現を受け、突然改心したと書いてありますから（使徒26・12〜18参照）、この時か、あるいはもっと後の出現で、イエスから直接に聞いたということでしょう。何はともあれ、パウロの結論はほとんど衝撃的と言ってよいほどのもので、彼がいかにこの「聖変化」をまともに受け止めていたかがわかります。シンボル的解釈などと言っていられないように私には思えますが、いかがでしょうか。

それでカトリック教会では、司祭がイエスの最後の晩餐での言葉を繰り返すことによって起こる聖変化後のパンを聖体と呼び、信者に配った後に残る聖体をカリスといわれる杯に入れて残し、聖櫃の中に安置します。そしてその聖体が安置されている場合には、赤いランプを灯して、信徒に知らせます。また聖体を受ける際には、よく心の準備をして、大きな罪の呵責がある場合、前もって司祭に告白するように促します。

3　ゲッセマネでの祈りと逮捕

最後の晩餐が終わった後、イエスと弟子たちはエルサレムの南西の一画にあったと思われる知人の建物を出て、東に向かいます。そしてキドロンの谷まで下りて、さらに東、オリーブ山の登りにかかります。エルサレムとオリーブ山は、キドロンの谷を隔てて、西と東にありますが、ゲッセマネの園は、このオリーブ山の麓にあり、今でも古いオリーブの木が茂っています。ただし古いものでも、樹齢は四百年くらいだそうですから、イエスの時代にはとても及びませんが、雰囲気的にはある程度、当時の面影を残しているような気がします。福音書の記述によると、イエスたちはよくここへ来ていたとのことです。マルコの福音書から引用します。

一同がゲッセマネという所に来ると、イエスは弟子たちに、「わたしが祈っている間、ここに座っていなさい」と言われた。そして、ペトロ、ヤコブ、ヨハネを伴われたが、イエスはひどく恐れてもだえ始め、彼らに言われた。「わたしは死ぬばかりに悲しい。ここを離れず、目を覚ましていなさい。」少し進んで行って地面にひれ伏し、できることなら、この苦しみの時が自分から過ぎ去るようにと祈り、こう言われた。「アッバ、父よ、あなたは何でもおできになります。この杯をわたしから取りのけてください。しかし、わたしが願うことではなく、御心に適うことが行われますように。」それから、戻って御覧になると、弟子たちは眠っていたので、ペトロに言われた。「シモン、眠っているのか。わずか一時も目を覚ましていられなかったのか。誘惑に陥らぬよう、目を覚まして祈っていなさい。心は燃えても、肉体は弱い。」更に、向こうへ行って、同じ言葉で祈られた。再び戻って御覧になると、弟子たちは眠っていた。ひどく眠かったのである。彼らは、イエスにどう言えばよいのか、分からなかった。イエスは三度目に戻って来て言われた。「あなたがたはまだ眠っている。休んでいる。もうこれでいい。時が来た。人の子は罪人たちの手に引き渡される。立て、行こう。見よ、わたしを裏切る者が来た」（マルコ14・32～42）

自分の苦悩を共に担ってくれず、眠りこけている弟子たち、近しい弟子の裏切り、まもなく受けるであろう残酷な刑死、天の父から遣わされた自分をまるで受け付けないこの世の惨めな有様、自分を見捨てるであろう弟子たち、それらすべてを一身に受けて、イエスは極度に苦しみます。医者であるルカの記述によると、汗が血のように滴ったということですから、極度の苦しみであったと結論できるでしょう。それでイエスは、いわば荘厳に「おお神よ」というふうに呼びかけるのではなく、「アッバ」と、親しみを込めて呼び、自分の弱さの極限を感じつつ、なおかつそのアッバに全てを委託するのです。ヘブライ語で「アッバ」は、「父」ではなく、「お父さん」そして「パパ」なのです。そして裏切り者がやって来ます。そしてその時イエスは、また新たな気に満たされ、毅然として「立て、行こう。見よ、わたしを裏切る者が来た」と、敵対者に向かうのです。

さて、イエスがまだ話しておられると、十二人の一人であるユダが進み寄って来た。祭司長、律法学者、長老たちの遣わした群衆も、剣や棒を持って一緒に来た。イエスを裏切ろうとしていたユダは、「わたしが接吻するのが、その人だ。捕まえて、逃がさないように連れて行け」と、前もって合図を決めていた。ユダはやって来るとすぐに、イエスに近寄り、「先生」と言って接吻した。人々は、イエスに手をかけて捕らえた。居合わせた人々のうちのある者が、剣を抜いて大祭司の手下に打ってかかり、片方の耳を切り落とした。そこで、イエスは彼らに言われた。「まるで強盗にでも向かうように、剣や棒を持って捕らえに来たのか。わたしは毎日、神殿の境内で一緒にいて教えていたのに、あなたたちはわたしを捕らえなかった。しかし、これは聖書の言葉が実現するためである。」弟子たちは皆、イエスを見捨てて逃げてしまった。（マルコ14・43～50）

南欧やオリエントでは、男性同士でも頬に接吻することが多いのですが、もちろんそれは親愛の情の現れです。ユダは、その接吻で師を裏切ったわけです。事の悲劇が、強調されることになります。そしてイエスは、強盗のように拿捕《だほ》されることになりました。弟子たちは一時抵抗しようとしましたが、イエスが暴力を否定したのと、多勢に無勢で恐れに満たされ、皆イエスを見捨てて逃げ去ってしまいました。逮捕されたイエスは、夜だったので、ひとまず牢獄に入れられたようですが、「さて、見張りをしていた者たちは、イエスを侮辱したり殴ったりした。そして目隠しをして、『お前を殴ったのはだれか。言い当ててみろ』と尋ねた。そのほか、さまざまなことを言ってイエスをののしった」（ルカ22・63～

65）という形で、イエスの受難が始まります。
耳を切り落とす、というのは、何か不自然な感じがしますが、当時ローマ兵などがかぶっていたヘルメットは、耳の部分が開いていたそうです。それで剣がヘルメットをかすめて耳を切り落としたのでしょう。

4　権力者による尋問

共観福音書によると、イエスはサンヘドリンと呼ばれた最高法院に連行された、と書いてありますが、ヨハネはもっと詳しく、まず大祭司アンナスのところに連れて行かれた、と記しています。このアンナスは、現役大祭司カイアファの舅で、本来引退していたはずですが、いわば上皇として、今もって権力を持っていたようです。日本の院政時代のような状況だったのでしょう。それで、ヨハネの記述には信憑性があります。こういった箇所が、以前述べたように、ヨハネの方が共観福音書より細部にわたって詳しいことを示しています。

大祭司はイエスに弟子のことや教えについて尋ねた。イエスは答えられた。「わたしは、世に向かって公然と話した。わたしはいつも、ユダヤ人が皆集まる会堂や神殿の境内で教えた。ひそかに話したことは何もない。なぜ、わたしを尋問するのか。わたしが何を話したかは、それを聞いた人々に尋ねるがよい。その人々がわたしの話したことを知っている。」イエスがこう言われると、そばにいた下役の一人が、「大祭司に向かって、そんな返事のしかたがあるか」と言って、イエスを平手で打った。イエスは答えられた。「何か悪いことをわたしが言ったのなら、その悪いところを証明しなさい。正しいことを言ったのなら、なぜわたしを打つのか。」アンナスは、イエスを縛ったまま、大祭司カイアファのもとに送った。（ヨハネ18・19〜24）

窮地に立っても毅然としたイエスの態度がうかがわれます。

カイアファに回されたところから、最高法院での正式な尋問が行われたのでしょう。そこには祭司長たちの他に、長老や律法学者たち、サドカイ派やファリサイ派の人々が集まっていました。緊急招集されたのでしょう。いろいろ論告がなされたようですが、なかなか証言の一致が見られなかったとのことです。結局最終的に問題になったのは、イエスが自分を特別な意味での神の子であると、主張するかどうか、でした。

夜が明けると、民の長老会、祭司長たちや律法学者たちが集まった。そして、イエスを最高法院に連れ出して、「お前がメシアなら、そうだと言うがよい」と言った。イエスは言われた。「わたしが言っても、あなたたちは決して信じないだろう。わたしが尋ねても、決して答えないだろう。しかし、今から後、人の子は全能の神の右に座る。」そこで皆の者が、「では、お前は神の子か」と言うと、イエスは言われた。「わたしがそうだとは、あなたたちが言っている。」人々は、「これでもまだ証言が必要だろうか。我々は本人の口から聞いたのだ」と言った。（ルカ22・66〜71）

初めの質問は、イエスがメシアかどうか、という内容です。しかしイエスは自分からそれを上回る答えを出します。というのは、メシアは神から遣わされる特別な人間ではあっても、普通、神と同等とは考えられていなかったからです。しかし、「人の子は全能の神の右に座る」という表現は、自分を神と同等にみなしていることになります。マタイ福音書では、この二つ、つまりメシアであることと神の子であることが一つにされて質問されます。そしてイエスの答えも、それに対する反応も、より明確に記されています。

大祭司は言った。「生ける神に誓って我々に答えよ。お前は神の子、メシアなのか。」イエスは言われた。「それは、あなたが言ったことです。しかし、わたしは言っておく。あなたたちはやがて、人の子が全能の神の右に座り、天の雲に乗って来るのを見る。」そこで、大祭司は服を引き裂きながら言った。「神を冒瀆した。これでもまだ証人が必要だろうか。諸君は今、冒瀆の言葉を聞いた。どう思うか。」人々は、「死刑にすべきだ」と答えた。そして、イエスの顔に唾を吐きかけ、こぶしで殴り、ある者は平手で打ちながら、「メシア、お前を殴ったのはだれか。言い当ててみろ」と言った。（マタイ26・63～68）

こういう箇所を読むたびに、つくづく思うことがあります。それはあの当時のユダヤに、律法学者か何かとして生まれ、イエスの裁判に立ち会い、偉そうに調子に乗ってイエスに唾をかけたり、殴ったりしないで済んで、本当によかったなー、ということです。大勢に押され、人々の意見に巻き込まれて、そういうことをした可能性だって、自分にもあるわけですから。まさに冷や汗ものです。

さて、この審判の間に、ペトロは兵士たちや従僕たちに交じって、様子をうかがっていたのですが、彼らにイエスの仲間だと言われ、三度までもイエスを否定します。そしてイエスが予言したように、鶏が鳴き、「『鶏が鳴く前に、あなたは三度わたしを知らないと言うだろう』と言われたイエスの言葉を思い出した。そして外に出て、激しく泣いた」（マタイ26・75）のです。幸い彼はユダのように絶望することはなく、最後はイエスを宣べ伝えて、ローマで殉教することになります。

この後、ユダヤの指導者たちは、イエスをローマの地方総督であったピラトに引き渡します。それは彼らの裁判権に限りがあったからです。すなわち、イエスを死刑にしようと企んだ彼らには、ローマ占領下、死刑執行権がなかったのです。ピラトは、イエスの事件をユダヤ人内の争いと見ていたようで、ユダヤの指導者たちが、イエスへの妬みから、彼を訴えていることがわかっていました。それで、メシア問題が理由であれば、それはユダヤの宗教上の争いなので、自分は関与する必要がなく、放っておいてもよいと、考えていたようです。そのあたりのことは、祭司長たちも心得ていましたから、政治的な理由を用意していました。すなわち、イエスが自分をユダヤの王であると宣言した、というものです。なぜなら、誰もローマ皇帝の任命なくしては、そのようなことは主張できないはずだからです。だとすれば、ローマへの反逆とみなされ、それは死刑に値します。それでピラトの尋問も、この一点にかかっていました。

ピラトはイエスに死刑に当たるような決定的な咎を見なかったのですが、ちょうどうまい具合に、ヘロデがエルサレムに滞在していました。彼はローマから委任された、ガリラヤの長であり、ガリラヤ人イエスは、彼の管轄下にあったのです。それでピラトは、イエスをこのヘロデに押し付けようとしたようです。ヘロデは、イエスが噂に聞く奇跡の能力を発揮して、自分に見せてくれるのではないか、と期待したようですが、イエスはもちろん、そういう見世物まがいのことに応じるはずもありませんでした。それでヘロデは、自分の部下たちと一緒になってイエスをあざけり、またピラトのもとに戻しました。ピラトはイエスを再度尋問しますが、彼の妻が、イエスについて嫌な夢を見たので、あまり関わりのないようにと忠告したこともあって、なるべくイエスを釈放しようとしますが、指導者たちに扇動された民衆は、イエスを十字架につけるよう要求します。

ピラトは、祭司長たちと議員たちと民衆とを呼び集めて、言った。「あなたたちは、この男を民衆を惑わす者としてわたしのところに連れて来た。わたしはあなたたちの前で取り調べたが、訴えているような犯罪はこの男には何も見つからなかった。ヘロデとても同じであった。それで、我々のもとに送り返してきたのだが、この男は死刑に当たるようなことは何もしていない。だから、鞭で懲らしめて釈放しよう。」祭りの度ごとに、ピラトは、囚人を一人彼らに釈放してやらなければならなかった。しかし、人々は一斉に、「その男を殺せ。バラバを釈放しろ」と叫んだ。このバラバは、都に起こった暴動と殺人のかどで投獄されていたのである。ピラトはイエスを釈放しようと思って、改めて呼びかけた。しかし人々は、「十字架につけろ、十字架につけろ」と叫び続けた。ピラトは三度目に言った。「いったい、どんな悪事を働いたと言うのか。この男には死刑に当たる犯罪は何も見つからなかった。だから、鞭で懲らしめて釈放しよう。」ところが人々は、イエスを十字架につけるようにあくまでも大声で要求し続けた。その声はますます強くなった。そこで、ピラトは彼らの要求をいれる決定を下した。そして、暴動と殺人のかどで投獄

されていたバラバを要求どおりに釈放し、イエスの方は彼らに引き渡して、好きなようにさせた。(ルカ23・13〜25)

ピラトが再三再四イエスを釈放しようと努力する姿は、ヨハネ福音書にも詳しく書かれています。他の情報では、かなり権威的で他人の意見など歯牙《しが》にも掛けないような性格だったようですが、民衆に対して、かなりの弱さを見せています。ずるずると民衆に押し切られるような感じです。ヨハネの記述を見ると、その決定的な理由がわかります。

イエスは茨の冠をかぶり、紫の服を着けて出て来られた。ピラトは、「見よ、この男だ」と言った。祭司長たちや下役たちは、イエスを見ると、「十字架につけろ。十字架につけろ」と叫んだ。ピラトは言った。「あなたたちが引き取って、十字架につけるがよい。わたしはこの男に罪を見いだせない。」ユダヤ人たちは答えた。「わたしたちには律法があります。律法によれば、この男は死罪に当たります。神の子と自称したからです。」ピラトは、この言葉を聞いてますます恐れ、再び総督官邸の中に入って、「お前はどこから来たのか」とイエスに言った。しかし、イエスは答えようとされなかった。そこで、ピラトは言った。「わたしに答えないのか。お前を釈放する権限も、十字架につける権限も、このわたしにあることを知らないのか。」イエスは答えられた。「神から与えられていなければ、わたしに対して何の権限もないはずだ。だから、わたしをあなたに引き渡した者の罪はもっと重い。」そこで、ピラトはイエスを釈放しようと努めた。しかし、ユダヤ人たちは叫んだ。「もし、この男を釈放するなら、あなたは皇帝の友ではない。

王と自称する者は皆、皇帝に背いています。」ピラトは、これらの言葉を聞くと、イエスを外に連れ出し、ヘブライ語でガバタ、すなわち「敷石」という場所で、裁判の席に着かせた。それは過越祭の準備の日の、正午ごろであった。ピラトがユダヤ人たちに、「見よ、あなたたちの王だ」と言うと、彼らは叫んだ。「殺せ。殺せ。十字架につけろ。」ピラトが、「あなたたちの王をわたしが十字架につけるのか」と言うと、祭司長たちは、「わたしたちには、皇帝のほかに王はありません」と答えた。そこで、ピラトは、十字架につけるために、イエスを彼らに引き渡した。（ヨハネ19・5～16）

そう、ピラトには弱みがあったのです。後に彼は皇帝から罷免されて、いずこかへと左遷され、その後彼の足跡は途絶えるのですが、それはイエスの事件が理由であったのではありません。彼はどうやらユダヤの統治の仕方について、皇帝からあまり評価されておらず、この時も、王と自称する人間を釈放したなどとローマに告げ口されたら、立場がなくなってしまうわけでした。それで、自分の政治生命を優先し、義人を見捨てたのです。

結局彼が歴史に残ることになったのは、キリスト教の基本信条を表す、いわゆる使徒信経（使徒信条）の中でした。「ポンティオ・ピラトのもとで苦しみを受け、十字架につけられ」、という例の箇所です。これはキリスト教会がピラトに恨みがあるからその名を記したわけではなく、イエスの歴史的位置付けとして、名指しされているわけです。キリスト教のことをあまり知らない読者の皆さんのため、使徒信条全体を記しておきます。

天地の創造主、全能の父である神を信じます。
父のひとり子、わたしたちの主イエス・キリストを信じます。
主は聖霊によってやどり、おとめマリアから生まれ、
ポンティオ・ピラトのもとで苦しみを受け、
十字架につけられて死に、葬られ、陰府《よみ》に下り、
三日目に死者のうちから復活し、天に昇って、全能の父である神の右の座に着き、
生者《せいしゃ》と死者を裁くために来られます。
聖霊を信じ、聖なる普遍の教会、聖徒の交わり、罪のゆるし、からだの復活、
永遠のいのちを信じます。アーメン。

それから、総督の兵士たちは、イエスを総督官邸に連れて行き、部隊の全員をイエスの周りに集めた。そして、イエスの着ている物をはぎ取り、赤い外套を着せ、茨で冠を編んで頭に載せ、また、右手に葦の棒を持たせて、その前にひざまずき、「ユダヤ人の王、万歳」と言って、侮辱した。また、唾を吐きかけ、葦の棒を取り上げて頭をたたき続けた。このようにイエスを侮辱したあげく、外套を脱がせて元の服を着せ、十字架につけるために引いて行った。（マタイ27・27～31）

5　十字架、死、埋葬

イエスは、自ら十字架を背負い、いわゆる「されこうべの場所」、すなわちヘブライ語でゴルゴタという所へ向かわれた。そこで、彼らはイエスを十字架につけた。また、イエスと一緒にほかの二人をも、イエスを真ん中にして両側に、十字架につけた。ピラトは罪状書きを書いて、十字架の上に掛けた。それには、「ナザレのイエス、ユダヤ人の王」と書いてあった。イエスが十字架につけられた場所は都に近かったので、多くのユダヤ人がその罪状書きを読んだ。それは、ヘブライ語、ラテン語、ギリシア語で書かれていた。（ヨハネ19・17～20）

これがだいたいのあらすじですが、共観福音書も考慮しつつ、解説を加えていくことにしましょう。イエスは一晩中いじめつけられ、朝早くから激しい尋問や鞭打ちにあって疲労の極みにありました。そして今度は十字架を背負って刑場まで、曲がりくねった街中の道を歩かなければなりませんでした。それで総督ピラトの官邸からゴルゴタの丘に行き着くまでの六〇〇メートルほどの道中、三度倒れたと、伝承で言われています。また、北アフリカのキレネから出かけてきていた、シモンという男に、ローマ兵が無理やり十字架を担がせた、と共観福音書は述べています。

道中大勢の民衆がつき従い、イエスを罵《ののし》っていました。おかげで別の二人の犯罪者は、さほど攻撃的にならなかったのではないか、と想像されます。しかしイエスに好意を持った人たちもかなりその場にいたようです。弟子たちは逃げ去ってしまいましたが、こういう時は女性の方が強いんですね。母マリアの他にも、かなりの女性たちが行列に加わっていたようです。

「ユダヤ人の王」という表現は、イエスの処刑が政治的な理由でなされることの表明ですが、指導者たちは不満足で、そのように自称した、と書いてくれるように、ピラトに願い出ました。しかし処刑を半ば強制されたピラトは、この時ばかりはまるで応ぜず、「書いたものは、書いたままにしておけ」と撥ねつけています。かなり腹の虫がおさまらなかったのでしょう。

ゴルゴタへの道中に、つき従う婦人たちへの、次のようなイエスの言葉が伝えられています。

イエスは婦人たちの方を振り向いて言われた。「エルサレムの娘たち、わたしのために泣くな。むしろ、自分と自分の子供たちのために泣け。人々が、『子を産めない女、産んだことのない胎、乳を飲ませたことのない乳房は幸いだ』と言う日が来る。そのとき、人々は山に向かっては、『我々の上に崩れ落ちてくれ』と言い、丘に向かっては、『我々を覆ってくれ』と言い始める。『生の木』さえこうされるのなら、『枯れた木』はいったいどうなるのだろうか」（ルカ23・28～31）

こういう窮地に立っても、イエスはなお、自分のことを憂えてくれる女性たちのことを考えているのです。

刑場のゴルゴタは、町が汚されるのを防ぐために、当時の城門の外側にありました。「されこうべの丘」という名前は、その丘の形がされこうべに似ていたからだと言われています。この近くは採石場で、その残りがそういう形をしていた、ということらしいです。そこでイエスを真ん中にして、二人の犯罪人たちも、十字架につけられました。手足の釘付けです。

マルコは、「イエスを十字架につけたのは、午前九時であった」（マルコ15・25）と明記しています。

ただし、ヨハネ福音書によると、少なくとも三時間はずれています。ピラトが裁判の席に着いたのは、正午頃であったと、記されているからです（19・14参照）。すると、イエスが十字架にかかっていたのは、わずか三時間弱となり、死に至る過程としては、いささか短すぎる感じがしますので、これに関しては、マルコの方を優先させた方が無難でしょう。

いずれにせよ、肉体のこの上もない苦痛に加わって、意地汚く罵る民衆や指導者たちのゆえに、イエスの心は深く傷つけられます。

　そこを通りかかった人々は、頭を振りながらイエスをののしって言った。「おやおや、神殿を打ち倒し、三日で建てる者、十字架から降りて自分を救ってみろ。」同じように、祭司長たちも律法学者たちと一緒になって、代わる代わるイエスを侮辱して言った。「他人は救ったのに、自分は救えない。メシア、イスラエルの王、今すぐ十字架から降りるがいい。それを見たら、信じてやろう。」一緒に十字架につけられた者たちも、イエスをののしった。（マルコ15・29〜32）

そして、マルコ福音書に従えば、イエスが十字架に付けられて三時間ほどして、天の異変が起こります。「さて、昼の十二時に、全地は暗くなり、それが三時まで続いた」（マタイ27・45）。三時まで、ということは、イエスが息をひきとるまで、ということになります。

さて、十字架に架けられたイエスの口からの、いくつかの言葉があります。福音書によってやや違うので、順番などははっきりしませんが、以下のような言葉が伝えられています。

「父よ、彼らをお赦しください。自分が何をしているのか知らないのです」（ルカ23・34）

この一句は、「罪と赦し」の項の終わりに引用し、短い解説を加えておきました。共に十字架に架けられた二人のうちの一人が「我々は、自分のやったことの報いを受けているのだから、当然だ。しかし、この方は何も悪いことをしていない」、そして、「イエスよ、あなたの御国においでになるときには、わたしを思い出してください」（ルカ23・41〜42）と言うのですが、この時も即座に赦しが与えられます。

「はっきり言っておくが、あなたは今日わたしと一緒に楽園にいる」（ルカ23・43）

また、母マリアと弟子（おそらくヨハネ）が十字架の下に立っているのを見て、次のように語りかけています。

「婦人よ、御覧なさい。あなたの子です」と言われた。それから弟子に言われた。「見なさい。あなたの母です」（ヨハネ19・26〜27）

この後、この弟子はマリアを自分の家に引き取った、とあります。ここで自分の母に「婦人よ」と語りかけるのは妙な気がしますが、カナの婚姻（ヨハネ2・1〜11参照）の場面でも、同じ語りかけがあります。事の重大さが強調されているようです。

だんだんと死が近づき、イエスは「渇く」（ヨハネ19・28）と一言漏らします。たくさんの汗と血を流した身体的な極度の乾きもさることながら、人々から受け入れられないという、心と精神の乾きも耐え難いものであったのではないでしょうか。

三時頃、死を目前に迎えて、イエスは何度か大声で言葉を発しています。その一つは、

「エロイ、エロイ、レマ、サバクタニ。」これは、「わが神、わが神、なぜわたしをお見捨てになったのですか」という意味である。（マルコ15・34）

これは、詩編二二編の冒頭の句です。したがって、この詩編全部を知っていないと、意味を「絶望」というふうに誤解してしまうでしょう。ここでは最後の三句のみを引用します。

王権は主にあり、主は国々を治められます。命に溢れてこの地に住む者はことごとく主にひれ伏し／塵に下った者もすべて御前に身を屈めます。わたしの魂は必ず命を得／子孫は神に仕え／主のことを来るべき代に語り伝え／成し遂げてくださった恵みの御業を／民の末に告げ知らせるでしょう。（詩編22・29〜31）

これではっきり、絶望でないことがわかります。ただし、詩編の作者自身が激しい苦難の境地を味わ

い、それを乗り越える形で、神に信頼を寄せているのですから、それを引用したイエスも、苦難の最中であったわけで、それを簡単に通り過ぎるのは、間違いでしょう。

そして死が直前に迫り、もう二度イエスの口から言葉が発せられます。

「父よ、わたしの霊を御手にゆだねます」（ルカ23・46）

「成し遂げられた」（ヨハネ19・30）

イエスは、こう言って頭を垂れ、息を引き取りました。

するとと、神殿の垂れ幕が上から下まで真っ二つに裂けた。百人隊長がイエスの方を向いて、そばに立っていた。そして、イエスがこのように息を引き取られたのを見て、「本当に、この人は神の子だった」と言った。（マルコ15・38〜39）

このマルコの記述は実に意味深長です。神殿の垂れ幕が二つに裂けた、ということは、一つに、これまでくじで特別に選ばれた祭司のみ、一年に一度しか入ることのできなかった最大の聖所が、すべての人に開かれた、ことの象徴と理解することができます。また、それによって、旧約の時代が終わり、新しい契約の時代が始まった、と象徴的に述べているとも取れます。

次に百人隊長ですが、これはユダヤ人ではなく、ローマの将校です。これまで大まかなところ、ユダヤ人に限られていた救いの道が、一般的に異邦人にも開かれた、と解釈できるでしょう。

そしてもう一つ、「神の子」の真の理解が提示されています。子供じみた、見世物よがしの栄光をひけらかすのが神の子ではなく、愛の極限まで自己を神と人のために捧げる気高さのうちにこそ、神の子の本質がある、とマルコは言いたかったのでしょう。

そしてイエスは死に、十字架から降ろされ、墓に葬られました。死因は窒息死であったようです。両手を釘付けにされて十字架にかかっているので、まともに息をするためには、両腕の筋肉を使って、首を起こさねばなりません。しかしいかに大工の子として、鍛え上げられたからだとは言え、筋肉もいつか麻痺してしまいます。それで最後には、がっくりとこうべを垂れるしかなかったのでしょう。


既に夕方になった。その日は準備の日、すなわち安息日の前日であったので、アリマタヤ出身で身分の高い議員ヨセフが来て、勇気を出してピラトのところへ行き、イエスの遺体を渡してくれるようにと願い出た。この人も神の国を待ち望んでいたのである。ピラトは、イエスがもう死んでしまったのかと不思議に思い、百人隊長を呼び寄せて、既に死んだかどうかを尋ねた。そして、百人隊長に確かめたうえ、遺体をヨセフに下げ渡した。ヨセフは亜麻布を買い、イエスを十字架から降ろしてその布で巻き、岩を掘って作った墓の中に納め、墓の入り口には石を転がしておいた。マグダラのマリアとヨセの母マリアとは、イエスの遺体を納めた場所を見つめていた。（マルコ15・42〜47）

安息日には、死体を十字架にかけたままにしておいてはいけない決まりでした。その上、この安息日は過越祭という大きな祭りでしたから、なおさらです。夕方の六時までに、まずピラトに許しを求めに行き、死体を十字架から降ろし、香油を塗ったり、亜麻布に包んだりして、墓まで運ぶ必要がありました。イエスの死から、三時間しか余裕がありませんでしたから、相当急がなければならなかったでしょう。それを考えると、安息日の開けた朝、墓に急いだ女の弟子たちが、正式にイエスを埋葬しようとして、いろいろ用意してきたことが納得されます。

ヨハネ福音書の第三章には、ファリサイ派のニコデモという人が、ひそかにイエスに同調し、彼のところにやって来たことが記されていますが、ここに出てくるヨセフも、おそらくそういう類の人だったのでしょう。イエスが無惨な刑死を遂げたのを見て、あたり構わずというか、一か八かの気構えで、ピラトのもとに出かけたのでしょう。

イエスがもう死んでしまったのか、とピラトが不思議に思ったと書いてありますが、これはもっともなことで、普通はかなり長く息を保っていたようです。翌日まで生きていた例もあるそうです。普通は処刑の前日に裁判を受けたり、苦しめられたりしなかったでしょうから、そういう要素もイエスの早い死に、一役買っていたのかもしれません。

ヨハネ福音書によると、死を早めるために、足の骨を折る習慣があったように見えます。すると罪人たちは体を支えることができずに、すぐに窒息してしまったのでしょう。イエスの場合は、もう死んでいたので足を折ることはせず、その代わり一人の兵士が槍でイエスの脇腹を下からつき、すぐに血と水とが流れ出た、と記されています（ヨハネ19・31〜34参照）。

「岩を掘って作った墓」というのは、日本では特異なことのように思われるかもしれませんが、イスラエルではごく普通でした。岩に防空壕のように洞穴を掘り、その中にベッドのようにいくつかの遺体置き場を設けるのです。ヨハネ福音書には、

イエスが十字架につけられた所には園があり、そこには、だれもまだ葬られたことのない新しい墓があった。その日はユダヤ人の準備の日であり、この墓が近かったので、そこにイエスを納めた。（ヨハネ19・41〜42）

という記述がありますが、考古学的な発掘で、イエスの墓といわれている場所に、本当に遺体置きベッドが一つしかない墓が発掘されました。他に発掘された岩の墓には、たいていいくつかのベッドがあるため、この墓は、まだ作り始めたところで、未完成のものだったのではないか、と推測されています。すると、「誰もまだ葬られたことのない新しい墓」という記述とうまく一致します。

しかし、いかに近くて都合がよかったからと言って、赤の他人の墓を使うわけにはいきませんから、この墓はヨセフ自身のものか、何らかの縁者のものであったのでしょう。

そして「墓の入り口には、石を転がしておいた」という表現ですが、完成した正式なお墓の場合、きちんと削った岩が、低い墓の入り口に転がされます。硬貨をでっかくしたような形をしており、その下にはちゃんと溝状の轍《わだち》があって、転がしやすくなっています。それでも、私の記憶では、直径一メートル以上、厚みも三〇センチはあったと思いますので、ちょっとやそっとでは動かせません。安息日が終わってから、早朝墓に向かったイエスの女弟子たちが、誰が石を退けてくれるでしょうか、と話し合っ

たのも、納得がいきます。ただし、この未完成の墓の場合、ちゃんとした墓蓋の岩がすでに用意されていたかどうか、わかりません。用意されていなかったとすると、動かすのはますます至難の業となるでしょう。

しかし指導者たちは、石を転がしておくだけでは安心できなかったようで、またイエスが生前、自分が死後三日目に復活すると、何度か言っていたのを耳にしていたらしく、ピラトに願って、石に封印をし、墓に番兵を置かせてもらったようです（マタイ27・62〜66参照）。

三　新たな息吹

（一）イエスの復活

復活について論議する前に、福音書の記述を見てみましょう。いろいろな記述がさまざまな角度からなされていますが、ここではマタイの福音書から、引用してみます。

さて、安息日が終わって、週の初めの日の明け方に、マグダラのマリアともう一人のマリアが、墓を見に行った。すると、大きな地震が起こった。主の天使が天から降って近寄り、石をわきへ転がし、その上に座ったのである。その姿は稲妻のように輝き、衣は雪のように白かった。番兵たちは、恐ろしさのあまり震え上がり、死人のようになった。天使は婦人たちに言った。「恐れることはない。十字架につけられたイエスを捜しているのだろうが、あの方は、ここにはおられない。かねて言われていたとおり、復活なさったのだ。さあ、遺体の置いてあった場所を見なさい。それから、急いで行って弟子たちにこう告げなさい。『あの方は死者の中から復活された。そして、あなたがたより先にガリラヤに行かれる。そこでお目にかかれる。』確かに、あなたがたに伝えました。」婦人たちは、恐れながらも大いに喜び、急いで墓を立ち去り、弟子たちに知らせるために走って行った。すると、イエスが行く手に立っていて、「おはよう」と言われたので、婦人たちは近寄り、イエスの足を抱き、その前にひれ伏した。イエスは言われた。「恐れることはない。行って、わたしの兄弟たちにガリラヤへ行くように言いなさい。そこでわたしに会うことになる。」婦人たちが行き着かないうちに、数人の番兵は都に帰り、この出来事をすべて祭司長たちに報告した。そこで、祭司長たちは長老たちと集まって相談し、兵士たちに多額の金を与えて、言った。『弟子たちが夜中にやって来て、我々の寝ている間に死体を盗んで行った』と言いなさい。もしこのことが総督の耳に入っても、うまく総督を説得して、あなたがたには心配をかけないようにしよう。」兵士たちは金を受け取って、教えられたとおりにした。この話は、今日に至るまでユダヤ人の間に広まっている。

（マタイ28・1～15）

ユダヤ人は、安息日を文字通り、とても厳格に守っていました。それは神に捧げられた日ですから、一般的に仕事は一切ご法度でしたし、決まった距離を越えて歩くことも許されませんでした。一九七四年に出会ったイスラエルの中年の奥さんは、食事は前日に作っておき、安息日はそれを温めるだけ、また、電話も切っておく、と言っていました。イエスの葬儀に関しても、婦人たちは仮に葬られたイエスの遺体を正式に清める仕事を、安息日が明けるまで待ったわけです。誰が実際に一番先に墓に行ったのか、明確ではありませんが、マグダラのマリアは、どの福音書にもその名が挙げられていますから、まず確実でしょう。イエスの十字架に従ったのも婦人たちでしたが、イエスの復活の最初の証人となったのも婦人たちでした。そしてマグダラのマリアは、イエスの最も忠実な弟子、イエスを最も愛する弟子であったと見られます。ヨハネ福音書は、全福音書の中で、最も感動的なシーンの一つを書き残していますので、引用してみたいと思います。

マリアは墓の外に立って泣いていた。泣きながら身をかがめて墓の中を見ると、イエスの遺体の置いてあった所に、白い衣を着た二人の天使が見えた。一人は頭の方に、もう一人は足の方に座っていた。天使たちが、「婦人よ、なぜ泣いているのか」と言うと、マリアは言った。「わたしの主が取り去られました。どこに置かれているのか、わたしには分かりません。」こう言いながら後ろを振り向くと、イエスの立っておられるのが見えた。しかし、それがイエスだとは分からなかった。イエスは言われた。「婦人よ、なぜ泣いているのか。だれを捜しているのか。」マリアは、園丁だと思って言った。「あなたがあの方を運び去ったのでしたら、どこに置いたのか教えてください。わたしが、あの方を引き取ります。」イエスが、「マリア」と言われると、彼女は振り向いて、ヘブライ語で、「ラボニ」と言った。「先生」という意味である。イエスは言われた。「わたしにすがりつくのはよしなさい。まだ父のもとへ上っていないのだから。わたしの兄弟たちのところへ行って、こう言いなさい。『わたしの父であり、あなたがたの父である方、また、わたしの神であり、あなたがたの神である方のところへわたしは上る』と。」マグダラのマリアは弟子たちのところへ行って、「わたしは主を見ました」と告げ、また、主から言われたことを伝えた。（ヨハネ20・11〜18）

この箇所を読むごとに、またマリアの心情をなるべく深く理解しようとするたびに、私は感動します。これほどの愛の機微は、そう簡単に創作できるものではありません。ギリシア語の原本によると、イエスは「マリア」と言ったのではなく、「マリアム」と親しみを込めて話しかけたのです。それに対するマリアムの返事は、感情のみの溢れではなく、「ラボニ」という、「ラビ」を超える敬語です。彼女のイエスに対する敬愛と喜びの極みであったと言えましょう。

イエスの復活の話には、エマオの弟子たちへの出現（ルカ24・13〜35参照）や、ガリラヤ湖畔での出現（ヨハネ21・1〜14参照）のように、初めは誰だかわからない、というケースがあり、この場面でもマリアは、はじめ、それがイエスであることに気づきません。まだ薄暗かったからとか、ガリラヤ湖の場合、舟から岸までの距離が遠かったからとか、なるべく自然に説明したがる解釈者もいますが、あまり納得できません。似たような報告が三つもある、というだけでなく、エマオの弟子たちの場合、身近に接して、また共に歩いたり語り合ったりしているからです。

マグダラのマリアの場合とガリラヤ湖の場合、イエスが語りかけることによって、弟子たちは、それがイエスであることに気づきます。そしてエマオの場合は、イエスが生前そうしたようにパンをとって賛美の祈りをし、それを裂いて二人の弟子たちに与える時点で、それとわかるのです。

福音史家たちは、復活したイエスの新しい存在のあり方を記述するのに、苦労したようです。まさに新しい次元での出来事であるがゆえに、今の我々の世界の出来事や概念では、説明しきれないのでしょう。一方で、復活後のイエスの変容を説き、他方で復活前のイエスとの同一性を主張したかったのです。それで、エマオの出会いを記したルカ自身が、その直後に、以下のような出現の出来事を述べているのです。

こういうことを話していると、イエス御自身が彼らの真ん中に立ち、「あなたがたに平和があるように」と言われた。彼らは恐れおののき、亡霊を見ているのだと思った。そこで、イエスは言われた。「なぜ、うろたえているのか。どうして心に疑いを起こすのか。わたしの手や足を見なさい。まさしくわたしだ。触ってよく見なさい。亡霊には肉も骨もないが、あなたがたに見えるとおり、わたしにはそれがある。」こう言って、イエスは手と足をお見せになった。彼らが喜びのあまりまだ信じられず、不思議がっているので、イエスは、「ここに何か食べ物があるか」と言われた。そこで、焼いた魚を一切れ差し出すと、イエスはそれを取って、彼らの前で食べられた。（ルカ24・36～43）

もちろん次のような解釈は可能です。すなわち、イエスはある時はそれとはっきりわかる姿で現れ、ある時は（弟子たちを試すといった目的のために）ベールの掛かった形で出現した、ということです。しかし、同一の人物が魔法使いのように、ごく身近で接する弟子たちに自分の正体を眩《くら》ませる、というのは、どうもあまり納得いきません。また、イエスが巧みに変装した、などとはどこにも書いてないのです。一つ鍵になると思われる箇所があります。それはガリラヤ湖での出現に際しての、福音史家の注記です。舟で漁をして何も獲れなかった弟子たちに向かって、岸辺から、「舟の右側に網を打ちなさい」という人物の言葉に従って、そうしたところ、網を引き上げられないほどの大漁となり、その人物がイエスであることに気づいたのですが、やがて岸についてイエスと朝食をとっていながら、「弟子たちはだれも、『あなたはどなたですか』と問いただそうとはしなかった。主であることを知っていたからである」（ヨハネ21・12）と書いてあるのです。不思議な文章ですが、イエスの外見が二の次になっていることがわかります。イエスの別次元での新しい存在を示唆する文章と言えましょう。

そしてもう一つ、このイエスの新しい存在形式の両面を示す復活のエピソードを付け加えておきたいと思います。

十二人の一人でディディモと呼ばれるトマスは、イエスが来られたとき、彼らと一緒にいなかった。そこで、ほかの弟子たちが、「わたしたちは主を見た」と言うと、トマスは言った。「あの方の手に釘の跡を見、この指を釘跡に入れてみなければ、また、この手をそのわき腹に入れてみなければ、わたしは決して信じない。」さて八日の後、弟子たちはまた家の中におり、トマスも一緒にいた。戸にはみな鍵がかけてあったのに、イエスが来て真ん中に立ち、「あなたがたに平和があるように」と言われた。それから、トマスに言われた。「あなたの指をここに当てて、わたしの手を見なさい。また、あなたの手を伸ばし、わたしのわき腹に入れなさい。信じない者ではなく、信じる者になりなさい。」トマスは答えて、「わたしの主、わたしの神よ」と言った。イエスはトマスに言われた。「わたしを見たから信じたのか。見ないのに信じる人は、幸いである」（ヨハネ20・24〜29）

一方で極めてこの世的な肉体の描写がある反面、他方ではイエスが閉じられた部屋に入ってきた、と語られています。しかし、ここで肝心なのは、最後の一句でしょう。「わたしを見たから信じたのか。見ないのに信じる人は、幸いである」。あくまでも霊の現実と真理が優先されています。

マグダラのマリアへの出現の記述に戻ります。

「わたしにすがりつくのはよしなさい。まだ父のもとへ上っていないのだから」（ヨハネ20・17）という、ちょっとわかりにくい言葉があります。父のもとに上っていたとしたら、当然すがりつくことなどできないわけでしょう。残念ながら名前は忘れましたが、聖書の文献学的な比較をしたある学者の主張では、「まだ父のもとへ上らなければいけないのだから」と訳せるそうで、これなら納得がいきます。

「わたしの父であり、あなたがたの父である方、また、わたしの神であり、あなたがたの神である方のところへわたしは上る」（同上）

これはなかなか意味深長な表現です。イエスは数年にわたる弟子たちとの交わりの中で、次第に彼らとの関わりを深め、彼らを天の父へと導いてきました。最後の晩餐に際して、ヨハネはイエスの口からのものとして、次のような言葉を記しています。

わたしがあなたがたを愛したように、互いに愛し合いなさい。これがわたしの掟である。友のために自分の命を捨てること、これ以上に大きな愛はない。わたしの命じることを行うならば、あなたがたはわたしの友である。もはや、わたしはあなたがたを僕とは呼ばない。僕は主人が何をしているか知らないからである。わたしはあなたがたを友と呼ぶ。父から聞いたことをすべてあなたがたに知らせたからである。（ヨハネ15・12～15）

父を共通の根源として結ばれるイエスと弟子たち、それは主人と僕との関わりではなく、また師と弟子との関わりも超えて、友と友との関わりに入ったわけですが、復活後のイエスは、彼自身も弟子たちも、共通の父を持つ兄弟であると、伝えているのです。それならなぜ、「私たちの父」という表現が用いられないのでしょうか。おそらく、ヨハネ福音史家は、イエスと弟子たちの父への関わりの差を暗示していると思われます。イエスの父への関わりは、この福音書の冒頭にあるように、「父のふところにいる独り子である神」（ヨハネ1・18）、ということであり、弟子たち、ひいては我々の父なる神への関わりとは、一線を画しているのでしょう。我々の子としてのあり方は、イエスの子としての存在にあやかる、ということでしょう。それで、ヨハネの第一の手紙には、次のように記されています。

愛する者たち、わたしたちは、今既に神の子ですが、自分がどのようになるかは、まだ示されていません。しかし、御子が現れるとき、御子に似た者となるということを知っています。（一ヨハネ3・2）

これはイエスの神性を前提としているのですが、我々を神性へと限りなく招じ入れる言葉でしょう。

（二）イエスの昇天

復活後、イエスは四〇日間に渡って、度々弟子たちに現れたと、記されています。この四〇という数字は、聖書には度々出てきます。イスラエルの民がエジプトを出て、約束の地カナンに着くまでに要した年数が四〇年。途中シナイ山で十戒を受けるためにモーセが山籠りしていたのが四〇日。預言者エリヤが、結果的に神の出現を受けることになったシナイ山への旅が四〇日。イエスが公の活動を始める前に洗礼を受け荒野に退いて断食していたのが四〇日。そしてイエスが復活後、最終的に天の父の元に戻るまでが四〇日、ということになります。それで四〇が、聖なる数、と言われています。ですから、この数字には象徴的な意味があるようで、本当にきっちり四〇日であったのかどうかは、別の問題です。

これはあまり学問的な話ではありませんが、家内の母親が癌を患い、五六歳の若さで亡くなった時、家内はしばらくの間、母親がまだ近くにいると言っていましたが、ある朝、突然彼女はいなくなった、と言っていました。日数を数えたわけではありませんが、一か月以上経っていました。それで私はすぐにイエス昇天までの四〇日と照らし合わせて、なるほどな、と思ったものです。一九八六年のことでした。「気のせいだ」と言い切れない何かがあったのを記憶しています。

このこととは直接関係ありませんが、この姑に関しては忘れがたい思い出があります。彼女は入院していたのですが、発見が遅れて癌の末期であったため、最後の日々を我が家で過ごしてもらおうと、我々が引き取り、庭に面した部屋で、残る日々を送っていたのです。亡くなる一週間ほど前に、「若い娘が寝ている時に現れて、『名前は何か、場所はどこか』と問う」、と言うのです。それで我々は、それは夢に出てくるのか、と訊いたところ、「そうではない」と言うのです。何だか寓話の中の話のようでしたが、それはだいぶ真実味を帯びていたようですし、重要な問いであったようなので、何とか彼女の助けになろうと、家内と二人で、ずいぶん頭をひねりました。しかしまるで手がかりもないし、名案も浮かびません。二、三日経つと、病状はかなり悪化し、死期が近づいているのが感じられました。彼女の部屋に入ってしばらくすると、急に恐れおののくような顔をして、低い天井の右隅を見つめているのです。「何か見たの？」と私は聞きました。答えは、「蛇」でした。それで私は、神学的な信念から、「あ、これは悪霊の最後の攻撃だな」と解釈したので、「じゃあ、祈ろう」と言って、イエスが教え伝えたと言われる、いわゆる主の祈りを、声を出して祈り始めたのです。「天におられる私たちの父よ」（ドイツ語では「父よ、あなたは天におられます」という順序になります）、と初めの一句を祈ったところ、義母は「ああ、それだ。ああ、それだ」と深く納得している様子です。私が続けて「あなたの御名が尊まれますように」と祈ると、義母は「そんなに長く祈る必要はないよ」と言うではありませんか。私は少々当惑して、祈るのをやめ、台所にいた家内と伯母（姑の姉）のところに行って、事の次第を説明すると、即座に家内は「あなたはあの謎の答えをあげたではありませんか」と言うのです。私がまだわからないでいると、家内が説明してくれました。「私たちの父よ、あなたは天におられます」、それはまさしく「名前は何か、場所はどこか」という問いに対する答えだったのです。

それから義母は、もう話すこともできない状態に陥りました。死の前夜、家内、伯母、私の三人は、義母の部屋に集まって静かに話をしていました。あの当時、家内も私も、レイモンド・ムーディー

(Raimond A. Moody) 著の『死後の生命』という本を読んでいたので、もしあの話が本当なら、姑のお迎えに来るのは、最愛のお父さんに違いない、と言っていたのです。なぜなら、姑のお母さんはこの時点でまだ生きていましたし、離婚した夫も同様でした。お父さんが一番近い人であったわけです。真夜中、我々三人のヒソヒソ会話が途絶えた時、もう三日も何も喋らなかった義母の口から、突然「エピ」という呼びかけのような声がしたのです。私たち三人全員がそれをはっきりと耳にし、顔を見合わせました。「エピ」というのは、家内がおじいちゃんのことをそう呼んでいたので、家族の間では普通ドイツで用いられる、オパとかオピという祖父の呼びかけはせず、エピと言っていたのです。それでやっぱりおじいちゃんがお迎えに来たなと思い、私も何か感じられるかと思って、義母の向かっていた方角へ注意を向けたのですが、何も感ずることはできませんでした。死の直前の人間の魂は、もう体から離れつつあって、霊界の事象をまだ普通に生きている人間よりも、はるかに繊細に感じ取るのではないかと、思います。いずれにせよ、その明け方義母は亡くなりました。

さて、話を元に戻します。ここでもまず、福音書の言葉を引用します。

イエスは、そこから彼らをベタニアの辺りまで連れて行き、手を上げて祝福された。そして、祝福しながら彼らを離れ、天に上げられた。彼らはイエスを伏し拝んだ後、大喜びでエルサレムに帰り、絶えず神殿の境内にいて、神をほめたたえていた。(ルカ24・50~53)

神または霊の現実そのものが、異次元のものであり、いわば純粋精神のようなものであれば、地上的な感覚で上だの下だのとは言えないはずです。ではなぜ昇天なのでしょうか。それは天が高貴なものの象徴だからでしょう。「別の次元に移った」というのでは、あまりに抽象的で、特に当時の人間には理解し難く、受け入れ難かったでしょう。この地上的次元から、神の次元へと移る過程が、「天に昇る」という表象をとったのでしょう。この同じ著者ルカは、「使徒言行録」を、彼の福音書の続きのような形で書いているのですが、そこには以下のように記されています。

さて、使徒たちは集まって、「主よ、イスラエルのために国を建て直してくださるのは、この時ですか」と尋ねた。イエスは言われた。「父が御自分の権威をもってお定めになった時や時期は、あなたがたの知るところではない。あなたがたの上に聖霊が降ると、あなたがたは力を受ける。そして、エルサレムばかりでなく、ユダヤとサマリアの全土で、また、地の果てに至るまで、わたしの証人となる。」こう話し終わると、イエスは彼らが見ているうちに天に上げられたが、雲に覆われて彼らの目から見えなくなった。イエスが離れ去って行かれるとき、彼らは天を見つめていた。すると、白い服を着た二人の人がそばに立って、言った。「ガリラヤの人たち、なぜ天を見上げて立っているのか。あなたがたから離れて天に上げられたイエスは、天に行かれるのをあなたがたが見たのと同じ有様で、またおいでになる」（使徒1・6〜11）

この「なぜ天を見上げて立っているのか」という幾分批判的な響きのする問いかけを正しく理解すべきでしょう。外に向けた視線を、内に戻しなさい、という含みがあるように思います。天に昇る、ということは、この世界と我々の心底にある、深い神的な次元に移り行く、ということを、天使たちは示唆したかったのではないでしょうか。空の上ばかり見つめていないで、「地の果てに至るまで、わたしの証人となる」というこの世での使命を、しっかり果たしなさい、そうすれば、いつか逆の形で、深い次元から浮かび上がるようにイエスが再臨する、と主張しているようです。「神は私たちの最も内なるものよりもさらにより内なる方である」というアウグスティヌスの言葉が浮かび上がります。[11] その内なる神へとイエスは移行したのです。

「天に上げられた」という表現には、この神的次元の内面性を超える響きもあります。神は内面に限られ、閉じ込められていない、という響きがあります。哲学用語で言えば、内面性が「内在」と表現され、それをいわば打ち破る面が「超越」です。神は内在であり、超越である、と後の神学者たちが主張する内容です。

(12) アウグスティヌス『告白』3・6。

(三) 聖霊降臨

イエスは聖霊によって乙女マリアの胎内に宿り、ヨハネによって授けられた洗礼の際には、聖霊が目に見える形でイエスの上に降った、という箇所はすでに言及しました。よく見ると、言葉にせよ行いにせよ、イエスの全生涯が聖霊との一致を体現していたのです。例えば、次の箇所を見てみましょう。

イエスはお育ちになったナザレに来て、いつものとおり安息日に会堂に入り、聖書を朗読しようとしてお立ちになった。預言者イザヤの巻物が渡され、お開きになると、次のように書いてある個所が目に留まった。「主の霊がわたしの上におられる。貧しい人に福音を告げ知らせるために、主がわたしに油を注がれたからである。主がわたしを遣わされたのは、捕らわれている人に解放を、目の見えない人に視力の回復を告げ、圧迫されている人を自由にし、主の恵みの年を告げるためである。」イエスは巻物を巻き、係の者に返して席に座られた。会堂にいるすべての人の目がイエスに注がれていた。そこでイエスは、「この聖書の言葉は、今日、あなたがたが耳にしたとき、実現した」と話し始められた。（ルカ4・16〜21）

この聖霊との一致、ならびに聖霊についての言及は、イエスの最後の時が近づくに従って、ますます濃厚になります。ヨハネによる、最後の晩餐でのイエスの話の中で、聖霊が一つの大きなテーマになっていることはすでに見ましたが、その主題を重点的に振り返ってみましょう。

わたしは父にお願いしよう。父は別の弁護者を遣わして、永遠にあなたがたと一緒にいるようにしてくださる。この方は、真理の霊である。世は、この霊を見ようとも知ろうともしないので、受け入れることができない。しかし、あなたがたはこの霊を知っている。この霊があなたがたと共におり、これからも、あなたがたの内にいるからである。（ヨハネ14・16〜17）

わたしは、あなたがたといたときに、これらのことを話した。しかし、弁護者、すなわち、父がわたしの名によってお遣わしになる聖霊が、あなたがたにすべてのことを教え、わたしが話したことをことごとく思い起こさせてくださる。（ヨハネ14・25～26）

言っておきたいことは、まだたくさんあるが、今、あなたがたには理解できない。しかし、その方、すなわち、真理の霊が来ると、あなたがたを導いて真理をことごとく悟らせる。その方は、自分から語るのではなく、聞いたことを語り、また、これから起こることをあなたがたに告げるからである。その方はわたしに栄光を与える。わたしのものを受けて、あなたがたに告げるからである。（ヨハネ16・12～14）

イエスに寄り添い、彼の言葉と行いに常に伴った聖霊を、イエスは弟子たちに残す、と言っているのです。それは弁護者また慰める者（パラクレートス）、我々のうちにあって永遠に共にある者、全てを教えて真理に導く者、神のうちなる声を伝える者、そしてイエスに栄光を帰す者です。

そして昇天の直前に、その聖霊の到来をもう一度約束しています。

イエスは苦難を受けた後、御自分が生きていることを、数多くの証拠をもって使徒たちに示し、四十日にわたって彼らに現れ、神の国について話された。そして、彼らと食事を共にしていたとき、こう命じられた。「エルサレムを離れず、前にわたしから聞いた、父の約束されたものを待ちなさい。ヨハネは水で洗礼を授けたが、あなたがたは間もなく聖霊による洗礼を授けられるからである。……あなたがたの上に聖霊が降ると、あなたがたは力を受ける。そして、エルサレムばかりでなく、ユダヤとサマリアの全土で、

また、地の果てに至るまで、わたしの証人となる」（使徒1・3～8）

そしてその約束は、次のように満たされます。

五旬祭の日が来て、一同が一つになって集まっていると、突然、激しい風が吹いて来るような音が天から聞こえ、彼らが座っていた家中に響いた。そして、炎のような舌が分かれ分かれに現れ、一人一人の上にとどまった。すると、一同は聖霊に満たされ、〝霊〟が語らせるままに、ほかの国々の言葉で話しだした。さて、エルサレムには天下のあらゆる国から帰って来た、信心深いユダヤ人が住んでいたが、この物音に大勢の人が集まって来た。そして、だれもかれも、自分の故郷の言葉が話されているのを聞いて、あっけにとられてしまった。人々は驚き怪しんで言った。「話をしているこの人たちは、皆ガリラヤの人ではないか。どうしてわたしたちは、めいめいが生まれた故郷の言葉を聞くのだろうか。わたしたちの中には、パルティア、メディア、エラムからの者がおり、また、メソポタミア、ユダヤ、カパドキア、ポントス、アジア、フリギア、パンフィリア、エジプト、キレネに接するリビア地方などに住む者もいる。また、ローマから来て滞在中の者、ユダヤ人もいれば、ユダヤ教への改宗者もおり、クレタ、アラビアから来た者もいるのに、彼らがわたしたちの言葉で神の偉大な業を語っているのを聞こうとは。」人々は皆驚き、とまどい、「いったい、これはどういうことなのか」と互いに言った。しかし、「あの人たちは、新しいぶどう酒に酔っているのだ」と言って、あざける者もいた。（使徒2・1～13）

ふつう酒に酔うと、ろれつが回らなくなって、何を言っているのかわからないようになるわけで、ここで言われているように、皆がわかるというのは、その逆なのですが、何も信じようとしない人々には、そんな論理は通じません。しかし使徒の代表であるペトロは、そのような人々にも、預言者ヨエルの言葉（ヨエル3・1～5）を引用し、この出来事を次のように解釈して聴かせます。

「神は言われる。終わりの時に、わたしの霊をすべての人に注ぐ。すると、あなたたちの息子と娘は預言し、若者は幻を見、老人は夢を見る。わたしの僕やはしためにも、そのときには、わたしの霊を注ぐ。すると、彼らは預言する。上では、天に不思議な業を、下では、地に徴を示そう。血と火と立ちこめる煙が、それだ。主の偉大な輝かしい日が来る前に、太陽は暗くなり、月は血のように赤くなる。主の名を呼び求める者は皆、救われる。」イスラエルの人たち、これから話すことを聞いてください。ナザレの人イエスこそ、神から遣わされた方です。神は、イエスを通してあなたがたの間で行われた奇跡と、不思議な業と、しるしとによって、そのことをあなたがたに証明なさいました。あなたがた自身が既に知っているとおりです。このイエスを神は、お定めになった計画により、あらかじめご存じのうえで、あなたがたに引き渡されたのですが、あなたがたは律法を知らない者たちの手を借りて、十字架につけて殺してしまったのです。しかし、神はこのイエスを死の苦しみから解放して、復活させられました。イエスが死に支配されたままでおられるなどということは、ありえなかったからです。（使徒2・17～24）

聖霊降臨は、教会の誕生日と言われますが、このペトロの説教は、教会の宣教の開始と見ることができます。使徒言行録には、イエスを信じる者たちの集まり、もしくは共同体（ゲマインシャフト）としての教会が、聖霊の内在と活力を受けて、だんだんに発展していく様子が描かれています。しかしイエス自身と同じように、教会も迫害を受けます。その上、イエスとは異なり、教会員自身の失敗と罪が否定的な結果を残します。また、イエスに聖霊を授けられたにもかかわらず、そういうネガティヴな側面によって、聖霊の働きが妨げられてしまいます。それにもかかわらず、聖霊は完全に押さえつけられてしまうことはない、というのがキリスト者の信ずるところです。人間の弱さや罪、また彼らの営む組織としての教会が、いかに否定的に見えても、この内在の神である聖霊を感じ取ることができる、と主張するのです。もしその働きが全くないというのであれば、その組織によってなされる愛の行為も、全くなくなったことでしょう。しかし、この分裂と利己主義の世界においても、神とキリストの霊である聖霊によって、それに対抗する愛の動きが教会から発せられていると見ることができる、と解釈するのです。カリタスのような大きな福祉組織もありますが、難民援助などにすぐ応じる人々の多くがキリスト教徒であることは、私もこの身で経験しました。弱い人間や物事を見て、とやかく言うよりも、その弱さにもかかわらず、良いものを生み出す霊の力を発見すべきでしょう。

結び

以上、福音書に基づいて、イエスの生涯を概観しました。これはいわば、入門書ですので、興味を持たれた方には、福音書、ひいては新約聖書全体を読んでいただけたら、と思います。

私個人としては、このイエスへの信仰によって、自分の人生と世界観の中核を発見させてもらった、と思っています。それは意義の発見、幸福の体験、自分のさまざまな弱さの支え、そして人への奉仕の心掛けとなりました。一言で言えば、救いの体験と言えるかもしれません。

それで、それを自分の内にのみ、いわば利己的に守るのではなく、他の皆さんにも伝えるべきだと思うわけです。序文にも書いたように、とても良いお医者さんに巡り会えた人は、他の人にもそれを伝えるでしょう。

しかし、それを受け入れるか否かは、各自の自由です。イエス自身に対してさえ、否定的な答えがたくさんあったのですから、私のようなどこかの馬の骨が否定されても当然ですし、それは取るに足らないことです。しかし、要は、あなたはどうなのか、ということでしょう。もし本当に神がこの世を愛するあまり、その独り子をこの世に遣わされたのであれば、それを無視することは、言語道断でしょう。

ですから、受け入れる入れないは別としても、このイエスとの心の対決をして欲しいのです。ここまで読み続けてくださり、ありがとうございました。あなたの幸せを心から祈っています。

そして最後に、この原稿を快く受け入れ、適切な助言と励ましの言葉をくださり、出版の労を取ってくださった、教友社の阿部川直樹社長とスタッフの皆様に、心からお礼申し上げます。この本のタイトル『私のイエス探求』も教友社に提案していただきました。また、この出版社を紹介してくださった道友のイエズス会士、百瀬文晃師にも感謝いたします。

二〇二一年五月三〇日

桔梗原《ききょうはら》　無庵《むあん》

著者略歴

桔梗原　無庵（ききょうはら・むあん）

本名・中島大志郎。

1943年に東京・大森山王で生まれる。1958年、当時横須賀にあった栄光学園在学中、14歳でカトリックの洗礼を受け、1962年に上智大学哲学科に入学。1964年にイエズス会入会。哲学修士課程終了後、1年間の教職（神戸六甲学院）を挟んで、1972年ドイツに留学し、フランクフルトで神学を学ぶ。1975年にイエズス会退会。その後ドイツに在留し、私立ならびに公立ギムナジウムで宗教の教師を務める。定年退職後、長年携わっていたフェルディナンド・エーブナー（Ferdinand Ebner）についての研究をまとめ、ファレンダー（Vallendar）哲学神学大学から、2018年に神学博士号を取得。博士論文は「存在―言葉―愛：神的存在の基本的啓示としての言葉と愛」（Sein-Wort-Liebe: Wort und Liebe als Grundoffenbarungen des göttlichen Seins, 2019年ヘルダー社より出版）。

50年以上武道も修練し、合気道師範、また大東流合気柔術師範。

私のイエス探究

発行日………2021年10月12日 初版

著　者………桔梗原 無庵
発行者………阿部川直樹
発行所………有限会社 教友社
275-0017 千葉県習志野市藤崎6-15-14
TEL047（403）4818　FAX047（403）4819
URL http://www.kyoyusha.com
印刷所………モリモト印刷株式会社

ISBN978-4-907991-74-6 C3016